陆海统筹背景下海岸带管理立法研究

古小东 等 著

本书出版得到以下项目支持

国家社会科学基金"新时代海洋强国建设"重大研究专项项目"陆海统筹背景下我国海洋生态环境协同治理研究"（18VHQ014）

中国法学会部级法学研究课题"陆海统筹背景下海岸带管理法律制度研究"（CLS（2018）D31）

广东省自然资源厅自然资源领域综合性改革（海洋管理）软课题"海岸带综合管理立法研究"

广东外语外贸大学引进人才科研启动项目"海洋可持续发展的法治保障研究"（2022RC043）

广东外语外贸大学招标课题"粤港澳大湾区海岸治理法律政策研究"

科学出版社

北京

内 容 简 介

本书立足我国海洋相关立法的薄弱环节，综合运用法学、管理学、海洋科学、环境科学等多学科知识，系统阐述海岸带管理立法的现实基础和理论基础，深入研究美国、英国以及我国福建省、海南省、山东省青岛市、山东省威海市等地的海岸带管理立法探索与经验，在此基础上分别从立法目的、海岸带范围、海岸带综合管理框架、海岸带规划、海岸带保护、海岸带整治修复、海岸带利用及保障监督机制等方面，提出我国海岸带管理立法的制度设计方案及建议，对海岸带管理立法和管理决策有一定的参考价值。

本书可供从事海洋与海岸带法律政策、海洋与海岸带管理、海洋经济政策研究的科研人员和高校师生使用，也可供相关部门的立法、管理与技术人员参考借鉴。

图书在版编目（CIP）数据

陆海统筹背景下海岸带管理立法研究／古小东等著 .—北京：科学出版社，2023.6
ISBN 978-7-03-073577-5

Ⅰ.①陆⋯ Ⅱ.①古⋯ Ⅲ.①海岸带-立法-研究-中国 Ⅳ.①D993.5

中国版本图书馆 CIP 数据核字（2022）第 202161 号

责任编辑：周 杰／责任校对：杨 赛
责任印制：吴兆东／封面设计：无极书装

科学出版社 出版
北京东黄城根北街 16 号
邮政编码：100717
http://www.sciencep.com
北京建宏印刷有限公司 印刷
科学出版社发行 各地新华书店经销
*
2023 年 6 月第 一 版　开本：720×1000　1/16
2023 年 6 月第一次印刷　印张：15 1/2
字数：310 000
定价：160.00 元
（如有印装质量问题，我社负责调换）

前 言

海岸带是海陆相互作用的地带，拥有丰富的各类资源，是社会经济发展的"黄金地带"。同时，人类活动也给海岸带的生态环境带来严重的影响，全球海岸带面临着人口增长、海岸污染、海岸侵蚀、渔业资源减少、生物多样性减少等挑战。海岸带生态系统结构复杂，环境脆弱，面临着使用布局不合理、开发利用强度高、生态环境污染压力大等诸多问题和挑战，成了"警戒地带"，亟须加强海岸带综合管理。海岸带综合管理是全球多年关注的焦点、热点，也是难点，且在不断的探索实践中。

海岸带管理法被称为"海岸地区宪法"。党的十九大报告提出"坚持陆海统筹，加快建设海洋强国"。陆海统筹与海岸带管理的理念内涵具有极大的关联性。中共中央、国务院于 2018 年 11 月 18 日印发的《中共中央 国务院关于建立更加有效的区域协调发展新机制的意见》要求"推动陆海统筹发展"，以及"推动海岸带管理立法"。如何运用多学科知识综合决策、多种手段并举，通过制定海岸带管理法律并形成长效机制，是一个亟待研究的问题。本书主要包括以下几方面的内容。

第一，海岸带管理立法的现实基础。本书在厘清相关概念与特征内涵的基础上，从全球、国家及地方（以广东省为例）三个层面阐述了海岸带的现状与威胁，分析研究了我国海岸带管理实践中存在的问题，论证了我国海岸带管理立法的必要性与可行性。

第二，海岸带管理立法的理论证成。本书分析研究了国际国内关于海岸带管理立法的背景，以及海洋科学、环境科学、生态学、管理学、法学等学科中与海岸带管理立法密切相关的主要基础理论，包括海洋可持续发展、生态系统管理、信息不对称、协同治理、利益相关者、法律责任等理论。

第三，美国和英国海岸带管理立法研究。目前全世界多个沿海国家制定了海岸带管理法，每个国家的地理特点、资源环境基础、经济社会条件各有不同，因而各国的海岸带管理法律制度也不尽相同。美国是全世界最早制定海岸带管理相关法案的国家，英国则为传统海洋强国。本书结合第一手的外文资料，深入分析了美国和英国海岸带相关立法的制度背景、历史演进和内容特点，并研究总结其海岸带管理立法的经验启示。

第四，海岸带管理立法的国内实践。对我国海南省、福建省、山东省等地的海岸带立法进行比较、剖析，挖掘出科学合理且具有可操作性的经验启示。

第五，我国《海岸带管理法》的制度设计。本书在借鉴国内外海岸带管理立法经验的基础上，结合我国国情，研究提出我国《海岸带管理法》的制度设计，内容包括明确立法目的与海岸带范围、确立基于生态系统的海岸带综合管理框架、科学构建海岸带规划制度、完善海岸带保护制度、建立海岸带整治修复制度、规范海岸带利用制度及强化保障和监督机制等。

海岸带管理立法作为上层建筑，研究的逻辑进路大致为"海岸带科学—海岸带可持续发展—海岸带管理治理—海岸带立法"。本书既是社会科学（法学、管理学）与自然科学（海洋科学、资源科学、环境科学）跨学科研究的一种尝试，也是基础理论研究、应用对策研究（软课题）与立法起草项目相结合的一种尝试。

本书由本人负责统筹总体研究设计、文献资料搜集、外文资料的翻译校对、文稿撰写以及修改定稿等工作，合作者范敏宜协助参与了本书部分文献资料的搜集、部分外文资料的初期翻译、部分章节初稿撰写等工作。

感谢科学出版社周杰老师和其他编辑老师一丝不苟的审阅校正，感谢有关文献与资料的提供者。

海岸带管理立法涉及多部门职责和多学科知识，由于作者学识与水平有限，不足之处在所难免，有关认识和结论也只是一家之言，可能不够成熟，有待实践的进一步检验，真诚地希望专家和读者提出宝贵意见。

2023 年 3 月

目 录

前言
第 1 章　绪论 ··· 1
　1.1　研究缘起与学术价值 ··· 1
　1.2　研究框架与方法思路 ··· 8
第 2 章　海岸带管理立法的现实基础 ··· 11
　2.1　海岸带的概念特征与经济生态价值 ······························ 11
　2.2　全球海岸带系统面临的威胁 ······································· 22
　2.3　我国海岸带经济与生态环境现状 ································· 28
　2.4　我国海岸带管理实践存在的主要问题 ··························· 37
　2.5　我国海岸带管理立法的必要性与可行性 ························ 41
第 3 章　海岸带管理立法的背景与理论基础 ································ 48
　3.1　海岸带管理立法的背景 ··· 48
　3.2　海岸带管理立法的理论基础 ······································· 52
第 4 章　美国《海岸带管理法》述评 ··· 59
　4.1　海岸带管理立法史与管理体制 ···································· 60
　4.2　基本框架和术语定义 ·· 67
　4.3　背景意义和目标原则 ·· 76
　4.4　海岸带保护与改善计划 ··· 79
　4.5　财政金融与激励机制 ·· 88
　4.6　协调合作与技术援助机制 ·· 96
　4.7　信息公开与评估监督机制 ·· 102
　4.8　主要经验做法与启示 ·· 106
第 5 章　英国《海洋与海岸使用法》述评 ································ 113
　5.1　立法过程概述、管理体制与基本框架 ························ 114

5.2 海洋管理组织 ·· 121
　　5.3 海洋规划 ·· 129
　　5.4 海域使用许可与自然保护 ·································· 136
　　5.5 海岸使用 ·· 143
　　5.6 主要经验做法与启示 ·· 146
第 6 章 海岸带管理立法的本土探索 ······························· 150
　　6.1 福建省海岸带管理立法评析 ······························· 151
　　6.2 海南省海岸带管理立法评析 ······························· 157
　　6.3 青岛市海岸带管理立法评析 ······························· 160
　　6.4 威海市海岸带管理立法评析 ······························· 165
第 7 章 我国《海岸带管理法》的制度设计 ······················ 169
　　7.1 明确立法目的与海岸带范围 ······························· 170
　　7.2 确立基于生态系统的海岸带综合管理框架 ············ 176
　　7.3 构建海岸带规划制度 ·· 184
　　7.4 完善海岸带保护制度 ·· 187
　　7.5 建立海岸带整治修复制度 ·································· 197
　　7.6 规范海岸带利用制度 ·· 202
　　7.7 强化保障和监督机制 ·· 206
参考文献 ··· 211
附录 ··· 222
后记 ··· 242

第 1 章 绪 论

1.1 研究缘起与学术价值

1.1.1 研究缘起

21世纪是海洋的世纪。我国是一个拥有约300万平方千米主张管辖海域、1.8万千米大陆海岸线、1.4万千米海岛岸线的海洋大国,壮大海洋经济、加强海洋资源环境保护、维护海洋权益事关国家安全和长远发展。

海岸带是海陆相互作用的地带,拥有丰富的各类资源,是社会经济发展的"黄金地带"。人类活动给海岸带的生态环境带来了严重的影响,全球海岸带面临着海岸污染、海岸侵蚀、渔业资源减少、生物多样性减少等挑战。同时,海岸带生态系统结构复杂,环境脆弱,面临着使用布局不合理、开发利用强度高、生态环境污染压力大、"多龙闹海"等问题,成为"警戒地带",亟须加强海岸带综合管理。海岸带综合管理是全球多年关注的焦点、热点和难点,且在不断探索实践。

海岸带管理法被称为"海岸地区宪法"。海岸带管理与陆海统筹的理念内涵具有极大的关联性,是海洋强国战略的重要内容,也是海洋治理的重要制度。1996年,《中国海洋21世纪议程》首次提出要"根据海陆一体化的战略,统筹沿海陆地区域和海洋区域的国土开发规划"。2011年我国"十二五"规划纲要中正式提出要"坚持陆海统筹,制定和实施海洋发展战略,提高海洋开发、控制、综合管理能力"。2012年党的十八大报告明确提出要"提高海洋资源开发能力,发展海洋经济,保护海洋生态环境,坚决维护国家海洋权益,建设海洋强国。"2013年党的十八届三中全会提出要"建立陆海统筹的生态系统保护修复和污染防治区域联动机制"。2016年我国"十三五"规划纲要中提出要"坚持陆海统筹，发展海洋经济，科学开发海洋资源，保护海洋生态环境，维护海洋权益，建设海洋强国"。2017年党的十九大报告中再次强调要"坚持陆海统筹，加快建设海洋强国"，并要求"实施流域环境和近岸海域综合治理"。中共中央、国务院2018年11月18日印发的《中共中央 国务院关于建立更加有效的区域协调发展新机制的意见》要求"推动陆海统筹发展"，以及"推动海岸带管理立法"。2020年我国"十四五"规划纲要进一步提出要"坚持陆海统筹，发展海洋经济，建设海洋强国"，"继续开展污染防治行动，建立地上地下、陆海统筹的生态环境治理制度"。运用多学科知识综合决策、多种手段并举，完善制定海岸带管理立法，形成长效机制，对促进我国海洋可持续发展、推进我国海洋强国战略的实施具有重要的意义。

1.1.2　学术价值

1.1.2.1　理论价值

本书的理论价值主要体现在以下几个方面：第一，比较视野下域外经验的借鉴。目前全世界多个沿海国家制定了海岸带管理法律政策，但每个国家的地理特点、资源环境基础、经济社会条件不同，因而海岸带管理的法律政策不尽相同。本书结合实际情况，重点分析美国和英国海岸带立法的制度背景、历史演进、内容特点及最新发展，得到一定的经验启示，可为探索适合我国国情的海岸带管理立法提供经验借鉴。第二，我国海岸带立法实践探索的挖掘。我国海南省、福建省、山东省等地的海岸带管理立法，广东省等地制定的海岸带规划，均对加强海岸带管理有一定的意义，但也存在待完善之处。本书对我国各地海岸带管理法规政策的实践做法进行比较、剖析，挖掘出科学合理、具有可操作性的经验做法。第三，多学科知识综合运用，深化相关理论并完善体系内容。海岸带是一个极其复杂、高度多样化的系统单元，海陆相互作用，有其特殊性和整体性，且相关数据信息不完善，决策管理难度大。本书综合运用法学、管理学、海洋科学、环境科学等多学科知识，对海岸带管理立法进行研究，深化相关理论并完善制度内容。

1.1.2.2 实践价值

本书的实践价值主要体现在以下几个方面：一是，为相关立法工作和政府管理决策提供参考，促进海岸带可持续发展。本书结合国内外海岸带管理的理论实践、立法探索，分析了海岸带管理立法的必要性、可行性及面临的主要问题，研究提出《中华人民共和国海岸带管理法》的制度设计和立法建议稿。二是，有助于提升公民对海岸带管理的认知水平，加快建设海洋强国。本书有助于全面深入了解美国、英国及我国福建省、海南省、山东省等地海岸带管理立法的现状和实践，提升公民对海岸带管理的认知水平，促进区域协调发展，加快建设海洋强国。

1.1.3 相关研究与实践

1.1.3.1 国内相关研究

自我国"十二五"规划提出"陆海统筹"战略以来，社会各界对此广泛关注，学界也开始进行相关的研究。总体而言，在对陆海统筹问题的已有探讨中，国内大部分学者是从经济学、社会学、管理学、地理学、国际政治学、海洋科学、环境科学等角度进行研究，以法学为视角的研究并不多见。

国家陆海统筹战略的制定和实施，为我国海洋经济提供了发展机遇，同时，我国仍存在海陆经济关系不协调、海岸带和海域开发布局不合理等问题，部分学者提出了整体性的对策建议。有学者从管理体制出发，提出应加强理论分析和调查研究（王芳，2012；杨荫凯，2013）；有学者认为应强化综合管理，且综合管理趋向多样化、市场化、精确化（王丽，2013）。

在重点领域和区域性陆海统筹发展研究方面，不同学者结合自己的研究领域，分别从发展规划、空间布局、产业发展、资源开发、基础设施建设、环境保护等视角提出了实现陆海统筹的具体建议（宋军继，2011；韩增林，2012；孙军，2017；周伟，2017；李孝娟等，2019；安太天等，2020）。各沿海省市为促进海洋系统和陆域系统协调发展，进行了积极的探索，并取得了一定的进展。

我国关注海岸带管理法律制度始于20世纪80年代,部分学者研究了国外海岸带管理立法的经验和做法。例如,美国在1972年颁布了世界上第一部海岸带管理法规《海岸带管理法》;葛瑞卿(1982)对美国的立法情况做了介绍,认为美国有效实行海岸带管理的关键有四点:法律的权威、基础资料的可靠性、健全海岸带管理组织、把资料和法律付诸实施的方法,并发起成立了中国海岸带开发与管理研究会。中国科学院院士、自然地理学与海岸科学家任美锷也关注并呼吁加强海岸带管理,认为可以借鉴美国等的经验和做法(任美锷,1986),并推动江苏省于1991年通过了我国首部海岸带管理的地方性法规《江苏省海岸带管理条例》。

我国有部分学者介绍了法国、加拿大、韩国、英国及欧盟的海岸带管理法律政策与启示(郭正强,1985;薛雄志等,2003;贺蓉,2008;史晓琪,2017;王晶等,2019)。有学者研究认为,欧美海洋综合管理立法主要调整海洋管理关系,是一个多层次、嵌套式的复杂体系(巩固,2015)。也有学者对我国台湾地区海岸带管理立法开展研究,提出应从实体法律与行政机构两方面优化海洋治理结构(许斌,2016)。也有学者呼吁尽快立法,建议采用国际上相对成熟、适合国内实际的管理制度进行规范,包括确立海岸带管理的目标原则、海岸带范围、管理体制、海岸带规划、海岸带评估预警、海岸带开发利用、海岸带保护等(鹿守本,2001;徐冲,2011;韩通平,2013;王小军,2017)。

1.1.3.2 国外相关研究

部分学者从管理学、地理学、城市规划学、海洋科学、生态学等角度对海岸带管理进行研究,并提供了一定的科学理论、管理方法和实践案例。例如,国际知名海岸带管理专家约翰 R. 克拉克(2000)总结了30多个沿海国家海岸带管理的经验教训,提出了海岸带管理的原则、方针、步骤及其不同的体制,分析了海岸带管理面临的问题与挑战。也有部分学者提出了海岸带空间规划管理的原则、理念、方法、框架内容,例如综合管理、生态系统管理、适应性管理,并强调生态服务价值评估、风险预警、陆海统筹、利益相关者有效参与、能力建设等的重要性(罗伯特·凯和杰奎琳·奥德,2010;蔡程瑛,2010;Kidd et al.,2013)。

有学者认为，综合海岸管理倡议的根本目的是维持、恢复或改善沿海生态系统及利益相关人的权益，海岸带综合管理应包括管理体制、主体行为、社会变化、生态环境等内容（Olsen，2003）。也有学者提出，海洋、淡水和陆地生态系统面临着越来越多的人为威胁，这些威胁因各领域之间的生态连通性而加剧，陆海统筹管理（ILSM）是一个可以帮助解决这种连通性的框架（Reuter et al.，2016）。基于生态系统的管理是治理陆地–海洋界面最主要的方法，也是解决陆海相互作用产生的问题的重要手段（Pittman et al.，2016）。

在治理制度工具方面，全球环境治理的相关制度复杂且碎片化，目前有综合管理、多中心治理、组织间关系、环境政策整合、协调、主流化、一致性、政策组合、制度复合体、机构互动、元治理（metagovernance）、治理架构和系统等多个与治理相关的概念（Visseren-Hamakers et al.，2015）。治理陆海相互作用要求实施多层次治理以及新形式的政策整合（Schlüter et al.，2020）。

也有学者认为，包括保护区在内的空间管理制度是遏制全球生物多样性下降的核心，其中最重要的是陆地和海洋的综合保护规划。人类引起的河流营养物质和沉积物负荷的变化对海洋生态系统构成了重大威胁，因此有必要对这些威胁进行评估，并对减轻其影响的行动进行优先排序（Alvarez-Romero et al.，2015）。

总体上看，相关的国外海岸带法律制度研究具有一定的国际视野，但对国外制度的具体分析不够全面深入，第一手的资料相对缺乏，尚需进一步研究充实。相关的国内海岸带法律制度研究为我们提供了一定的参考，但缺乏对各地的地方性立法进行系统研究和比较研究。如何把我国新发展阶段的实际情况与国际的相关立法经验趋势相结合，并将法学、管理学、海洋科学、资源环境科学等多学科的理念方法运用到海岸带管理立法中，需进一步深入研究和综合考量。

1.1.3.3　海岸带管理立法的实践进展

1972年10月27日美国国会通过的《海岸带管理法》（Coastal Zone Management Act，CZMA）是全世界第一部海岸带管理领域的专门立法。其他沿海国家或地区制定了海岸带专门立法的如韩国1998年出台的《沿岸管理法》等。

1983年我国成立了多部委参与的"海岸带管理法起草小组",由国家海洋局牵头起草《海岸带管理法》,但至今仍未立法。1991年3月3日江苏省第七届人民代表大会常务委员会第十九次会议通过的《江苏省海岸带管理条例》是我国海岸带管理领域的第一部地方性法规,分为总则、行政管理、规划和科研、开发利用、治理保护、开发基金和鼓励措施、奖励与惩罚、附则八章,共四十一个条文,自1991年9月1日起施行。2010年9月29日江苏省第十一届人民代表大会常务委员会第十七次会议审议了《关于废止〈江苏省海岸带管理条例〉的议案》,决定废止《江苏省海岸带管理条例》。该决定自2010年9月30日起生效。

1995年5月26日经青岛市第十一届人民代表大会常务委员会第十七次会议通过,1995年6月14日经山东省第八届人民代表大会常务委员会第十五次会议批准的《青岛市海岸带规划管理规定》,自1995年10月1日起施行。1999年11月19日青岛市第十二届人民代表大会常务委员会第十二次会议通过,1999年12月16日山东省第九届人民代表大会常务委员会第十二次会议批准的《关于修改〈青岛市海岸带规划管理规定〉的决定》对上述规定进行了修正。2019年5月23日青岛市第十六届人民代表大会常务委员会第十六次会议通过,2019年11月29日山东省第十三届人民代表大会常务委员会第十五次会议批准的《青岛市海岸带保护与利用管理条例》,共六十个条文,自2020年1月1日起施行,1995年6月14日山东省第八届人民代表大会常务委员会第十五次会议批准的《青岛市海岸带规划管理规定》同时废止。

2013年3月30日经海南省第五届人民代表大会常务委员会第一次会议通过了《海南经济特区海岸带保护与开发管理规定》,自2013年5月1日起施行。2016年5月26日经海南省第五届人民代表大会常务委员会第二十一次会议通过了《关于修改〈海南经济特区海岸带保护与开发管理规定〉的决定》第一次修正;2019年12月31日经海南省第六届人民代表大会常务委员会第十六次会议通过了《关于修改〈海南经济特区海岸带保护与开发管理规定〉的决定》第二次修正,并将名称修改为《海南经济特区海岸带保护与利用管理规定》,共三十个条文,自2020年2月1日起施行。

2017年9月30日经福建省第十二届人民代表大会常务委员会第三十一次

会议通过的《福建省海岸带保护与利用管理条例》，共五十个条文，自 2018 年 1 月 1 日起施行。

2017 年 11 月 20 日经锦州市第十五届人民代表大会常务委员会第四十四次会议通过，2018 年 1 月 19 日经辽宁省第十二届人民代表大会常务委员会第三十九次会议批准的《锦州市海岸带保护与利用管理条例》，共二十七个条文，自 2018 年 3 月 1 日起施行。

2018 年 4 月 24 日经威海市第十七届人民代表大会常务委员会第九次会议通过，2018 年 6 月 1 日经山东省第十三届人民代表大会常务委员会第三次会议批准的《威海市海岸带保护条例》，自 2018 年 7 月 1 日起施行。此后，根据 2019 年 12 月 27 日威海市第十七届人民代表大会常务委员会第二十一次会议通过并经 2020 年 1 月 15 日山东省第十三届人民代表大会常务委员会第十六次会议批准的《威海市人民代表大会常务委员会关于修改〈威海市城市风貌保护条例〉等五件地方性法规的决定》修正，共四十八个条文。

2019 年 4 月 29 日经日照市第十八届人民代表大会常务委员会第十九次会议通过，2019 年 9 月 27 日经山东省第十三届人民代表大会常务委员会第十四次会议批准的《日照市海岸带保护与利用管理条例》，共六十个条文，自 2020 年 1 月 1 日起施行。

2019 年 10 月 24 日经东营市第八届人民代表大会常务委员会第二十二次会议通过，2019 年 11 月 29 日经山东省第十三届人民代表大会常务委员会第十五次会议批准的《东营市海岸带保护条例》，共四十三个条文，自 2020 年 3 月 1 日起施行。

2019 年 10 月 25 日经潍坊市第十七届人民代表大会常务委员会第二十七次会议通过，2019 年 11 月 29 日经山东省第十三届人民代表大会常务委员会第十五次会议批准的《潍坊市海岸带保护条例》，共五十五个条文，自 2020 年 5 月 1 日起施行。

2019 年 10 月 29 日经烟台市第十七届人民代表大会常务委员会第二十二次会议通过，2019 年 11 月 29 日经山东省第十三届人民代表大会常务委员会第十五次会议批准的《烟台市海岸带保护条例》，共三十四个条文，自 2020 年 3 月 1 日起施行。

2019 年 11 月 1 日经滨州市第十一届人民代表大会常务委员会第 25 次会

议通过，2019 年 11 月 29 日经山东省第十三届人民代表大会常务委员会第十五次会议批准的《滨州市海岸带生态保护与利用条例》，共四十二个条文，自 2020 年 3 月 1 日起施行。

2019 年 11 月 1 日经防城港市第六届人民代表大会常务委员会第二十九次会议通过，2019 年 11 月 29 日经广西壮族自治区第十三届人民代表大会常务委员会第十二次会议批准的《防城港市海岸带保护条例》，共四十一个条文，自 2020 年 3 月 1 日起施行。

目前我国关于海岸带的地方立法缺乏全国性关于海岸带管理的上位法的直接支撑，且容易造成地方性立法内容相对简单，或相互模仿，或差异过大等问题。

1.2 研究框架与方法思路

本书从现实基础、理论证成、国外经验、国内实践、制度设计等方面对海岸带管理立法进行研究。基于政策与法律存在密切关系，故在对海岸带管理的相关法律法规研究过程中会涉及海岸带管理的相关规划、计划、通知等政策。

1.2.1 研究目标与框架

1.2.1.1 研究目标

本书的目标主要有：一是结合国内外理论探索、实践经验，提供分析依据和方法，提炼理论观点，构建适合我国国情、具有可操作性的海岸带管理法律制度，为相关立法和管理决策提供参考；二是完善海岸带管理法律制度，促进海洋可持续发展，加快建设海洋强国。

1.2.1.2 研究框架内容

第一，海岸带管理立法的现实基础。本书在厘清相关概念与特征内涵的基础上，从全球、国家及地方（以广东省为例）三个层面阐述海岸带的现状与威胁，并分析研究我国海岸带管理实践中存在的问题，论证我国海岸带管理立法的必要性与可行性。

第二，海岸带管理立法的理论证成。本书分析国际国内关于海岸带管理立法的背景，以及海洋科学、环境科学、生态学、管理学、法学等学科中与海岸带管理立法密切相关的主要基础理论，包括海洋可持续发展、生态系统管理、信息不对称、协同治理、利益相关者、法律责任等理论。

第三，海岸带管理立法的域外经验。目前多个沿海国家（地区）制定了法律法规，但每个国家的地理特点、资源环境基础、经济社会条件各有不同，因而各国的海岸带管理法律制度不尽相同，且国外的研究结论和经验做法不一定能完全适用于我国。本书以美国和英国的相关立法为研究重点，深入分析其海岸带立法的制度背景、历史演进和内容特点，得到一定的启示。美国是全世界最早制定海岸带管理立法的国家，且取得了明显的成效，大多数国家将其作为参照制定相关法律制度，但目前学界对美国《海岸带管理法》的研究还不够全面深入。英国作为传统海洋强国，在海洋与海岸带管理方面有一定的经验，目前国内尚缺乏对英国2009年出台的《海洋与海岸使用法》进行系统的研究。本书将《美国海岸带管理法》和《英国海洋与海岸使用法》作为第一手外文资料，对相关的外文资料进行了反复斟酌翻译研究，力求忠实原文，并全面准确地理解和借鉴有益的经验做法。

第四，海岸带管理立法的国内实践。本书对我国海南省、福建省、山东省等地海岸带立法进行全面深入的比较、剖析，挖掘出科学合理、具有可操作性的经验启示。

第五，我国海岸带管理立法的制度设计。本节在阐述海岸带管理立法的必要性和可行性的基础上，借鉴国内外海岸带管理立法经验，研究提出《中华人民共和国海岸带管理法》的制度设计，内容包括明确立法目的与海岸带范围、确立基于生态系统的海岸带综合管理框架、科学构建海岸带规划制度、完善海岸带保护制度、建立海岸带整治修复制度、规范海岸带利用制度，以及强化保障和监督机制。

1.2.2 研究方法与思路

1.2.2.1 研究方法

本书主要采用法律政策文本分析、比较研究、社会调查、跨学科综合研究等方法进行研究。一是文本分析与比较研究相结合。对国内外海岸带管理的法律政策制度和经验做法进行文本分析和比较分析。二是数据分析与社会调查相结合。结合相关的海洋经济发展数据和海洋生态环境数据对海岸带管理的现状与问题进行分析，并对立法机关和政府部门，以及用海单位、滨海社区等进行社会调查。三是跨学科综合研究。海岸带管理法律制度的研究和应用，需要运用法学、海洋科学、环境科学、管理学等多学科知识，进行跨学科综合研究。

1.2.2.2 研究思路

首先是现状问题与理论基础分析，从全球层面、国家层面和地方层面（广东省为例）分析海岸带管理的现状及存在的主要问题，阐述海岸带管理立法的相关理论基础。其次是国外比较研究，对美国和英国海岸带管理立法的经验进行分析与比较借鉴。再次是分析国内实践探索，提炼并总结国内地方实践的经验得失。最后是法律制度构建，提出《中华人民共和国海岸带管理法》的制度设计。

第 2 章　海岸带管理立法的现实基础

本章内容为海岸带管理立法的现实基础，主要阐述海岸带的定义范围、特征内涵、经济社会价值、生态价值，分析全球海岸带系统面临的威胁，研究我国海岸带经济与生态环境现状以及海岸带管理实践存在的主要问题，以及论证我国海岸带管理立法的必要性与可行性。

2.1　海岸带的概念特征与经济生态价值

海岸带的定义既有自然科学的视角，也有社会科学的视角，且有狭义和广义之分。海岸带的范围划定有自然地理、行政区划、政治边界、任意距离以及人为选择的环境单元等多个标准，每种标准各有特点和利弊。海岸带资源丰富、海陆交互作用直接且强烈、生物多样性高、生态环境敏感脆弱，具有多种重要的生态系统服务功能，是经济社会发展的"黄金地带"，成为人类活动最为活跃的地区之一。

2.1.1　海岸带的定义范围

2.1.1.1　海岸带的定义范围

(1) 自然科学视角的海岸带定义范围

海岸带（coastal zone）是陆地和海洋相互交接、相互作用的狭长地带，被认为是地球上生产力最高、最具价值的生态系统（Crossland et al., 2005）。目前学界对于海岸带的定义及范围界定尚未形成统一标准。从现有的研究情况来看，对海岸带的定义通常有狭义和广义之分。

狭义的定义一般是指以海岸线为基准，向陆海两侧扩展一定宽度的带形区域，属地学概念，理论性强。现代海岸带一般包括海岸、海滩和水下岸坡三部分。海岸是在高潮线以上狭窄的陆上地带，大部分时间裸露于海水面之上，仅在特大高潮或暴风浪时被水面淹没，又称潮上带。海滩是介于高低潮之间的地带，高潮时被水淹没，低潮时露出水面，又称潮间带。水下岸坡是低潮线以下直到波浪作用所能到达的海底部分，又称潮下带，其下限相当于 1/2 波长的水深处，通常为 10~20m（冯士筰等，1999）。

1994 年，联合国教育、科学及文化组织（United Nations Educational, Scientific and Cultural Organization, UNESCO）海洋科学会议提出了"海岸海洋"的新概念，扩展了海岸带范围，使之包括狭义的海岸带、大陆架、大陆坡和大陆隆，涵盖海陆相互作用的整体过渡地带（李百齐，2011）。1995 年，国际地圈生物圈计划（International Geosphere Biosphere Programme, IGBP）设立的海岸带陆海相互作用（Land-Ocean Interactions in the Coastal Zone, LOICZ）核心项目委员会将海岸带定义为"从沿海平原（coastal plains）一直延伸到大陆架外缘（the outer edge of the continental shelves）的地带，大致相当于第四纪晚期海平面波动期间交替淹没和暴露的区域"（Holligan and Boois, 1993）。此与"海岸海洋"概念基本一致。

（2）社会科学视角的海岸带定义范围

相关国际组织及沿海国家（地区）对海岸带的定义也不尽相同。1975 年，联合国经济与社会理事会（Economic and Social Council, ECOSOC）编写了题为《海岸带管理与开发》的报告，将海岸带定义为"陆地与海洋相互作用的地带，因此它包括向陆部分、大陆架被淹没的土地及其上覆水域"（联合国经济与社会理事会海洋经济技术处，1988）。1996 年世界银行发布的《海岸带综合管理指南》（*Guidelines for Integrated Coastal Zone Management*）第一章指出，"海岸带是陆地与海洋的界面，包括海岸环境以及邻近沿海水域。其组成的地理类型包括三角洲、沿海平原、湿地、海滩和沙丘、珊瑚礁、红树林、潟湖以及其他海岸类型"。

1972 年美国颁布的《海岸带管理法》（*Coastal Zone Management Act*）第 304 条规定，"海岸带是邻接海岸线、彼此之间有强烈影响的近岸海域（包括水中的和水下的土地）和滨海陆地（包括陆上水域和地下水），包括岛屿、过渡带和潮间带、盐沼、湿地和海滩"。美国加利福尼亚州将其基本管理区域范围规定为自海岸线向陆 914.4 米，向海 3 海里①，并增添了一些附加条款；而美国得克萨斯州则是按"组合资源区"进行海岸带范围划定，即"近岸海湾（水域）、小港湾和潮汐三角洲、受河流影响的海湾、中盐度海湾、范围有限的海湾、高盐度海湾和咸水湖、牡蛎礁区、草滩、漂沙区、淹没的废土石、沿海的湖泊，以及受潮汐影响的溪流。滨地包括海滩和拍岸浪区、风生和潮生台地、潮汐沼泽地、露出水面的废土石、活动沙丘群、活动的或潜在活动的潮沟"（联合国经济与社会理事会海洋经济技术处，1988）。

1998 年韩国通过的《沿岸管理法》规定，"海岸带范围包括：①沿岸海域：海滨以及从涨潮水位线至领海外侧界线的海域；②沿岸陆域：无人岛屿以及距离沿岸海域向陆一侧的界线 500 米范围之内的陆域（对于港湾区域、渔港区域和工业园区，沿岸陆域的范围则扩大至 1000 米）"（国家海洋局海域管理司，2001）。

2009 年南非发布的《海岸带综合管理法》（South Africa's Integrated Coastal Management Act，2008）第 1 章规定，"海岸带包括海岸公共财产，沿海保护区，海岸进入陆地和海岸保护区域，海岸，沿海水域和专属经济区，并包括这些区域中或其上、其下的环境的各方面"（赵锐和赵鹏，2014）。

1985 年我国在开展全国海岸和海涂资源综合调查时，为适应调查目标需要，规定海岸带调查范围为"海岸线向陆延伸 10 千米，向海扩展至 10～15 米等深线，水深岸陡的岸段，调查宽度不得小于 5 海里"（全国海岸带和海涂资源综合调查简明规程编写组，1986），但该范围规定未经科学论证，较为笼统。

2019 年修正后的《海南经济特区海岸带保护与利用管理规定》第 3 条规定，"本规定所称海岸带，是指海洋与陆地交汇地带，包括海岸线向陆地侧延伸的滨海陆地与向海洋侧延伸的近岸海域。海岸带的具体界线范围由省人民政府依据海岸带保护治理与利用的实际，结合地形地貌具体划定，并向社会公布"。

2007 年通过的《福建省海岸带保护与利用管理条例》第 2 条规定，"本条例所称海岸带，是指海洋与陆地交汇地带，包括海岸线向陆域侧延伸至临

---

① 1 海里≈1.852 千米。

海乡镇、街道行政区划范围内的滨海陆地和向海域侧延伸至领海基线的近岸海域。海岸带具体界线范围由省人民政府批准并公布"。

综合大多数国家、地区和组织的经验和做法，海岸带范围划定主要有五种标准，分别为：自然地理标准、行政区划标准、政治边界标准、任意距离标准和人为选择的环境单元标准（表2-1）（李百齐，2011）。每种标准都各有利弊，事实上，没有哪一种标准是普遍适用的，也不可能用单一标准满足有效区域划分的所有条件。因此，在确定海岸带管理边界的过程中，管理当局应综合多种方法，有的放矢，使海岸带范围界线清晰、易于理解并可用图形准确描绘，将社会经济和生态环境因素纳入考虑，并尽可能承认现有的行政和政治区划以减少管理阻力。

表 2-1　划定海岸带范围的主要标准

标准	说明	特点
自然地理	根据明显的土地或地形标志进行范围界定	易于理解，短期内切实可行；长期自然标志会发生变化，可靠性差
行政区划	利用国家现有的行政区划（如省界等）确定边界，尤其是向陆一侧，如《福建省海岸带保护与利用管理条例》	易于理解，法律上可行；难与生物、物理现象一致，存在局限性
政治边界	利用"领海"之类的政治边界确定向海一侧的边界，尤其是向海一侧，如《韩国沿岸管理法》	易于理解，法律上可行；难与生物、物理现象一致，存在局限性
任意距离	利用任意距离法进行范围界定，如美国加利福尼亚州	简便易行，但可能与海岸地形、关键自然体系的位置及经济活动的性质关联度不高
环境单元	根据人为选定的环境单元进行范围界定，如美国得克萨斯州	有可靠的生态和科学依据，但环境单元本身不易被理解，且需经广泛查勘以确定范围

资料来源：联合国经济与社会理事会海洋经济技术处，1988；李百齐，2011；王小军，2019；赵锐和赵鹏，2014。

2.1.1.2　海岸与海岸线

(1) 海岸

一般认为，海岸（coast）是海洋的陆地部分。根据《中国大百科全书》，海岸的狭义解释是"紧邻海滨（海滩），在海滨向陆一侧，包括海崖、上升阶地、海滨陆侧的低平地带、沙丘或稳定的植被地带"，换言之，海岸即海岸带的陆上部分，与潮上带的范围一致；广义解释为"包括遭受波浪为主的海水动力作用的广阔范围，即从波浪所能作用到的深度（波浪基面），向陆延至暴风浪所能达到的地带"。邵正强（1992）认为，海岸的法律性定义应为"从海岸线向陆延伸到地形面貌有了首次较大转变为止的全部陆地区域，其宽度大小不等"，而在海岸宽度的具体问题上，要将自然科学定义同当地的社会发展、经济建设和实际需求结合起来，以有效施行法律和进行服务管理。

（2）海岸线

海岸线（coastline）是指海洋和陆地的分界线，为海图上的重要因素，蕴含着丰富的资源环境信息，同时也是国际地理数据委员会（International Geographic Data Committee）认定的 27 个地表要素之一（李加林等，2019）。由于潮汐涨落、海水进退及其他自然环境因素，海岸线的具体位置往往存在瞬时性。因此，在实际应用中多以位置较为稳定的要素指示海岸线，称为指示海岸线或代理海岸线。指示海岸线一般分为两类：一类指目视可辨识线，如崖壁基底线、植被线、干湿分界线等；另一类指基于潮汐数据的指示海岸线，如瞬时大潮高潮线、平均高潮线、平均海平面线等（毋亭，2016）。

世界上的大多数国家均采用"平均高潮线"作为海岸线的标志。我国《海洋学术语 海洋地质学》（GB/T 18190—2017）将海岸线定义为"海陆分界线，在我国系指多年大潮平均高潮位时海陆分界痕迹线"。据测算，世界海岸线长约 44 万千米，我国大陆海岸线长达 18 000 余千米、岛屿岸线 14 000 余千米。

目前学界普遍认为，海岸线的动态变化是全球及海岸环境变化、人类开发活动等综合作用的结果与反映。因此，开展海岸线监测研究有助于加深对海岸带的生态环境过程的理解，促进海岸带资源环境的科学开发和有效管理。值得一提的是，海岸线往往也被看作是一种稀缺资源，即所谓的"岸线资源"。此情境下的"海岸线"并不仅仅指一条虚拟线，而是隐含着包括海岸线周边一定范围的区域，强调其经济功能和社会功能。

2.1.2 海岸带的特征内涵

2.1.2.1 海岸带资源的丰富性与重要性

海岸带是海洋和陆地的交界地带，属于典型的生态过渡带（ecotone）的一种，兼具海洋和陆地双重属性。作为独特的生态区域单元，海岸带蕴藏着丰富的生物、能源、矿产、土地等自然资源，包括河口、沙滩、红树林和珊瑚礁等多种生态系统，它们共同提供一系列生态系统服务，如提供食物、降解污染物、控制侵蚀、调节气候，被誉为"全球环境变化的缓冲区"，同时是地球生态系统最有生机和活力的区域之一。

全球陆地占地球表面积的29.2%，其余70.8%为海洋。海岸带尽管仅占地球表面积的12%，却贡献了全球大约25%的生物生产力，提供了90%以上的海洋水产资源，居住着全世界超过45%的人口，并提供了广泛的社会经济效益（Costanza et al.，1997；Crossland et al.，2005）。此外，海岸带地区作为潜力巨大的空间后备资源，还是各个国家国防建设的重要前沿，具有重要的军事战略意义。

2.1.2.2 海陆交互作用的直接性与强烈性

海岸带是在全球气候变化和高强度人类活动双重影响下的海陆交互作用最直接和最强烈的地带。海陆交互作用包括气候变化（海平面上升等）、地貌变迁（海岸侵蚀、河口淤积等）、生物作用（底栖生物、动植物等）和人类活动（渔业、填海造陆、海岸工程等）等多过程的耦合。界面过程主要体现在"大气降水—河水—海水—地下水—沉积物"之间的物质循环与能量交换过程。在河流输运过程中，大量的陆源物质（营养元素、污染物、无机盐等）经由海岸带流入海洋，其中大部分物质在河口区汇聚形成沿岸沙流，进而参与近海沉积动力过程。

据初步统计，全世界河流每年向海洋输送的固体悬浮物达200亿吨，中国沿海每年由于泥沙淤积形成陆地的面积达260~330平方千米（吴志峰和胡伟平，1999）。由于风、潮汐、波浪、海流及河口射流等在海岸带区域形成一个复杂的动力体系,使得海岸带成为地球表层系统中能量交换最为频繁、地形变化最为突出的地带。

2.1.2.3 海岸带生态系统的高生物多样性与生境异质性

海岸带不同位置由于距离海洋远近不同,海水淹没时间及土壤含盐量存在差异,从而表现为高生物多样性和生境异质性。一般来说,潮下带的生物量最高,潮间带次之,潮上带最低(关涛,2007)。我国海岸线漫长、岛屿众多,分布着类型丰富的海洋和海岸生态系统,包括河口、盐沼、滩涂湿地、潟湖、珊瑚礁、红树林、海草床等。

海洋生物多样性是世界可持续发展的战略性资源,其一方面为人类提供食物、工业原料和生物医药等来源,同时在促进自然界物质能量循环、生物进化、自然演替、抵御自然灾害等方面发挥着重要作用。另一方面,海岸带由于其得天独厚的地理区位优势,环境类型复杂多样,存在着农业、水产养殖、制盐业、港口航运、观光旅游、海岸工程、居住建设、潮汐发电等多种土地利用方式,具有广泛的资源利用价值。

2.1.2.4 海岸带生态环境的敏感脆弱性

海岸带生态环境脆弱性(vulnerability)是指海岸带在应对全球变化、社会经济发展,以及由此可能产生的种种不利影响的承受能力(杨桂山和李恒鹏,2002)。Klein 等(1998)则提出"弹性"(resilience)作为脆弱性的相对概念,将海岸带弹性定义为海岸带在不失去其实际或潜在功能的前提下能够对外界干扰作出反应的程度,超出该程度范围即表现为脆弱性。海岸带受陆地环境和海洋环境以及自然活动和人类活动的多重影响,成为典型的生态敏感脆弱地区。

研究发现,全球所有的海岸生态系统均在不同程度上受到海平面上升(sea-level rise)、全球变暖(global warming)、海洋酸化(ocean acidification)、海洋缺氧(ocean deoxygenation)和极端天气事件(extreme weather events)的威胁[①]。此外,由于人口和基础设施在海岸地区高度集中,大多数邻近海岸

---

① https://www.ipcc.ch/srocc/.

带的生态系统极易受到人为活动的干扰，如富营养化（eutrophication）、岸线改造（coastline modifications）、污染和过度捕捞等。气候驱动的影响（climate driven impacts）与人类活动相互作用，正加大海岸带生态系统结构和功能发生改变的风险（Gattuso et al.，2015）。

2.1.3 海岸带的经济社会价值

在全球范围内，海岸带的社会重要性与两个关键因素相关，即：①生态系统产品；②不断增长的海岸带人口及其对生态系统产品和服务的需求（Crossland et al.，2005）。海岸带生态系统为人类提供了广泛的商品和服务，如食物、运输、居住、能源、休闲娱乐和资源开采等，对人类社会经济发展具有重要意义。

2.1.3.1 人口集聚区

海岸带是经济社会发展的"黄金地带"，是人类活动最为活跃的地区之一。据统计，2010 年全世界居住在海岸带地区的人口总数超过 19 亿，持续的城镇化将吸引越来越多的人口，预计到 2050 年这一数字将达到 24 亿（Kummu et al.，2016）。

在世界人口最多的 30 个城市中，就有 20 个位于海岸带地区。其中，尼日利亚拉各斯（Lagos）、中国广州、孟加拉国达卡（Dhaka）为人口增长速度最快的三个沿海特大城市，2015～2020 年平均人口增长率分别为 4.17%、3.94%、3.52%[①]。

2.1.3.2 渔业资源

海岸带地区拥有非常丰富的渔业资源，据联合国粮食及农业组织（Food and Agriculture Organization of the United Nations，FAO）的统计数据，2018 年全球鱼类的总产量为 1.79 亿吨，销售总价值估计为 4010 亿美元。其中，海洋捕捞业产量为 8440 万吨，水产养殖产量为 8120 万吨，为全球超过 33 亿人

---

① https://www.unenvironment.org/resources/global-environment-outlook-6.

提供20%以上的动物蛋白,而在柬埔寨、印度尼西亚、斯里兰卡等国和一些小岛屿发展中国家这一比例达到50%以上。渔业和水产养殖业初级部门就业人数达5950万人,其中女性占比为14%,小规模渔业更是支撑了1.2亿人口的生计①。

2.1.3.3 港口资源

港口资源是海岸带范围内重要的自然资源之一,在世界经济中起着极为重要的作用。依靠港口的运输调度作用,港口吸引了各种资源和相关产业在港口周边地区集中,极大地促进了区域经济发展和产业结构升级。据统计,90%以上国际物流量都由海运完成。根据联合国贸易和发展会议发布的 Review of Maritime Transport 2019,截至2019年上半年,全球船队运力总规模为19.7亿吨(DWT);2018年,全球海运贸易总量为110亿吨;从货物吞吐量看,中国港口占据全球十大港口中的七席,其中上海港和宁波-舟山港分别位列第一和第三②。

2.1.3.4 旅游景观资源

海岸带地区的沙滩、海水浴场、基岩海岸等多种景观,具有重要的休闲娱乐功能和旅游经济价值。据世界银行估计,旅游业约占海洋经济的26%,是"蓝色经济的关键驱动力"(a key driver of the blue economy)③。

Hall(2001)研究认为,滨海旅游业包括旅游开发(如住宿、餐馆、零售业及娱乐设施供应、码头等基础设施)和旅游活动(休闲划船、钓鱼、游泳、浮潜和潜水等);海洋旅游与滨海旅游密切相关,但还包括深海捕鱼和游艇巡航等活动。

Dwyer(2018)认为,2010年滨海和海洋旅游业增加值总额(gross value added,GVA)为3 901.1亿美元,就业人数为690万人;到2030年滨海和海洋旅游业GVA将达到7771.4亿美元,就业人数增至860万人;预计到2030

---

① http://www.fao.org/3/ca9229en/ca9229en.pdf.
② https://unctad.org/en/PublicationsLibrary/rmt2019_en.pdf.
③ https://ideas.repec.org/p/wbk/wboper/28388.html.

年，滨海和海洋旅游业的年增长率为3.51%，将超过联合国世界旅游组织（United Nations World Tourism Organisation，UNWTO）对全行业3.3%年增长率的预测。

2.1.3.5 能源矿产等资源

海岸带地区还有许多重要的经济资源，如可再生能源、矿藏、生物医药资源等。可再生能源包括海上风能、波浪能、潮差、海洋热能和生物能等。2013年，海上风能占英国电力供应的3.6%，为英国经济贡献了近10亿英镑，支持了20 000个就业岗位，其中包括5000个直接就业岗位[①]。海洋采矿活动大多发生在浅水近岸（水深不到50米），近年来正逐步向深海掘进以开采铁锰结核、富钴结壳、多金属硫化物和甲烷水合物等资源。目前已进行商业化开采的主要有海洋集料（marine aggregates）、钻石、锡、镁、黄金及重矿物（heavy minerals）等。

海洋环境中的生物种类丰富，数量众多，生物量占地球总生物量的87%，是潜力巨大的海洋天然产物库。Carroll等（2019）总结了2017年一年发表的477篇有关海洋天然产物的论文，统计其中重点报道的新化合物就有1490种之多。开发"蓝色药库"已成为世界医药工业发展的重要方向。至2019年已成功上市的海洋药物有17种，进入Ⅲ期、Ⅱ期、Ⅰ期临床研究的活性物质分别有8种、12种、8种（王成等，2019）。

2.1.4 海岸带的生态价值

海岸带具有多种重要的生态系统服务功能，如参与全球物质循环、海洋生物多样性保护、碳汇管理、岸线防护、海水水质保持等。

2.1.4.1 物质循环与生物多样性保护

陆地径流、沉积物冲刷以及近岸上升流和自身的水流系统都会输入大量的营养物质，使近岸海域成为生物圈中的高生物生产力区域（Chen and

---

① https://www.un.org/depts/los/global_reporting/WOA_RPROC/Chapter_22.pdf.

Borges，2009）。高生产力为生态系统的多样性提供了支持，可以为超过5亿的人口提供食物来源。其中，珊瑚礁是生物多样性最高的海洋生态系统，物种数约占全球海洋生物的25%（Roberts et al.，2003）。

2.1.4.2　碳汇管理

与陆地生态系统一样，海岸带的动植物和沉积物中封存了大量的碳，且潮间带红树林、盐沼及类似热带生境几乎不产生温室气体，具有潜力巨大的碳汇管理能力（Laffoleg and Grimsditch，2009）。据估计，全球盐沼50厘米以上的土壤中的碳储量超过$4.3×10^{14}$克（Chmura et al.，2003）；红树林的碳埋藏量为每年$1.84×10^{13}$克；全球海草床的覆盖面积约为30万平方千米，碳储量占海洋碳储量的15%左右（Laffoley and Grimsditch，2009）。

2.1.4.3　波浪衰减和岸线防护

海岸带生态系统的"保护"效益主要包括波浪衰减和岸线防护。Narayan等（2016）对全球69项研究的荟萃分析结果表明，海岸带生态系统具有明显的消浪作用，平均而言，可将波高降低35%~71%。其中，珊瑚礁、盐沼、红树林和海草床可分别降低54%~81%、62%~79%、25%~37%和25%~45%。Costanza等（1997）也曾指出，珊瑚礁主要功能之一即为风暴潮防护功能。Beck等（2018）估计，在RCP8.5排放情景①下，到2100年，珊瑚礁高度损失1米将导致全球遭受百年一遇风暴潮而淹没的土地面积将比目前增加116%，而珊瑚礁完好的情况下淹没土地增加比例为66%。Horstman等（2014）的研究结果则表明，红树林系统中的波浪衰减更强，并强调了消浪作用与潮汐湿地面积、水深和生物种类之间的复杂相关性。

2014年东南亚海啸发生时，印度泰米尔纳德邦（Tamil Nadu）的一个村庄由于受到1000米宽的林带保护，受灾程度明显比周边村庄轻微许多，由此红树林的防风消浪作用引起极大关注（蔡程瑛，2010）。其他海岸带生态系

---

① RCP8.5为温室气体排放情景的一种，是对未来气候变化预估的基础。该情景假定人口增多、技术革新缓慢，能源需求高，导致高温室气体排放而缺少气候应对政策，辐射强迫上升至$8.5W/m^2$，2100年CO_2当量浓度达到约1370ppm（$1ppm=1×10^{-6}$）。

统也具有岸线防护功能，包括大型藻类、牡蛎和贻贝床，以及海滩、沙丘和障壁岛等。

2.2 全球海岸带系统面临的威胁

在全球范围内，海岸带是各沿海国家资源高度集中、生产力高速发展的经济带。然而，许多证据表明，海岸带系统正受到气候变化、污染、生物多样性降低等的严重威胁。许多自然和人为因素直接或间接地影响海岸带生态系统，使得包括生态系统商品和服务、全球公共卫生安全在内的各层面社会效用发生改变。由于生物地球化学作用的复杂性，以及自然生态系统和社会经济活动之间存在密切关联，难以将人为活动和自然驱动的作用结果完全区分开来（Crossland et al., 2005）。海岸带的农林业、渔业、制造业、矿产和油气开采业、港口航运业、旅游业，以及城市化建设开发活动都有可能对海岸带带来生态环境的压力和影响。联合国政府间气候变化专门委员会（Intergovernmental Panel on Climate Change，IPCC）指出，人类影响已成为地球变化的主要因素，使世界从相对稳定的全新世时期转变为一个新的地质时代，通常称为"人类世"（Anthropocene）①。"驱动力—压力—状态—影响—响应"框架（Driver force-Pressure-State-Impact-Response，DPSIR）是当前广泛应用于环境领域的系统工程框架，有助于澄清各部分之间的相互联系。运用该框架对全球海岸带的主要作用力（压力）和影响进行评价和研究，海岸带系统面临的主要变化驱动力和压力是社会功能和人类行为的结果，可能会受控于管理决定和政策响应，而大多数自然驱动力和压力对海岸带系统的作用范围和强度上都受到人类活动的极大影响（图2-1）（Turner et al., 1998）。

衡量海岸带管理政策成败的最基本标准是海岸带的现状，具体可以通过水质、湿地生境、渔业产量等指标予以评价。而海岸带变化的主要驱动因素包括海岸带地区不断增长的人口（导致空间资源消耗和生态环境负担）、温

---

① See IPCC：Global Warming of 1.5℃：An IPCC Special Report on the impacts of global warming of 1.5℃ above pre-industrial levels and related global greenhouse gas emission pathways, in the context of strengthening the global response to the threat of climate change, sustainable development, and efforts to eradicate poverty. 2018. https：//www.ipcc.ch/sr15/, accessed August 3, 2020.

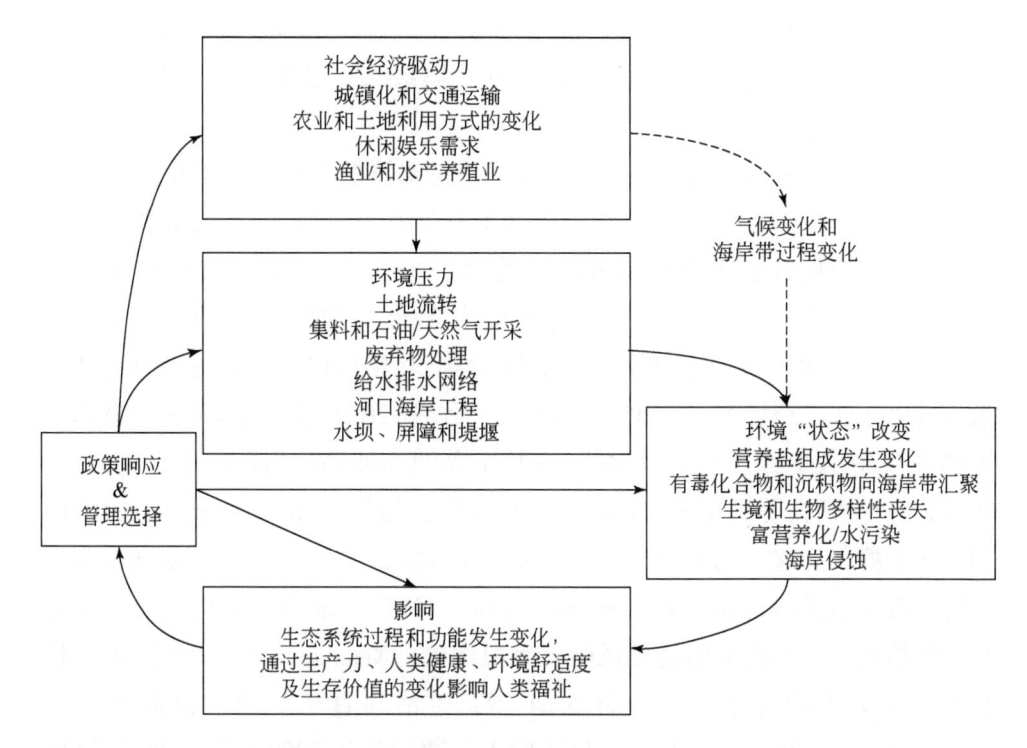

图 2-1 海岸带的"驱动力—压力—状态—影响—响应"(DPSIR) 框架模型(据 Turner, 1998)

室气体的排放(主要是化石燃料燃烧)、污水的排放、土地用途的改变(包括土地开发和海岸开发等)、农业开发与施肥、航运(疏浚及疏浚物处理)、渔业(养殖捕捞)和外来物种的入侵等(理查德·巴勒斯,2017)。

2.2.1 海平面上升和极端气候事件

工业革命以来,由于经济发展和人口增长,人为排入大气中的温室气体大大增加。根据 IPCC 第五次评估报告,1880~2012 年全球平均地表温度升高了 0.85℃[①]。全球气候变化带来的影响除温度上升外,还有多种环境驱动因素,如大气二氧化碳浓度上升、降雨模式变化(Lee et al., 2018)、海平面

---

① https://www.ipcc.ch/report/ar5/syr/.

上升、海洋酸化加剧及极端气候事件，如洪水、干旱、热浪（heat wave）、气旋和野火等。气候变化将放大自然系统和人类系统的现存风险，同时带来各种不确定的新生风险。

陆源冰川和极地冰川损失及因变暖导致的海洋膨胀而引起了全球海平面上升。1901~2010年，全球平均海平面上升了0.19m①，沿海城市和地势低洼的岛屿国家更容易遭受飓风和洪水的危害。2017年，美国共发生了16起损失严重的气象灾害，累计经济损失达3062亿美元，仅飓风"哈维"（Harvey）带来的总损失就达1250亿美元②。自20世纪60年代以来，美国沿海地区的洪水发生频率已经增加了300%~900%，预计到2050年，大多数沿海城市每年都将有30天要经历涨潮洪水③。在拉丁美洲和加勒比地区，估计有6%~8%的人口生活在受海岸灾害影响高或极高风险地区（Reguero et al.，2015），加勒比海群岛的这一比例更高。在环太平洋地区，约57%的岛国基础设施位于易受影响的沿海地带（Kumar and Taylor，2015）。未来随着持续的人口增长和城镇化，人们面临的淹没风险将大幅增加，Neumann等（2015）假定到2060年全球平均海平面仅上升0.21米，生活在百年一遇的极高海平面（hundred-year extreme sea level）以下的人口数量将从2000年的1.89亿增加到3.16亿~4.11亿。

近几十年来，斐济纳迪镇（Nadi）及更广泛的纳迪盆地正遭受强降水、海平面上升和三角洲沉降的严重威胁。1870年以来发生在纳迪河流域的84次洪水中，有54次是在1980年以后。2009年1月，斐济大片地区被洪水淹没，造成至少11人死亡，12 000人暂时无家可归，造成5400万美元的经济损失，受灾最严重的纳迪地区总损失估计为3900万美元（Hay et al.，2017）。导致洪水频发的其他原因还包括纳迪河流域河道淤积、过度砍伐（红树林等）和三角洲下沉（Chandra and Gaganis，2016）。在北美洲和欧洲，强降水事件发生的频率和强度可能均已增加，而在其他各洲的置信水平最高为中等④。降水量的变化还将影响水文循环和水资源利用率（Schewe et al.，2014）。

---

① https://www.ipcc.ch/report/ar5/syr/.
② https://coast.noaa.gov/states/fast-facts/weather-disasters.html.
③ https://coast.noaa.gov/states/fast-facts/recurrent-tidal-flooding.html.
④ https://www.ipcc.ch/report/ar5/syr/.

2.2.2　海岸侵蚀和土壤盐渍化

IPCC 指出，低洼海岸地区目前面临的主要问题，除土地永久淹没和更频繁更强烈的洪水威胁外，还包括海岸侵蚀加剧，土壤、地下水和地表水盐渍化、生态系统退化等①。

海岸带地区具有高度的动态性。集水区（catchment）内自然或人为的扰动都可能影响海岸带地区的沉积物供应，从而影响海岸带地貌，河口三角洲地貌尤甚。据报道，2003～2012 年，湄公河三角洲 50% 以上的海岸线受到大规模侵蚀（Anthony et al.，2015），部分原因是湄公河表层沉积物减少，可能与流域内水坝建设、河道采砂及过度抽取地下水导致地面沉降有关。最近对海岸侵蚀的全球评估表明，当前土地损失已超过土地收益，而人类干预是海岸线变化的主要原因（Cazenave and Cozannet，2014；Mentaschi et al.，2018）。流域内修建的水坝和水库阻止了全球 20% 的泥沙进入海岸（Syvitski et al.，2005）。

对于一些大河流域，情况更为严重。例如，尼罗河三角洲（Nile Delta）与第一座大坝建成前的泥沙输入量相比较减少了 98%，印度河三角洲（Indus Delta）减少了 94%，密西西比河（Mississippi）减少了 69%（Syvitski et al.，2008；Giosan et al.，2014）。Luijendijk 等（2018）估计，1984～2016 年，世界上约 25% 的沙滩侵蚀速率超过 0.5 米/年。

越来越多的文献证实，海岸带侵蚀正在发生或增加，如北极、巴西、中国、哥伦比亚、印度及全球各地的三角洲系统。海平面上升可能会改变陆地和海洋之间的水力梯度并加速海水入侵，提高河口的盐度（牛司香，2017）。干旱和人类活动改变流域面积也会加剧河口盐渍化（Ross et al.，2015）。

相关研究发现，河口盐度梯度的变化与淡水动物丰度降低和物种迁移存在关联（Robins et al.，2016）。另外，由于土壤盐渍化对旱季作物具有负面作用导致减产或绝收，土壤盐渍化已成为河口三角洲和低洼岛屿国家传统农业当前面临的主要问题之一（Khat et al.，2018）。据报道，在孟加拉国沿海地

---

① https://www.ipcc.ch/srocc/.

区，由于土壤盐分发生变化，人们已不再继续种植油籽、甘蔗和黄麻等作物（Khanom，2016）。地表水及地下水盐渍化则将导致饮用水供应受限和淡水短缺。未来在全球变暖超过1.5℃的情况下，盐渍化将进一步加剧并将对生态系统功能和生物多样性构成威胁（Zhou et al.，2017）。

2.2.3 生物多样性降低

海岸湿地主要包括红树林、珊瑚礁、盐沼和海草床等生态系统，具有波浪衰减、侵蚀控制、生物多样性支持和固碳作用，被认为是重要的"蓝碳"（blue carbon）生态系统。

自19世纪以来，由于自然因素和人为因素，如水产养殖、城镇化、港口和航道建设、海平面上升、海岸侵蚀、海洋酸化等，湿地流失和退化加速，世界自然湿地范围已缩减至前工业化时期的一半（Li et al.，2018）。在过去的几十年间，红树林在全球范围内损失了约50%，其大部分的土地利用方式转型为商业用途（Valiela et al.，2009）。例如，在斯里兰卡普塔勒姆潟湖（Puttlama Lagoon）沿岸，1994~2012年，虾养殖基地的面积增加了2777%，盐场面积增加了60%，同时期红树林面积则减少了34%（Bournazel et al.，2015）。

人类活动和气候变化已对浅水热带珊瑚礁造成了重大影响，如物种更替、发生大规模的珊瑚礁白化（coral reef bleaching）。2008年珊瑚礁调查结果显示，自1950年起，世界上19%的自然珊瑚礁已经消失；15%的珊瑚礁处于极危险中，极有可能在未来10~20年内消失。另外，有20%的珊瑚礁受到严重威胁，可能在未来20~40年内消失（Wilkinson，2008）。而在高度开发的海岸带，海平面上升已经将盐沼系统挤至海岸带边缘，同时，围填海工程和堤坝建设等使盐沼向陆扩展受限，盐沼系统面临着可能消失的危险（丹·拉弗莱和加布里埃尔·格瑞斯蒂茨，2016）。此外，生物入侵和水体富营养化通过改变生物群落的结构，以及不同物种之间的关系来影响海岸湿地生态系统。

在RCP8.5排放情境下，预计到2050年，60%的评估物种将面临过度捕捞和气候变化的影响,特别是热带种和亚热带种①。过度捕捞是影响渔业可持续发展最重要的非气候因素之一。FAO 评估结果表明,2017 年处于生物可持续水平的鱼类种群已从 1974 年的 90%下降至 65.8%,在 FAO 评估的 16 个主要捕捞区域中,不可持续水平捕捞的种群占比最高的区域是地中海和黑海(62.5%),其次为东南太平洋(54.5%)和西南大西洋(53.3%)②。

2.2.4 海洋垃圾的威胁

根据联合国环境规划署(UN Environment Programme,UNEP)的定义,海洋垃圾是指任何丢弃在海洋和海岸环境中持久性的、人造的或经加工的固体物质。海洋垃圾已成为全球海洋环境治理的重点与难点。

首先,海洋垃圾尤其是海洋塑料垃圾的分布广、影响大。海滩、海底以及漂浮在海面的垃圾对海洋生态环境和经济社会产生了很大的影响,尤其是塑料,由于其特有的浮力和物理化学特性,被排放至海洋中的塑料垃圾,在海风、潮汐和洋流的共同作用下向海洋各处输送。从地球两极到赤道、从海洋表面到海洋深处都有塑料的踪迹,塑料已经遍布海洋的各个角落。

其次,海洋塑料垃圾在海洋垃圾中占比高、数量大。Jambeck 等(2015)根据全球固体废弃物数据、人口密度和经济发展水平,估计全球 192 个沿海国家 2010 年共产生了 2.75 亿吨塑料垃圾,其中 480 万~1270 万吨可能已被冲入海洋。如果不进行全球干预,那么到 2025 年,从陆地进入海洋环境中的塑料数量可能增至 1 亿~2.5 亿吨。我国生态环境部发布的《2021 年中国海洋生态环境状况公报》显示,我国海面漂浮垃圾、海滩垃圾和海底垃圾中的塑料类垃圾分别占 92.9%、75.9%和 83.3%。经济合作与发展组织(OECD)于 2022 年 2 月发布的《全球塑料展望:经济驱动因素、环境影响和政策选择》指出,全球每年的塑料垃圾量从 2000 年的 1.56 亿吨增加到 2019 年的 3.53 亿吨。广泛的塑料使用加上不充分的废旧处理,导致仅在 2019 年就有 2200 万吨塑料泄漏到环境中,其中有 610 万吨塑料垃圾流入河流、湖泊和海

---

① https://www.ipcc.ch/srocc/.
② http://www.fao.org/3/ca9229en/ca9229en.pdf.

洋中。大部分塑料通过河流进入海洋的过程缓慢，可能需要几年甚至几十年的时间，到目前为止，估计全球的河流中累积了 1.09 亿吨塑料，在 2019 年约有 170 万吨塑料流入海洋（OECD，2022）。

最后，新型海洋污染物微塑料存在一定的生物毒性。微塑料是指直径小于 5mm 的塑料颗粒，其广泛存在于土壤、内水、海洋等环境中。微塑料的来源包括原生源和次生源，前者是直接向环境中排放的微塑料，例如工业生产过程中的工业磨料、个人护理及化妆品中的微珠、合成纺织品洗涤产生的塑料纤维、轮胎使用过程中产生的磨损微塑料等；后者是大块塑料在物理、化学或生物的作用下裂解形成的微塑料。陆源微塑料部分进入土壤或残留在污泥中，部分通过河流、废水处理系统等途径进入海洋。海洋微塑料对海洋动物的生理机能、生长发育、行为活动、免疫能力和基因表达产生影响，并通过食物链进行传递，借着生物富集作用最终对人体健康产生危害（古小东等，2022）。

2.3 我国海岸带经济与生态环境现状

海岸带生态环境威胁的深层次原因在于海岸带人口的大量增长及管理制度的滞后性。美国皮尤海洋委员会（Pew Ocean Commission）2003 年发布的《规划美国海洋事业的航程》报告指出，"鉴于海岸带人口在未来肯定会大幅增长，只有改变我们的生活方式和社会增长方式，才能维持健康的海岸带生态系统，同时也必须做大量的修复工作"[1]。

2.3.1 国家经济社会发展的"黄金地带"与生态环境的"警戒地带"并存

我国拥有漫长的海岸线、广袤的管辖海域和丰富的海洋资源。改革开放以来，海岸带不仅是我国人口、资金、技术最为集中的"黄金海岸带"，也

---

[1] Pew Ocean Commission. 2003. America's living oceans: charting a course for sea change. A report to the nation. Arlington, Virginia: Pew Ocean Commission, 57.

是海陆相互作用强烈的"生态脆弱区"和"警戒地带"。

2.3.1.1 经济社会发展的"黄金地带"

(1) 海岸带资源丰富

我国濒临渤海、黄海、东海、南海及台湾以东海域，跨越温带、亚热带和热带。大陆海岸线北起鸭绿江口，南至北仑河口，长1.8万多千米；岛屿岸线长1.4万多千米。我国海岸带地区具有独特的区位优势和资源环境优势，海岸类型多样。据统计，我国拥有大于10平方千米的海湾有160多个，大中河口有10多个，自然深水岸线达400多千米[①]。滨海湿地面积约670万公顷，其中，海草床面积约2万公顷，滨海沼泽面积1.2万~3.4万公顷，在全国沿海均有分布；红树林面积约2.5万公顷，主要分布于浙江以南的海域（赵鹏，2019）。

(2) 人口高度集聚

我国沿海地区仅占国土面积的13.5%左右，却聚集了全国约70%的大中城市和约43%的人口（Liu and Xing，2019）。2017年，我国人口数量为140 960万人，居世界第一；人口密度约为146.8人/平方千米。不容忽视的是，我国人口集中分布在东南沿海地带。在"胡焕庸线"的东南方约占43%的国土上，居住着全国约94%的人口，人口密度约为321人/平方千米，生态环境压力巨大；"胡焕庸线"的西北方占约57%的国土，仅居住全国约6%的人口，人口密度约为15.5人/平方千米。

(3) 海洋经济贡献大

2016年，我国有沿海城市（直辖市和地级市）55个，沿海县级行政单元（县、县级市、区）有224个；海洋生产总值为69 694亿元，海洋生产总值占全国GDP的9.4%；全国涉海就业人员3622.5万人[②]。2019年，中国11个沿海省份（自治区、直辖市）共创造了521 936.5亿元的生产总值，约占国内生产总值的53%[③]。

[①] 参见《全国海洋功能区划（2011—2020年）》。
[②] 参见《中国海洋统计年鉴2017》。
[③] 参见国家统计局官方网站（http://www.stats.gov.cn/），2020年8月5日访问。

自然资源部发布的《2019 年中国海洋经济统计公报》和《2020 年中国海洋经济统计公报》显示，近 20 年来我国海洋生产总值占国内生产总值的比例一直保持在 9% 左右；占沿海地区生产总值的比例呈稳步上升趋势，2019 年超 17%，2020 年受新型冠状病毒感染疫情冲击和复杂国际环境的影响，所占比例稍有下降，为 14.9%。2019～2020 年我国海洋经济具体运行情况如表 2-2 所示。

表 2-2　中国海洋经济运行情况

指标	2019 年 总量（亿元）	2019 年 增速（%）	2020 年 总量（亿元）	2020 年 增速（%）
海洋生产总值	89 415	6.2	80 010	-5.3
一、海洋产业	57 315	7.8	52 953	-4.8
1. 主要海洋产业	35 724	7.5	29 641	-11.7
（1）海洋渔业	4 715	4.4	4 712	3.1
（2）海洋油气业	1 541	4.7	1 494	7.2
（3）海洋矿业	194	3.1	190	0.9
（4）海洋盐业	31	0.2	33	-7.2
（5）海洋化工业	1 157	7.3	532	8.5
（6）海洋生物医药业	443	8.0	451	8.0
（7）海洋电力业	199	7.2	237	16.2
（8）海水利用业	18	7.4	19	3.3
（9）海洋船舶工业	1 182	11.3	1 147	0.9
（10）海洋工程建筑业	1 732	4.5	1 190	1.5
（11）海洋交通运输业	6 427	5.8	5 711	2.2
（12）滨海旅游业	18 086	9.3	13 924	-24.5
2. 海洋科研教育管理服务业	21 591	8.3	23 313	5.7
二、海洋相关产业	32 100	—	27 056	-6.1

数据说明：海洋生产总值增长速度、各海洋产业增加值增长速度按可比价格计算。海洋生产总值、各海洋产业增加值按现价计算。

资料来源：《2019 年中国海洋经济统计公报》，《2020 年中国海洋经济统计公报》

FAO 的数据显示，2018 年我国鱼类总产量为 6220 万吨（其中约 4760 万吨来自水产养殖，约 1460 万吨来自捕捞渔业），占全球鱼类产量的 35%，居世界首位[①]。全球航运数据显示，我国拥有万吨级以上的港口泊位 2444 个，

---

① http://www.fao.org/3/ca9229en/ca9229en.pdf.

港口规模多年稳居世界第一，2018 年我国完成集装箱吞吐量 2.5 亿标准箱，货物吞吐量 143.5 亿吨，在全球货物吞吐量和集装箱吞吐量十大港口中，我国港口均占 7 席①。

2.3.1.2 生态环境的"警戒地带"

经济快速发展、人口不断增长和持续的城市化进程，给海岸带环境带来了巨大的压力和影响，我国海岸带生态环境的形势较为严峻。海岸带地区集聚了大量的人口和产业，是经济社会发展的"黄金地带"，同时也是生态环境压力极大的"警戒地带"。

我国海岸带可持续发展面临的生态环境问题主要包括近海海域水质污染、近岸生态系统退化、自然岸线减少和海湾面积萎缩、海平面上升、海岸侵蚀与海洋灾害频发并存、海洋垃圾较为严峻，以及相关的生物多样性减少、渔业资源下降等。当然，具体问题还可以进一步细分，如溢油事故、海洋酸化、过度捕捞、围填海等。

(1) 近海海域水质污染

2019 年海洋环境健康指数（ocean health index）对全球海域的评估结果得分为 71 分，中国海洋环境健康指数得分为 63 分，居世界第 158 位，其中清洁水源项仅得 35 分②。《2019 年中国海洋生态环境状况公报》显示，2019 年，我国入海河流水质状况总体为轻度污染，近岸海水质级别为一般，面积大于 100 平方千米的 44 个海湾中，有 13 个海湾的春、夏、秋三季监测均出现劣Ⅳ类水质，主要超标指标为无机氮和活性磷酸盐；上海和浙江近岸海域水质极差；夏季呈富营养化状态的海域面积共 42 710 平方千米，其中重度富营养化海域主要集中在辽东湾、长江口、珠江口等近岸海域；共发现赤潮 38 次，累计面积 1991 平方千米。

(2) 近岸生态系统退化

近岸生态系统包括河口、海湾、滨海湿地、珊瑚礁、红树林等，生态价值巨大，为我国经济社会发展提供了多种资源。然而，大规模围海造陆、污

---

① https://unctad.org/en/PublicationsLibrary/rmt2019_en.pdf.
② http://www.oceanhealthindex.org/region-scores.

染、外来物种入侵导致滨海湿地大量丧失,生态系统严重退化。自20世纪50年代以来,中国近岸地区约80%的珊瑚礁和红树林沼泽已经消失,57%的滨海湿地发生萎缩(Ke,2016)。相关研究表明,非气候因素(如海岸带开发、污染、过度捕捞)是造成珊瑚礁生态系统退化的主要原因(Hughes et al.,2013)。2019年生态环境部对全国18个典型海洋生态系统进行了监测,包括河口、海湾、滩涂湿地、红树林、珊瑚礁和海草床生态系统,其中仅3个呈健康状态,14个呈亚健康状态,1个呈不健康状态[①]。

(3) 自然岸线减少和海湾面积萎缩

在过去70年间,我国人工岸线长度由20世纪40年代初期的3300千米增加至2014年的13 200千米,而自然岸线比例却持续下降,由20世纪40年代初期的14 800千米下降至2014年的6 500千米(骆永明,2016);同期,全国93个海湾的面积萎缩量共约1.01万平方千米,整体萎缩率高达18.19%。人类开发活动成为岸线变化的主导因素,如海水养殖、港口码头、围填海等(侯西勇等,2016)。

我国的围填海速度惊人,近年来随着海洋督察工作的开展有所改变。相关研究指出,"十五"期间全国每年填海造陆面积近300平方千米,"十一五"期间增至每年700平方千米(朱高儒和许学工,2011),对海岸带生态环境造成极大的影响。以我国珠江口海域为例,美国国家航空航天局(NASA)获取的卫星遥感数据图片非常直观地显示了珠江口海域大陆岸线、海岛岸线及围填海情况的变化。其中,1973~2002年,在《海域使用管理法》实施前,珠江口海域的围填海面积22 615.86公顷,占1973~2015年围填海总面积(27 286.68公顷)的82.88%。1973~1978年围填海年均增长速度为140.47公顷,1978~1994年围填海年均增长速度为916.78公顷,1994~2002年围填海年均增长速度为907.2公顷。2002年《海域使用管理法》实施后的围填海速度放缓,2002~2008年围填海年均增长速度为584.04公顷,2008~2015年围填海年均增长速度为227.7公顷(张晓浩等,2016)。

(4) 海平面上升、海岸侵蚀与海洋灾害频发并存

根据《2019年中国海平面公报》,1980~2019年,我国沿海海平面上升

---

① 参见《2019年中国海洋生态环境状况公报》。

速率达 3.4 毫米/年，高于同时段的全球平均水平。2019 年，我国沿海海平面较常年高 72 毫米，为 1980 年以来第三高。各海区沿海海平面均呈不同程度的上升趋势，其中东海沿海海平面升幅最大。2019 年，我国的渤海、黄海、东海和南海沿海海平面分别较常年高 74 毫米、48 毫米、88 毫米和 77 毫米。受海平面上升及多种因素共同影响，我国长江口、钱塘江口和珠江口咸潮入侵总体加重，2019 年共发生 14 次咸潮入侵过程，渤海和黄海沿海地区海水侵蚀较为严重。

高海平面抬升了风暴增水的基础水位，加剧了风暴潮和沿海城市洪涝灾害的影响程度。根据《2019 年中国海洋灾害公报》，2019 年我国海洋灾害以风暴潮、海浪和赤潮等为主，海冰、绿潮等灾害也有不同程度发生。各类海洋灾害造成的直接经济损失高达 117.03 亿元，其中致灾最为严重的为风暴潮灾害，占总直接经济损失的比例达到 99%。

（5）海洋垃圾较为严峻

海洋垃圾的主要来源是陆上活动和海上非法倾倒废弃物，分布密度最高的区域通常为旅游休闲娱乐区、农渔业区、港口航运区及邻近海域。生态环境部的监测结果显示，2019 年我国近海海面漂浮垃圾的平均密度为 6.8 千克/平方千米，其中塑料垃圾占比最多，为 84.1%；海滩垃圾平均密度为 1828 千克/平方千米，塑料垃圾占 81.7%；海底垃圾平均密度为 15.9 千克/平方千米，塑料垃圾占比 92.6%；渤海和东海监测断面海面漂浮微塑料密度分别为 0.82 个/平方米和 0.25 个/平方米，主要为线、纤维和碎片[①]。

2.3.2　地方海洋经济发展与生态环境保护需协调——以广东省为例

2.3.2.1　广东省海洋经济发达

（1）广东省海洋资源丰富

据广东省情网信息显示，广东省海域面积约 42 万平方千米，是陆地面积

---

① 参见《2019 年中国海洋生态环境状况公报》。

的 2.3 倍。大陆海岸线长 4114 千米，居全国首位，约占全国的 1/5。海岛 1963 个，数量居全国第三；岛岸线长 2378 千米，其中，90% 以上的海岛为无居民海岛，面积小于 500 平方米的海岛占 50% 以上。沿海港湾众多，适宜建港的有 200 多个，滨海湿地面积 10 178 平方千米，红树林面积约 140 平方千米。海洋生物有浮游植物 406 种、浮游动物 416 种、底栖生物 828 种、游泳生物 1297 种，鱼类 1200 多种。南海可开采石油储量达 5.8 亿吨、天然气 6000 亿立方米，南海北部天然气水合物（可燃冰）资源储量约 15 万亿立方米①。

(2) 广东省海洋经济连续多年位居全国首位

广东是海洋经济大省，海洋生产总值一直保持高速增长，2011~2019年，年均增长达到 11.4%。根据 2020 年 6 月广东省自然资源厅发布的《广东海洋经济发展报告（2020）》，经自然资源部初步核算 2019 年广东省海洋经济生产总值达 21 059 亿元，同比增长 9.0%，占地区生产总值的 19.6%，占全国海洋生产总值的 23.6%，连续 25 年位居全国首位。海洋产业结构不断优化，2019 年海洋三次产业比例调整为 1.9∶36.4∶61.7，基本形成门类齐全、优势突出、以现代产业为主导的海洋产业体系，其中滨海旅游、海洋交通运输、海洋油气业等产业在全国占有优势地位。

2.3.2.2 广东省海洋生态环境压力较大

(1) 珠江口近岸海域水质相对较差，河口生态系统富营养化

2017 年 3 月国家海洋局发布的《2016 年中国海洋环境状况公报》显示，2016 年我国近岸局部海域的污染依然严重，污染海域包括渤海湾、杭州湾、珠江口等，主要污染物为无机氮、活性磷酸盐和石油类。其中，珠江携带入海的污染物量大；珠江河口生态系统呈富营养化状态，大亚湾浮游动物密度、大型底栖生物密度和生物量低。

2019 年 5 月生态环境部发布的《2018 年中国海洋生态环境状况公报》显示，2018 年春、夏、秋三季监测的综合评价结果表明，我国近岸海域水质总体稳中向好，水质级别为一般。污染海域主要分布在辽东湾、渤海湾、莱州湾、江苏沿岸、长江口、杭州湾、浙江沿岸、珠江口等近岸海域。超标要素

---

① http://dfz.gd.gov.cn/sqyl/zywc/content/post_2915955.html.

主要为无机氮和活性磷酸盐。417个监测点位水质优良比例为74.6%，较2017年上升7.7个百分点。总体而言，Ⅰ类水质比例为46.1%，Ⅱ类水质为28.5%，Ⅲ类水质为6.7%，Ⅳ类水质为3.1%，劣Ⅳ类水质为15.6%。据公报显示，沿海各省（自治区、直辖市）中，河北、广西、海南近岸海域水质优；辽宁、山东和福建近岸海域水质良好；江苏和广东近岸海域水质一般；天津近岸海域水质差；上海和浙江近岸海域水质极差。该公报还指出，2018年全国61个沿海城市中，25个城市近岸海域水质为优，分别为锦州、葫芦岛、秦皇岛、唐山、沧州、揭阳、汕尾、惠州、茂名、北海、防城港、海口、洋浦、澄迈、临高、儋州、昌江、东方、乐东、三亚、陵水、万宁、琼海、文昌和三沙。此外，还有13个城市近岸海域水质为良好；6个城市为一般，9个城市为差（营口、天津、东营、南通、宁波、台州、宁德、潮州和江门），8个城市为极差（盘锦、潍坊、上海、嘉兴、舟山、深圳、中山和珠海）。

2020年6月生态环境部发布的《2019年中国海洋生态环境状况公报》显示，2019年重度富营养化海域主要集中在辽东湾、长江口、杭州湾、珠江口等近岸海域；珠江口和大亚湾海洋生态系统的监测结果为亚健康。广东省生态环境厅2020年6月发布的《2019年广东省环境状况公报》显示，2019年广东省近岸海域海水的劣Ⅳ类水质主要分布在珠江口、汕头港、湛江港等河口海湾，主要超标因子为无机氮和活性磷酸盐。

（2）近海海洋垃圾污染需加强治理

海洋垃圾的最大来源是陆上活动，一般认为约80%来自于陆域。自2015年底特别是2016年8月份以来，广东省海上违法倾倒废弃物呈现"井喷式"增长，有报道称珠江三角洲水域，大屿山、伶仃岛及万山群岛一带沦为内地垃圾堆填区，"被垃圾攻陷"。据原广东省海洋与渔业厅统计，2016年1~8月共查获违法倾废30宗，比2015年同期增长200%。往年执法中发现的海上违法倾废主要是未办理倾废许可证，或者不在规定的海域内进行倾倒，新发现的违法倾倒废弃物主要由生活垃圾、工业垃圾和建筑渣土构成，而这些垃圾对海洋生物、海洋生态环境的影响大，也是船舶安全的重要隐患，是国际公约和国家法律明令禁止的。近年来，当地政府加大了垃圾的治理和违法打击力度，形势已有好转。

(3) 广东省海洋灾害种类多频次较高损失较大

广东地处热带、亚热带地区，濒临西太平洋，沿岸自东向西多为冲积平原，地势相对低平，丘陵零星分布，海岸带天然屏障较少，面向海洋呈现高度开放的地理空间。特殊的地理位置、纬度和气候条件，使广东成为全国受台风风暴潮登陆或严重影响最频繁、损失最严重的省份，海洋环境灾害、海洋地质灾害、海洋生态灾害等时有发生。自 1999 年以来，发生在广东沿海的海洋灾害有台风风暴潮、海浪、赤潮、海平面变化、海岸侵蚀、海水入侵、土壤盐渍化、咸潮入侵及海上溢油等。

广东发生最频繁、造成影响最严重的海洋灾害主要是台风风暴潮、赤潮和海上溢油。1999~2008 年，发生在广东海域较大规模的赤潮达 87 次（年均 8.7 次），较为严重的台风风暴潮灾害 22 次；在此后的 2009~2014 年，广东年均发生赤潮次数更是高达 11.9 次，发生频率呈逐年递增趋势。海上溢油灾害也时有发生，据统计，1999~2005 年，广东海域发生的重大海上溢油事件有 10 起之多，发生频率和次数均居全国之首。珠江口咸潮频繁发生，尤以 2003~2005 年最为突出，致使广州、珠海、中山、澳门等地居民生产生活用水受到严重影响。

2018 年 6 月广东省海洋与渔业厅发布的《2017 年广东省海洋灾害公报》显示，2017 年广东省海洋灾害直接经济损失居全国首位，各类海洋灾害造成直接经济损失 54.10 亿元。其中，风暴潮灾害造成的损失最为严重，灾害损失超过全部直接经济损失的 99%。仅"天鸽"台风风暴潮灾害造成的直接经济损失就高达 51.54 亿元，约占风暴潮灾害全年直接经济损失总额的 96%。全年共发现赤潮 10 次，累计面积约为 1017 平方千米，为 2006 年以来累计面积最多的年份。广东省沿海海平面较 2016 年上升 10 毫米，比常年（1993~2011 年的平均海平面）高出 102 毫米。部分地区发生咸潮入侵，以及存在海岸侵蚀、海水入侵与土壤盐渍化等现象。2019 年 6 月广东省自然资源厅发布的《2018 年广东省海洋灾害公报》显示，2018 年广东省各类海洋灾害造成直接经济损失约 23.78 亿元，居全国首位，但低于近 5 年广东省海洋灾害损失的平均值；海洋灾害以风暴潮灾害为主，海浪、赤潮、海岸侵蚀、海水入侵与土壤盐渍化、咸潮入侵等灾害均有不同程度发生。2020 年 6 月广东省自然资源厅发布的《2019 年广东省海洋灾害公报》显示，2019 年广东省海洋灾害直接经济损失较低，居全国第 10 位，低于近 5 年（2015～2019 年）广东省海洋灾害损失平均值；死亡（含失踪）8 人，略高于平均值。2021 年 6 月广东省自然资源厅发布的《2020 年广东省年海洋灾害公报》显示，2020 年广东省各类海洋灾害造成的直接经济损失为 0.49 亿元，为近 5 年（2016～2020 年）广东省海洋灾害直接经济损失平均值的 3%。

2.4　我国海岸带管理实践存在的主要问题

我国海洋可持续发展仍存在诸多短板与挑战，海洋开发强度较大、海洋资源利用方式相对粗放、海洋环境风险压力较大、生物多样性脆弱、生态系统功能退化等问题突出。海岸带包括海域和陆域两大类空间，也有学者认为包括海洋（海域及无居民海岛）、海岸线及陆域三类空间，陆海统筹协调有待提升。海岸带区域内的人类行为活动可分为开发利用类行为和保护类行为两大类，开发利用与保护之间的矛盾需要着力解决。

有学者认为，当前我国海岸带管理的突出问题可以归纳为三大"分割"，即陆海二元分割、行业部门分割、行政辖区分割（刘大海和李彦平，2021）。这些因素也是造成海岸带地区发展不平衡、自然资源衰竭、生态环境恶化的主要原因。同时，海岸带也是"山水林田湖草沙生命共同体"的典型区域（刘大海和李彦平，2021）。习近平总书记在《致 2019 中国海洋经济博览会的贺信》中强调，要高度重视海洋生态文明建设，加强海洋环境污染防治，保护海洋生物多样性，实现海洋资源有序开发利用，为子孙后代留下一片碧海蓝天。

2.4.1　国家层面尚未制定综合性的海岸管理法

目前我国还没有一部综合性的海岸带管理法。虽然早在 20 世纪 80 年代我国就开始尝试性地进行海岸带综合管理立法，并取得了一定的成效，但因涉海部门间的协调工作难度较大等多种原因而搁置。

海岸带范围既有海域也有陆域，我国现行法律中关于海岸带管理、海岸带资源开发利用、海岸带保护等方面的规定散见于诸多法律法规中，具体包括以下领域的法律法规。一是涉及海洋权益和海上维权执法，如《专属经济区和大陆架法》《领海及毗连区法》《海警法》等。二是涉及海岸带陆域和海域的资源开发管理与保护，如《土地管理法》《农业法》《矿产资源法》《森林法》《野生动物保护法》《海域使用管理法》《渔业法》《深海海底区域资源勘探开发法》等。三是涉及海岸带陆域和海域的生态环境保护，如《环境保护法》《海洋环境保护法》《固体废物污染环境防治法》《海岛保护法》《海洋倾废管理条例》《自然保护区条例》《防治船舶污染海洋环境管理条例》等。四是涉及海洋交通，如《港口法》《海上交通安全法》《航道管理条例》等。上述法律法规主要是按管理的领域或部门进行分类，涉及陆域和海域的资源开发利用、生态环境保护等各个方面。空间适用范围各异，有的适用于包括海岸带地区在内的全部国家领土领水，有的仅适用于海岸带地区的海上区域，有的仅适用于海岸带地区的陆上区域，并没有专门调整海岸带区域的综合管理法律。

此外，还有涉及海岸带发展规划的指导性文件，如《全国海洋开发规划》《全国海洋主体功能区规划》《中国海洋21世纪议程》《全国生态环境保护纲要》《全国海洋经济发展规划纲要》等。《中国海洋21世纪议程》提出中国海洋的总体战略目标是：建设良性循环的海洋生态系统，形成科学合理的海洋开发体系，促进海洋经济持续发展，并具体提出了"海陆一体化开发"的战略举措。人口将逐步向沿海地区移动，沿海地区人口密度逐步加大；沿海地区将逐步形成临海工业带、沿海城市带；自然海岸逐步减少，人工海岸建设步伐加快。陆地开发建设活动必然对海洋开发提出更高的要求，向海洋要生产和生活空间，要食物和水资源等。海洋开发向深度和广度的方向发展，海洋产业群集聚发展对陆岸基地和腹地的要求必然越来越高。因此，要根据海陆一体化的战略，统筹沿海陆地区域和海洋区域的国土开发规划，坚持区域经济协调发展的方针，逐步形成不同类型的海岸带国土开发区。《全国海洋经济发展规划纲要》也对发展海洋经济提出了目标任务，要求建立和完善涉海法律法规和管理体系，理顺海洋管理体制，加大海洋经济发展的投融资力度和技术支持力度，加强和完善政府服务功能，推进各项工作措施的落实。要实现海陆一体化开发的目标就要求我们在包含海陆区域的海岸带地区进行综合管理，并在制度完善和体系健全方面提出了要求（贺蓉，2009）。

国家层面的相关法律也有部分存在一定的模糊与争议。以土地管理和海洋管理中有关滩涂的争议为例，《海域使用管理法》第 3 条规定"海域属于国家所有，国务院代表国家行使海域所有权"。另一方面，《宪法》第 9 条规定"矿藏、水流、森林、山岭、草原、荒地、滩涂等自然资源，都属于国家所有，即全民所有；由法律规定属于集体所有的森林和山岭、草原、荒地、滩涂除外"。从以上法律规定可以看出，当滩涂属于海域时，滩涂即属国家所有；当滩涂不属于海域而是属于陆域土地时，可能属于国家所有，也可能属于集体所有。而在我国现有法律中，滩涂属于陆域土地还是海域的界线并不明确（陈甦和丁慧，2000）。

2.4.2 陆海之间的统筹协调有待提升

无论是在国家层面还是地方层面，都存在陆海之间的统筹协调有待进一步提升的问题。海岸带是水域和陆域相互交错的地带，陆地一侧的区域是适用陆地的规划和相关法律法规，如土地利用规划、城市建设规划和《土地管理法》等；海洋区域适用海洋的规划和相关法律法规，如海洋功能区划、《海域使用管理法》等。海岸带处于陆域和海域之间，彼此的规划和法律法规之间，缺少足够的配合和呼应，双方的法律适用和制度规划存在差异，也缺乏对比衡量的基础标准，难以进行有效的沟通和互动，影响了利用和保护及开发海岸带，尤其是陆海交错最为强烈的潮间带地带（管松等，2019）。

2018 年国家机构改革中，新组建成立的自然资源部完成了在陆海空间的行政管理层面上的合并。总体而言，我国海岸带管理尽管是以自然资源部（国家海洋局）为主体，但仍然存在分部门、分行业管理的问题，各部门之间的协调存在一定的困难，也容易发生利益冲突、职能交叉和重复。

有学者建议我国参考美国《加州海岸法》（*California Coastal Act*）的做法，制定《海岸法》作为一项海岸带管理的综合性、专门性立法，促进不同部门间的协调与协作。在《加州海岸法》中，海洋保护委员会负责协调各州海洋相关职责机构之间的工作，被协调的机构应当更广泛地参与其中。无论机构或组织内的人事变动如何，强有力的体制结构将提供确定的和持续的协同合作（王慧和姜彩云，2020）。

就地方而言，2017年广东省人民政府和国家海洋局联合印发的《广东省海岸带综合保护与利用总体规划》，是全国首个省级海岸带综合保护与利用总体规划。该规划在海岸线分类分段规划管控、海域与陆域功能协调、海岸带"三区三线"的划定与管控、海陆生态屏障构建等方面有一定的创新举措，在一定程度上解决了海岸带的陆海规划统筹建设问题，也有助于解决广东省海岸带保护与利用中存在的问题。但由于《广东省海岸带综合保护与利用总体规划》属于指导性的规划文件，不属于法律法规，权威性不高、执行力不强。

2.4.3 涉海行业部门之间存在一定的利益冲突和职能竞合

任何法律法规和政策出台的目的都是为调整某种客观存在的社会关系。在海岸带这一区域中，集中着水产养殖、捕捞、围垦、港口工程、盐田建设、水利电力工程等各种各样的开发利用活动，形成多种复杂的社会关系。为调整这些社会关系，已分别制定颁布了一些适用于海岸带区域的单行法规，如《渔业法》《森林法》《固体废物污染环境防治法》等一系列法律法规，渔业、交通、矿产、环境保护、海洋石油等方面都已有了相应的法律规定。

2018年国务院机构改革之后，新组建的自然资源部吸收了原国家海洋局的职责，原属于国家发展和改革委员会组织编制主体功能区规划的职责，原属于住房和城乡建设部的城乡规划管理的职责，原属于水利部、农业部和国家林业局的水、草原、森林和湿地等资源的调查和确权登记管理的职责，使得上述局面得到了一定程度的改善。尽管如此，海岸带管理工作依然涉及多个行政部门。例如，交通运输部管理着港口和航运事务，生态环境部肩负着海洋环境保护和排污口设置管理的职责，农业农村部管理着农田和渔业活动，文化和旅游部管理滨海旅游业，水利部、住房和城乡建设部也在各司其职。这些不同部门和行业之间依然存在利益冲突和职能竞合，而且就某一问题涉及的部门和行业越多，利益冲突和职能竞合的问题就越严重。以2020年广东湛江"吴川养殖尾水污染沙滩"事件为例，涉及高位池水产养殖尾水直排问题治理、近岸水产养殖污染整治、监管执法等多项工作，具体职责涉及自然资源、农业农村、生态环境等多个政府部门，也涉及人大的监督、检察机关的环境公益诉讼等，但部门之间推诿职责、协调不足、监督不力等问题也不容忽视。

2.4.4　行政辖区之间的统筹协调有待加强

无论是在国家层面还是沿海地方层面，都存在行政辖区之间的统筹协调有待进一步加强的问题。我国是一个拥有 300 万平方千米主张管辖海域、1.8 万千米大陆海岸线、1.4 万千米海岛岸线的海洋大国，漫长的海岸线北起辽宁省的鸭绿江口、南至广西壮族自治区的北仑河口。海岸线涉及多个省、市、区，而每一个行政规划区域都有着各自不同的行政规划，它们在产业布局、城乡建设、环境保护方面都有着各自相对独立的管理方式，所以即使是两个相邻的行政区域，也会因相互之间对于海岸带开发利用的统筹规划不协调，导致实际效果不理想。随着海洋经济的逐步发展，海洋产业在不同行政辖区之间的竞争不断升温，呈同质化趋势，最终必然会导致资源浪费，无法促进整个海岸带地区之间的相互融通、补充和协同发展，最终会影响到整个区域的发展水平（刘大海等，2019）。

概言之，海岸带的多用途性导致发生包括部门之间、行业之间、地域之间乃至学科之间的多种利益冲突。海岸带的土地利用、海域使用、资源环境保护、河口保护区、渔业与海洋保护区、港口航运业、渔业、滨海陆域海域的矿业开采、滨海旅游业、海防等多行业多部门分别制定的单一目标和法律法规，在实施中可能导致冲突。地质、水文、环境、生态、海洋、工程、经济、管理、法学、考古等各学科由于关注重点、问题角度、研究方法等不同，对海岸带的同一个问题可能会有不同乃至相反的认识和观点。海岸带涉及的法律法规、管理部门、行业、学科较为分散且繁多，是一个系统工程，亟须加强多部门、多学科的协调。

2.5　我国海岸带管理立法的必要性与可行性

制定《海岸带管理法》有助于协调处理海岸带开发利用与保护之间的关系、构建陆海统筹联动发展的格局、促进行业部门管理的协同增效、推进行政辖区之间的协同发展、整合创制海岸带管理相关法律制度，实现海岸带经济、社会与生态环境的可持续发展，进而有助于推进海洋强国建设。在总结国家相关法律法规政策、地方立法和国外立法经验的基础上，结合我国实际制定出台《中华人民共和国海岸带管理法》，为海岸带综合管理提供法治保障，具有可行性。

2.5.1 我国海岸带管理立法的必要性

2018年11月18日发布的《中共中央 国务院关于建立更加有效的区域协调发展新机制的意见》，其中要求"推动陆海统筹发展"，并指出要"推动海岸带管理立法"，成为开展海岸带立法的重要依据。2019年5月23日印发的《中共中央 国务院关于建立国土空间规划体系并监督实施的若干意见》，要求"加快国土空间规划相关法律法规建设"。前文已述及，海岸带管理涉及多部门、多行业、跨辖区，相关法律法规政策较为分散繁多，是一个系统工程。目前我国还没有制定综合性的海岸带管理法，海洋可持续发展仍存在海洋开发强度较大、海洋资源利用方式相对粗放、海洋环境风险压力较大、生物多样性脆弱、生态系统功能退化等问题。海洋强国建设要求对海岸带以法治化方式实施基于生态系统的综合管理，陆海统筹、区域联动，实现海岸带经济、社会与生态环境的可持续发展。

（1）有助于推进海洋强国的建设

我国是海洋大国，同时海岸带景观和生态系统因其环境敏感性和利用集中度而面临着巨大的压力。随着经济活动的扩大，沿海地区人口的不断增长，对海岸地区的环境和社会协调性造成了更大的威胁。《中国海洋21世纪议程》指出，海岸带地区的资源和环境对社会经济发展具有重要的支撑作用，沿海区、管辖海域的综合管理是保证经济和社会持续、快速、健康发展的重要途径。

建设海洋强国，是全面建设社会主义现代强国的重要组成部分。党的十八届三中全会明确提出，要改革生态环境保护管理体制，建立陆海统筹的生态系统保护修复和污染防治区域联动机制。"十三五"规划纲要中提出"坚持陆海统筹，发展海洋经济，科学开发海洋资源，保护海洋生态环境，维护海洋权益，建设海洋强国"。习近平总书记在党的十九大报告再次强调"要坚持陆海统筹，加快建设海洋强国"。2018年，《中共中央 国务院关于建立更加有效的区域协调发展新机制的意见》提出"编制实施海岸带保护与利用综合规划，严格围填海管控，促进海岸地区陆海一体化生态保护和整治修复"。

（2）有助于协调海岸带开发利用与保护之间的关系

海岸带是陆海生态系统密切、复杂的物质能量交换过程中最有生机的部分之一，同时也是我国产业和经济要素最集中、保护与开发矛盾最突出的区域。随着海洋开发活动的复杂化和多元化，传统与粗放型的经济发展方式导致海陆经济间的矛盾也日渐突出，社会经济活动对海洋的压力与需求不断增大，沿海地区人口聚集和城市化进程加快，人民群众对美好环境和美丽海洋的需求也越来越高，保护与开发矛盾愈加突出。近年来，海洋在支撑我国国民经济和沿海地区经济高速发展的同时，也承受着巨大的生态环境压力，海洋生态环境恶化趋势尚未得到根本遏制。河口、海湾等近岸局部海域污染严重，海岸带自然生境退化明显，海洋资源环境约束加剧，海洋生物多样性受到威胁，海洋生态安全与健康形势严峻。

当前我国与海岸带相关的法律法规大多为涉海部门行政法律法规，既存在部门分割的问题，也存在海岸带开发利用与生态环境保护之间较难协调的问题。通过制定国家层面的"海岸带管理法"，有助于协调海岸带开发利用与保护之间的关系，为海岸带综合管理提供法律规范和指引，形成法治保障。

（3）有助于构建陆海统筹联动发展的格局

当前，我国正处于由分门类管理为主线的分散管理体制向分部门分级管理和综合管理相结合的综合型管理体制转变的阶段。海岸带地区陆海管理的分散性和衔接不畅的体制已落后于现代陆海统筹管理的要求，也是当前我国陆海开发与保护管理中诸多矛盾的根源之一。主要表现有以下几点：一是海岸带资源环境管理部门分割、职责交叉重叠，生态系统要素分离，缺乏统筹规划和顶层设计。尽管新组建的自然资源部完成了陆海空间在行政管理层面的整合，但正如国家发展和改革委员会、自然资源部2018年发布的《关于发展海洋经济 加快建设海洋强国工作情况的报告》中指出的，我国海岸带地区仍处于陆海统筹发展水平整体较低，陆海空间功能布局、基础设施建设、资源配置等协调不够，区域流域、海域环境整治与灾害防治协同不足的状态。

二是对生态系统的系统性、完整性考虑不足,管理区域人为分割,缺乏空间和时间统筹,生态系统保护修复等管理实践工作往往缺乏生态效益。以海岸带区域发展规划的实施为契机,建立健全陆海统筹、区域联动的配套机制;以基于生态系统的综合管理理念为指导,进一步理顺各涉海部门的依法管理和分工协作机制,构建海岸带综合管理法律制度,具有紧迫的现实意义。

海岸带地区是陆海相互作用最剧烈的区域。海域和陆域在发展定位、产业布局、资源环境等方面衔接不足和协调不够的问题更加显现,日益影响到海岸带地区的健康持续发展。通过对海洋环境污染与生态破坏的深层次分析来看,单纯制定海洋领域的防范措施无法根本解决问题,必须尊重生态系统整体性和系统性的客观规律,实施陆海联动、统筹规划的双层次治理与防范,才能根本有效地解决海洋环境污染与生态破坏问题。加强陆海统筹是协调海岸带地区生产、生活、生态空间布局,以及建设生态文明的必然要求。

(4) 有助于促进行业部门管理的协同增效

海岸带的农林业、渔业、制造业、矿产和油气开采业、港口航运业、海上风电、旅游业及城市化建设开发活动都有可能对海岸带带来生态环境的压力和影响,且涉及多行业多部门,各部门分别制定的行业部门目标和法律法规在实施中可能产生冲突。

2018年机构改革虽然整合成立了自然资源部门,并重新确定了各相关部门机构的职权,但并未就部门之间的统筹协调问题设立相应的机制,依然无法满足促进海岸带地区在空间布局、产业发展、基础设施建设、资源开发和环境保护等全方位协同发展的需要(管松等,2019)。

(5) 有助于推进行政辖区之间的协同发展

海岸带地区涉及多个沿海省(自治区、直辖市)沿海城市以及沿海地带(县、县级市、区等),每一个行政规划区域都有着各自不同的行政规划,在产业布局、城乡建设、环境保护方面有着相对独立的管理。即使是两个相邻的行政区域,也可能存在区域间海岸带开发利用统筹规划不协调的问题。随着海洋经济的发展,海洋产业在不同行政辖区之间的竞争不断升温,同质化现象严重,将导致资源浪费,难以形成海岸带区域之间的产业互补和协同发展,最终会影响到整个区域的发展水平。

(6) 有助于整合和创制海岸带管理相关法律制度

在立法上，需要对现有的相关法律法规进行梳理整合，开展海岸带管理的专项立法，填补现有法律法规的空白。针对海岸带管理中的范围界定、管理机构重叠、部门间协调、行政区划之间协调管理、海岸带建筑后退线、自然岸线保有率、公众亲海和通行权利保障等问题，需要整合和创制相关制度，形成海岸带综合管理法。

2.5.2　我国海岸带管理立法的可行性

1983年我国成立了多部委参与的"海岸带管理法起草小组"，由国家海洋局牵头起草《海岸带管理法》，但至今仍未正式立法。推动海岸带管理立法具有充分的决策依据，党中央国务院高度重视海洋生态环境保护，多次强调要下决心采取措施，全力遏制海洋生态环境不断恶化趋势，让我国海洋生态环境有一个明显改观，让人民群众吃上绿色、安全、放心的海产品，享受碧海蓝天、洁净沙滩。在总结国内相关法律法规政策、地方立法和国外立法经验的基础上，结合我国国情制定出台《中华人民共和国海岸带管理法》（简称《海岸带管理法》），为海岸带综合管理提供法治保障，具有可行性。

(1) 有国家层面的法规政策作为支撑依据

我国目前已有一些涉及海岸带资源开发利用、生态环境保护和管理的法律法规，国家相关管理部门针对一些新问题也制定了一些相关的法规和政策文件，如《海岸线保护与利用管理办法》《近岸海域污染防治方案》《国家海洋局关于开展"湾长制"试点工作的指导意见》等。

2017年2月7日国家海洋局印发《海岸线保护与利用管理办法》，分为总则、岸线分类保护、岸线节约利用、岸线整治修复、监督管理、附则六章，26个条文及1个附表。该办法要求加强海岸线的保护、利用与整治修复，建立自然岸线保有率控制制度，明确规定了沿海省、自治区、直辖市自然岸线保有率管控目标（2020年）；要求对海岸线实施分类保护与利用，分为严格保护、限制开发和优化利用三个类别；对占用自然岸线的建设项目，岸线的整治修复计划、标准、资金，以及海岸线的监督管理提出了相应的要求。

2017年3月24日，为落实《水污染防治行动计划》，加强近岸海域环境保护工作，环境保护部等十部委联合印发实施《近岸海域污染防治方案》，要求按照"从山顶到海洋""海陆一盘棋"的理念，统筹陆域和海域污染防治工作；确立了促进沿海地区产业转型升级、逐步减少陆源污染排放、加强海上污染源控制、保护海洋生态、防范近岸海域环境风险五项重点任务；要求推动生态保护区域联动，增强近岸海域污染防治和生态保护的系统性、协同性，建立国家、省、市、县四级海洋环境监测网络体系，持续开展"碧海"专项执法等行动。

2017年9月5日，国家海洋局印发《国家海洋局关于开展"湾长制"试点工作的指导意见》，要求试点建立陆海统筹、河海兼顾、上下联动、协同共治的"湾长制"治理新模式，实行"一湾一策""精准治理""宜湾则湾、宜滩则滩""治湾先治河"，实施"蓝色海湾""南红北柳""生态岛礁"等整治修复工程，以及防范海洋灾害风险等，构建海洋生态环境保护长效管理机制。

上述国家相关部门制定实施的法规或政策性文件已经取得了一定的成效，尚需进一步研究通过立法形式予以确立，形成海岸带管理的法治保障和长效机制。

（2）有地方立法作为实践探索

近年部分沿海省份和沿海地级市制定出台了海岸带管理地方性法规。除1991年制定、2010年废止的《江苏省海岸带管理条例》外，目前有效实施的地方性法规有《海南经济特区海岸带保护与利用管理规定》《福建省海岸带保护与利用管理条例》《锦州市海岸带保护与利用管理条例》《威海市海岸带保护条例》《日照市海岸带保护与利用管理条例》《青岛市海岸带保护与利用管理条例》《东营市海岸带保护条例》《潍坊市海岸带保护条例》《烟台市海岸带保护条例》《滨州市海岸带生态保护与利用条例》和《防城港市海岸带保护条例》等。其中，山东省是我国第一个实现沿海七个城市（青岛、烟台、威海、日照、东营、潍坊、滨州）全部制定海岸带保护法规的省份，实现了海岸带保护立法全覆盖。地方层面的法规政策作为实践探索，积累了一定的可资借鉴的经验。此外，大部分沿海省份编制了海岸带专项规划，如广东省于2017年编制了《广东省海岸带综合保护与利用总体规划》，但不属于地方性法规，权威性和约束力相对不足。

（3）有域外立法经验可以借鉴

美国在 1972 年颁布了世界上第一部《海岸带管理法》，法国、加拿大、韩国、英国、欧盟、斯里兰卡等都制定了相关的海岸带管理法律。我国众多专家学者经过多年的理论研究和经验总结，形成了一定的文献资料，相关立法经验和文献资料可供参考借鉴。

在总结国内相关部门规章政策、地方立法和域外立法经验的基础上，结合我国实际制定出台《中华人民共和国海岸带管理法》，为海岸带综合管理形成法治保障，完全具有可行性。

第 3 章　海岸带管理立法的背景与理论基础

本章主要阐述海岸带立法的背景与理论基础。海岸带立法的背景主要为联合国海洋法会议、《21世纪议程》以及陆海统筹等。海岸带立法的理论基础主要有海洋可持续发展理论、生态系统管理理论、信息不对称理论、协同治理理论、利益相关者理论、法律责任理论等。

3.1　海岸带管理立法的背景

联合国海洋法会议通过的《联合国海洋法公约》是现代海洋法的主要渊源和权威性文件。《21世纪议程》是世界范围内的可持续发展行动计划，并为保护海洋和海岸带环境及资源、确保海岸带可持续发展制定了详细方案。党中央、国务院提出的"坚持陆海统筹"的理念战略要求陆海、人地、人海的协调发展。上述重要会议形成的法律、文件或国家提出的战略，是我国海岸带管理立法的主要背景。

3.1.1　联合国海洋法会议

第二次世界大战结束后，世界各国纷纷开展复兴工作，人口和资源需求激增。在迅速发展的科学技术的指导下，人们不断开发海洋的潜在利用价值，海洋领域内的竞争开始加剧，尤其是美国1945年发布的《杜鲁门公告》引发了世界范围的"海洋圈地运动"，激化了国际社会在领海宽度上的矛盾，而旧法律秩序不符合大多数发展中国家的基本利益。因此，这些国家要求变革传统的海洋法以将其意见和利益考虑在内。

为在海洋管理问题上达成共识，1958 年 2 月 24 日至 4 月 27 日，第一次联合国海洋法会议在日内瓦召开，共有 86 个国家参加，会议通过了《领海及毗连区公约》（Convention on the Territorial Sea and the Contiguous Zone）、《公海公约》（Geneva Convention on the High Seas）、《大陆架公约》（Convention on the Continental Shelf）和《公海捕鱼和生物资源养护公约》（Convention on Fishing and Conservation of the Living Resources of the High Seas），但由于各国海洋实力悬殊、美苏冷战争霸等原因，在许多实质问题上未能达成一致意见，如领海宽度和渔区范围。1960 年 3 月 17 日至 4 月 27 日，第二次联合国海洋会议召开，试图解决这两个遗留问题，但各方意见不一，会议仍未能形成相关决议（姚燕燕，2018；李再芳，2018；李增刚，2019）。

第三次联合国海洋法会议于 1973 年 12 月 3 日在纽约召开，至 1982 年 12 月结束历时 9 年，共举行了 11 期会议。1982 年 4 月 30 日，会议最终通过《联合国海洋法公约》（United Nations Convention on the Law of the Sea；以下简称《公约》），并于 1994 年 11 月 16 日正式生效，标志着国际海洋新秩序开始建立。《公约》包括 278 个一般性条款、42 个针对特别问题的条款和 9 个附件，以促进海洋的和平用途，使各国公平有效地开发利用海洋资源，并加强海洋生物资源和海洋环境保护（金永明，2018）。

《公约》作为现代海洋法的主要渊源和权威性文件，已经并将继续对世界格局产生重大影响。《公约》确定的领海（territorial sea）（12 海里）、毗连区（contiguous zone）、内水（internal waters）、群岛国（archipelagic state）、专属经济区（exclusive economic zone）（200 海里）、大陆架（continental shelf）等概念使得沿海国家的海权范围得以确认，海权职责得以明晰，在世界各国的海洋主权争端、海上天然资源管理和海洋环境治理等问题上起到重要的裁决作用（宁凌，2016）。

3.1.2 《21 世纪议程》

1992 年 6 月 3 日至 14 日，联合国在巴西里约热内卢主持召开了"环境与发展会议"（the Conference on Environment and Development），又称"地球首脑会议"，172 个国家和 2400 个非政府组织的代表参加了会议。会议目标是寻求各国在发展经济的同时保护自然资源和大幅减少污染的新途径，会议通过了《关于环境与发展的里约宣言》（*Rio Declaration on Environment and Development*）、《关于森林问题的原则声明》（*Agreement on Forest Principles*）和《21世纪议程》（*Agenda* 21）三项重要文件。

《21世纪议程》是世界范围内的可持续发展行动计划，规定了各缔约国的权利和义务，明确了在处理全球环境问题上发达国家和发展中国家承担"共同但有区别的责任"，以及发达国家向发展中国家提供资金援助和技术转让的承诺，制定了实施可持续发展的目标、行动计划、开展国际合作、建立全球伙伴关系等原则（郭日生，2012）。其中，第17章为保护海洋和海岸带环境及资源、确保海岸带可持续发展制定了详细方案，包括以下内容：①沿海区、包括专属经济区的综合管理和可持续发展；②海洋环境保护；③可持续地善用和保护公海的海洋生物资源；④可持续地利用和保护国家管辖范围内的海洋生物资源；⑤处理海洋环境管理方面的重大不确定因素和气候变化；⑥加强国际（包括区域）的合作与协调；⑦小岛屿的可持续发展。《21世纪议程》为保障人类共同的未来提供了一个全球性框架，对包括中国在内的许多国家的可持续发展进程产生了深远影响。

3.1.3 陆海统筹

陆海统筹（或海陆统筹，Land-Sea Coordination，简称LSC）的概念及相关理论，起源于国外20世纪90年代的"海陆一体化管理"理论（约翰 R. 克拉克，2000），在我国由张海峰于2004年提出。其既是一种思维观，也是一种方法论（毕京京，2013）。陆海统筹的内容主要体现在以下十个方面：一是国家总体战略，陆海立法规划衔接；二是陆海资源配置，转变经济发展方式；三是调整产业结构，实现产业转型升级；四是陆海科技创新，建设国家创新基地；五是陆海基础设施，推动蓝色经济发展；六是陆海交通网络，促进区域联动发展；七是陆海生态建设，提升生态文明水平；八是陆海金融市场，解决资金短缺问题；九是陆海对外开放，参与全球海洋治理；十是"一带一路"引领，增强海洋文化实力（张海峰等，2018）。

我国陆海统筹包含了所有处理海洋和陆地之间的关系，特别是社会经济活动联系。具体有三个层次：第一个层次是战略层，全球视野战略上的陆海统筹，即研究好中国陆地和整个世界大洋的关系；第二个层次是规划层，关于怎样处理好、规划好海域与陆域之间的关系，范围涉及我国沿海十一个省（自治区、直辖市）和管辖海域；第三个层次是工程层，协调好小范围的涉海项目中的陆海关系。

陆海统筹的战略内涵是以人类社会行为为主导，以陆海资源环境（或生态系统）承载能力为支撑，以临海产业为核心，统筹陆海的区域政策、战略安全、资源利用、经济发展、环境保护和文化制度建设，实现人社、人地、人海、陆海、全球关系协调发展，以生态保护为核心，最终保障生态安全。国际上类似陆海统筹的研究主要集中于海岸带综合管理与海洋生态系统管理（蔡安宁等，2012）。例如，有学者通过对丹麦海岸带管理实践的现有法规和案例研究，认为监管或体制框架被视为可能促进或阻碍海岸带综合管理的一个重要因素，因为海岸带综合管理本质上是关于作出充分平衡和充分合理的决定。该研究提出了法律和监管框架以及管理实践中的一些缺陷，其中重要的一点是陆地和海洋之间的监管分歧，这反映在法律框架、权力分配和管理实践中。另一方面，丹麦《规划法》和丹麦建立的非正式合作程序共同构成了处理陆海活动的政府部门之间高度综合一体化的基础。该研究也提出了改善陆海综合一体化、横向和纵向综合一体化的若干关键问题，包括对陆域和海域范围界定的海岸带地区定义，海岸带规划要求，公众参与，环境保护，以及海岸带活动的相关部门法中对环境保护和协同合作的要求（Anker et al.，2004）。也有学者结合"可持续发展圈"（Circles of Sustainability）指标方法，提出通过海岸带管理框架的"海岸带可持续发展圈"（Circles of Coastal Sustainability）指标方法对海岸带四个相互依存的领域进行全面性和整体性的评估，其中四个领域分别为环境与生态、社会与文化、经济、治理与政策（Alencar et al.，2020）。

陆海统筹的实质是在陆地和海洋两大自然系统之间建立资源利用、经济发展、环境保护、生态安全的综合协调关系和发展模式，是世界沿海各国在制定和实施陆海发展战略所应当遵循的根本理念。

3.2　海岸带管理立法的理论基础

海岸带管理立法的理论基础较多，主要有海洋可持续发展理论、生态系统管理理论、信息不对称理论、协同治理理论、利益相关者理论、法律责任理论等。

3.2.1　海洋可持续发展理论

早在20世纪70年代初期，"增长的极限"（limits to growth）理论中就提及"可持续发展"（sustainable development），该理论驳斥了传统的经济增长理论，提出应在政策及规划层面上注重自然资源保护的发展理念。环境保护和行政规划相结合，经过长期发展，最终形成了可持续发展理念（阿戴尔伯特·瓦勒格，2007）。1987年，联合国世界环境与发展会议（UNWCED）通过的《我们共同的未来》报告中第一次明确阐述"可持续发展"的内涵，将其定义为"在不损害后代人满足其自身需要的能力的前提下满足当代人的需要的发展"（蔡程瑛，2010）。

许多国际环境条约将可持续发展作为其基本原则。1992年《生物多样性公约》在序言中指出"各国有责任保护它自己的生物多样性并以可持久的方式使用它自己的生物资源"。《2030年可持续发展议程》重申，要实现可持续发展，必须协调经济增长、社会包容和环境保护三大核心要素，联合世界各国为人类和地球建设一个具有包容性、可持续性和韧性的未来而共同努力。

"海洋可持续发展"是可持续发展理念在海洋领域的体现，是指经济上持续发展、社会普遍接受的海洋开发模式（狄乾斌等，2008）。由于全球气候变化和人类活动的干扰，海洋生态环境承受着巨大的压力，生物多样性和自然资源的可持续利用正面临着严峻的挑战。为推动海洋可持续发展和实现海洋资源的永续利用，联合国第14个可持续发展目标为"保护与可持续利用海洋和海洋资源以促进可持续发展"。

2017年，政府间海洋学委员会（Intergovernmental Oceanographic Commission，IOC）牵头制定"联合国海洋科学促进可持续发展十年计划（2021—2030

年)"(简称"海洋科学十年计划"),致力于实现"清洁的海洋、健康和有恢复能力的海洋、可预测的海洋、安全的海洋、具有可持续生产能力的海洋、透明的海洋"六大目标。海洋可持续发展理论是科学海岸带管理遵循的首要基本原则,具有重要的指导性意义。

3.2.2　生态系统管理理论

"生态系统"(ecosystem)概念自英国生态学先驱坦斯利(Tansley A. G.)于1935年提出以来,生态系统方法(ecosystem approach,EA)、基于生态系统的管理(ecosystem-based management,EBM)等一直备受生态环境管理研究的关注。生态系统管理意指基于对生态系统组成、结构和功能的理解,应将人类的经济活动和文化多样性看作重要的生态过程,并融合到一定时空的生态系统经营中,进而恢复或维持生态系统的完整性和可持续性(Leslie and McLeod,2007)。

生态系统管理以生态系统生态学理论为原则,强调生态系统结构和功能的重要性,以及人类是生态系统的重要组成部分两个方面。生态系统管理方法就是将人类社会经济发展需求纳入生态系统中,协调生态、社会、经济发展目标,在维持生态系统健康的同时,促进社会和经济的可持续发展(李百齐,2011)。

生态系统方法由《生物多样性公约》第五次缔约方大会于2000年正式确立为行动基本框架,并号召缔约方和有关各方采用和推广生态系统方法(Kidd and McGowan,2013;周杨明等,2007)。《生物多样性公约》缔约方大会作出的2000年V/6号决议具有国际法的法律地位,其指出"生态系统方法是综合管理土地、水域和生物资源,公平促进其保护与可持续利用的战略"。其主要内容包括:坚持生态系统整体性,对土地、水和生物资源等生态系统要素进行综合管理,以生物及其环境的基本进程、功能和相互作用为重点,将人当作生态系统的重要因素,明确具体的时空尺度和边界,并设定长期目标;采取适应性管理策略来处理生态系统的复杂性和动态性;从经济的角度理解和管理生态系统,有效利用所有有关信息,吸收所有相关部门和学科参与(汪思龙和赵士洞,2004;丁晖等,2015)。

世界环境与发展委员会 1987 年在海洋管理的报告中也指出,"提倡用生态系统的方法对海洋与海岸带进行规划与管理,必须统筹考虑五类区域,即流域、海岸带陆地、近岸海域、近海海域和公海"(Ducrotoy and Pullen,1999)。海岸带是典型的"社会-经济-自然"复合生态系统,人类社会与生态环境之间的相互作用显著。当前,生态系统方法已成为海洋规划与管理的主流指导框架。Laffoley 等(2004)总结了生态系统方法成功实施的特征,包括:①制定管理计划;②良好的公众意识;③利益相关者的充分参与;④利益相关者与管理机构之间的良性合作;⑤充足的资金;⑥充足的人才资源;⑦有效的科学信息;⑧优质的信息共享;⑨管理活动的持续调整。

笔者认为,海岸带管理应以习近平总书记提出的"山水林田湖草沙是生命共同体"理念为指导,综合空间与系统,对多个资源系统信息综合分析,实施从山顶到海洋、从天上到地下、陆海统筹、陆海并重的基于生态系统的综合管理模式(integrated ecosystem-based management)(古小东和夏斌,2019)。

3.2.3 信息不对称理论

物质、能量和信息是人类社会生存的基本要素,信息广泛存在于自然界和人类社会中(黄明健,2004)。信息论创始人克劳德·艾尔伍德·香农(Claude Elwood Shannon)认为信息的作用在于消除随机不定性,经济学家则一般认为"信息是提供决策的有效数据"。20 世纪 70 年代,美国经济学家约瑟夫·斯蒂格利茨、乔治·阿克尔洛夫、迈克尔·斯彭斯提出了"信息不对称理论",指出在市场经济条件下,买卖主体不可能完全占有对方的信息,信息掌握者相对信息缺乏者形成优势地位,这种信息不均衡分布的状态称为"信息不对称"(information asymmetric)(慕金辉,2014)。

环境信息不对称是指在环境规制活动中参与主体在信息获取上处于不对等的地位。由于社会分工、信息成本等因素,信息不对称是客观存在的,具有必然性,此处所指的信息不对称是指由于人为因素使得本应公开但最终没有公开的信息。海洋环境是一种公共资源,能否准确及时地获取海洋环境信息,关系到利益相关者各方的利益实现。然而,我国海洋环境管理存在多重

"委托-代理"关系，社会公众是最终委托人，政府和企业作为海洋环境管理的代理人，受公众监督（黄民礼，2011）。信息不对称在海洋环境管理过程中广泛存在，往往会对政府监管、企业经营及公众监督产生重大影响，导致信息成本增加，降低政策的有效性、权威性及公众监督的有效性等。

目前，我国已出台环境信息公开的相关条例，也开始了对信息公开制度的探索，但环境信息公开现状不大理想。第一，环境污染问题主要来源于企业，企业也是环境政策的主要规制对象，但存在隐藏自身污染信息、逃避政府监管的动机，存在环境监管不到位的情况。第二，环境信息公开的内容主要是政府部门单方面主动提供公开的信息，信息的真实性、全面性、及时性有进一步提升和改进的空间。第三，公众获取信息需要成本，在没有产生直接利益关联的情况下，"理性"公众缺乏搜集信息的积极性，最终可能导致公共政策失去公众性（马慧丽，2009）。通过完善法律体系，严格执行信息公开条例，拓展信息获取渠道、建立信息共享网络，强化监督，协调主体间的关系以矫正信息不对称，使得各主体在环境信息获取上处于相对平衡的状态，有助于提升海岸带管理的有效性，促进社会公平（李杨，2008）。

3.2.4 协同治理理论

"协同治理"（collaborative governance）的学术探索和实践起源于西方，目前已成为公共管理领域关注和研究的热点之一。协同治理的核心概念是协同和合作。联合国全球治理委员会（Commission on Global Governance）将协同治理定义为"个人、公共或私人机构管理其共同事务的诸多方式的总和，调和不同利益主体之间的冲突的持续过程，包括具有法律约束力的正式的制度和规则，也包括各种促成协商的非正式制度安排"（刘伟忠，2012）。蔡延东（2011）认为，基于协同学理论，协同治理是指政府、非政府组织、企业和个人共同参与到公共管理的实践中，发挥各自的独特作用，从而形成高效、和谐、有效的治理网络。田培杰（2013）认为，西方学者对"协同治理"的基本共识为：一是政府以外的行动主体加入到治理中；二是各行动主体共同努力以实现共同目标。

当前人类社会面临着诸多的不确定性和威胁，如气候变化、疾病、贫穷、环境污染、金融危机等，对以民族国家为基本单位和治理核心的管理机制提出挑战。德国社会学家乌尔里希·贝克（Ulrich Beck）在《解毒剂：有组织地不负责任》一书中提出"有组织地不负责任"（organized irresponsibility）概念，认为公司（生产者）、政策制定者和专家结成联盟，制造了当代社会的风险，然后再制造一套话语事后推卸自己的责任（Beck，1988）。该概念反映了现代公共管理机制在应对社会风险时的普遍低效性，而协同治理方式可能成功破解这一困境。

海岸带管理涉及滨海土地利用、海域使用、生态环境保护、渔业、港口航运、旅游等部门和行业，需要多部门的通力合作。基于生态环境的整体性、污染物的移动性及环境利益的一致性，生态环境治理及海岸带治理应以资源环境承载力为基础，实现保护主体协同、保护对象协同、利益责任协同、政策工具协同，以拓展实现环境保护目标的途径，提升区域生态环境保护成效（古小东和夏斌，2019）。

3.2.5 利益相关者理论

利益相关者理论（stakeholder theory）是 20 世纪 60 年代在西方国家产生并发展起来的，最初源于公司治理和企业经营，后来逐步推广并应用于经济学、社会学、伦理学等。斯坦福研究所（Stanford Research Institute，SRI）首次提出利益相关者概念，将其定义为"失去其支持，企业将无法生存的个人或团体"。Freeman 则认为"利益相关者是任何能够影响组织目标实现或受组织目标实现影响的个人或群体"，拓展了利益相关者的内涵（Freeman，1984；付俊文和赵红，2006；马国勇和陈红，2014）。

在环境治理领域，政府部门特别是相关的环境保护主管部门在环境管理中起着主导者和引导者的作用，其主要任务是实现从资源密集型到低耗高效型发展战略的转变，环境政策执行效果关系到其公共服务目标的实现、政府威信和形象等。企业由于其自身的逐利性质，在生产经营过程中，创造大量财富的同时也带来了环境污染和破坏的负面效应，因而成为环境政策执行最主要的目标群体。而更新技术设备、实施节能减排战略，尽管可能增加生产成本，但有助于提升企业形象，可能带来额外收益，因而企业对待环境保护的态度和作为不是一成不变的，从而影响政策执行效果。环境质量直接关系着公众的生活质量和生活水平，而公众行为如消费习惯等，反过来也会对环境质量产生影响。换言之，政府、企业和公民等对政策执行效果具有显著影响作用，而政策执行目标实现与否也关乎其切身利益，存在显著的利益相关关系。

综合国际经验，我国在环境管理过程中，应牢固树立正确的发展观和绩效观，完善各级政府的环境保护目标责任制和问责制；灵活采取多种政策执行手段，如经济手段等，构建政府与企业互利合作的伙伴关系，引导企业积极承担社会责任；加强环境教育与宣传，重视和引导公众参与，从而最大限度地保证环境政策的顺利执行（马慧丽，2009；龚宏斌，2012）。海岸带管理涉及政府、企业、社会组织、社区居民等多个不同的利益相关者，应鼓励所有的利益相关者都积极参与，保证相关决策管理能在最大程度上符合利益相关者的要求（丘君等，2008）。

3.2.6 法律责任理论

法律责任是法学基础研究中的一个重要概念，具有重要的理论和实践意义。凯尔森（1996）认为，法律责任与法律义务相关联，一个人在法律上对某一特定行为负责，或者承担相应的法律责任，如果做出相反的行为就将受到制裁。有学者将法律责任界定为"由于侵犯法定权利或违反法定义务而引起的、由专门国家机关认定并归结于法律关系的有责主体的、带有直接强制性的义务，即由于违反第一性法定义务而招致的第二性义务"（张文显，1993）。法律责任是指一切违法者，因其违法行为必须对国家和其他受害者承担相应后果（林仁栋，1990）。

就环境法律责任而言，有学者认为环境法律责任是指违反环境保护法律、法规的单位和个人所应承担的责任（蔡守秋，1996）。也有学者认为环境法律责任的内涵是一种应当性，即行为主体（自然人、法人、团体）因违反环境法律义务、造成对他人的损害，从而承担某种不利后果的应当性（张恒山，2009；王锦，2011）。完整的环境法律责任体系应包括过错责任、严格责任、无过失责任、危险责任多种归责原则（江驰，2004）。

根据法律责任的一般理论,环境法律责任体系对环境法具有重要的支撑作用。日本于1970年制定的《海洋污染防治法》明确规定了不同类型的海洋环境污染行为的法律责任,包括违法排放油类或有害液体物质的法律责任,违法倾倒废弃物的法律责任,违法焚烧油类、有害液体物质或废弃物的法律责任,违法向海底处置油类等物质或违法封存二氧化碳气体的法律责任,为有效保护海洋环境和履行相关国际义务提供了制度保障(赵向华,2020)。我国《宪法》规定,国家保护和改善生活环境和生态环境,防治污染和其他公害。《民法典》《刑法》《环境保护法》等相关法律法规中分别针对具体情况规定了违法行为人的民事、刑事和行政法律责任(卫乐乐,2014)。《海洋环境保护法》则是保护海洋环境的特别法。

就沿海资源利用而言,政府有义务合法合理地管理公众的共同财产。在大多数国家,沿海水域被视为共同财产,属于所有公民平等享有的共同财产,它不属于任何个人或部门所有,而政府只是财产的托管人。"按照自然法则,以下事物属于人类共同财产:空气、水流、海洋以及海岸"(约翰 R. 克拉克,2000)。海岸带管理的法律责任主体既包括行政主体意义上的国家和政府,也包括行政相对人意义上的所有个人和组织。除行政法律责任外,还可能涉及民事法律责任和刑事法律责任。

当前我国仍处于制度探索和完善期,应在党的十九大报告提出的"实行最严格的生态环境保护制度"方针的指导下,不断健全完善环境法律责任制度,切实保护海洋环境,促进生态文明建设,实现可持续发展目标。

第 4 章　美国《海岸带管理法》述评

美国是一个海陆兼备的国家，海岸线全长达 22 680 千米，其所管辖的 50 个州之中，有 35 个濒临海洋或大湖，岸线资源丰富。美国国家海洋和大气管理局官方网站的数据显示，美国沿海郡县（coastal counties）（阿拉斯加除外）国土面积占全国国土面积不到 10%，但人口总数却达 12 800 万，约占全国总人口的 40%。沿海郡县（阿拉斯加除外）的人口密度约为每平方英里[①]461 人（约为 178 人/平方千米），而美国平均人口密度约为每平方英里 87 人（约为 33.6 人/平方千米）[②]。换言之，沿海郡县人口密度约为全国人口密度的 5.3 倍。美国沿海郡县每年生产的商品和服务总值超过 9.5 万亿美元，提供 5 830 万个工作岗位，总薪酬达 3.8 万亿美元[③]。如果美国沿海郡县组成一个单独的国家，它的国内生产总值将居世界第三，仅次于美国和中国[④]。美国海岸带地区集聚了大量的人口和产业，是经济社会发展的"黄金地带"，同时也是生态环境压力极大的地带。

美国不仅是海洋经济大国，同时也是最早制定海岸带管理专项法律的国家。"海岸带管理"（coastal zone management）是一个相对较新的概念，出现至今不过 50 年，是为了解决与沿海人口增长和发展有关的一系列问题而产生的。海岸带管理涉及对海岸地区的管理，主要目的是协调环境、经济、人类健康与人类活动之间的平衡。美国《海岸带管理法》（Coastal Zone Management Act，CZMA）于 1972 年颁布，为应对沿海地区持续增长的挑战提供了一个正式架构（formal structure），促使沿海地区在更好地实现经济持续增长的同时兼顾自然资源管理，从而确保沿海地区的经济与环境能够

---

① 1 英里≈1.609 千米。
② https://coast.noaa.gov/states/fast-facts/economics-and-demographics.html.
③ https://coast.noaa.gov/states/fast-facts/economics-and-demographics.html.
④ https://coast.noaa.gov/states/fast-facts/economics-and-demographics.html.

得到长期、健康、稳定的发展①。

4.1 海岸带管理立法史与管理体制

美国海岸带管理立法可以分为立法酝酿期、立法制定期和立法完善期三个阶段。在海岸带管理体制上采取联邦与州分权管理的形式，沿岸州又分为州政府和郡县地方政府，形成了三级管理体系。

4.1.1 海岸带管理立法史概述

美国的灯塔服务于 1789 年依据第一届国会第 9 号法案创立，负责所有航标导航和灯塔事务，它拉开了美国海洋管理的序幕。多年来，灯塔都是由税务部（Department of Revenue，该部门在 1820 年解散）、财政部（Department of Treasury，到 1903 年）、商业和运输部（Department of Commerce and Transportation）领导。灯塔委员会（美国灯塔设立机构）在 1852 年至 1910 年 7 月 1 日期间占据主导地位，当时商业部成立了灯塔局（Bureau of Lighthouses）。1939 年 7 月 7 日海岸警卫队（Coast Guard）接管了灯塔服务②。20 世纪 30 年代以前，美国对其周边海域的管理主要集中在导航、卫生检疫、税收、缉私缉毒等方面。20 世纪 30 年代后期以来，随着全球海洋经济的发展，美国逐步强化了对其周边海域空间和海洋资源的管理和保护（张灵杰，2002）。纵览美国海岸带管理的立法实践，可以分为立法酝酿期、立法制定期和立法完善期三个阶段。

4.1.1.1　立法酝酿期（20 世纪 40 年代中后期至 60 年代）

(1) "杜鲁门公告"的发布以及《水下土地法》《外大陆架土地法》的通过

1945 年 9 月 28 日美国总统杜鲁门发布的关于大陆架（Executive Order

---

① https://oceanservice.noaa.gov/facts/czm.html.
② https://www.seathelights.com/other/facts.html.

9633）① 和渔业政策（*Executive Order* 9634）② 的两则总统公告，统称"杜鲁门公告"（Truman Proclamation），声称美国对周边沿海大陆架具有管辖权且要求在大陆架上覆水域中设立渔业保护区（fishery conservation zones），成为第二次世界大战后"海洋圈地运动"和当代海洋法的开端。此后，《水下土地法》（*Submerged Lands Act*）和《外大陆架土地法》（*Outer Continental Shelf Lands Act*）分别于 1953 年 5 月和 8 月相继获得通过。

（2）《海洋资源和工程发展法》的通过及"斯特拉顿委员会"的设立

1966 年美国国会通过了《海洋资源和工程发展法》（*Marine Resources and Engineering Development Act of* 1966，P. L. 89-454）。为应对由于沿海人口增长和经济发展引起的海岸带退化问题，该法宣布美国的政策是"制定、鼓励和维持一个协调、全面和长期的海洋科学国家计划（National Program in Marine Science），进而造福人类，协助保护健康和财产，加强商业、交通运输和国家安全，恢复商业渔业，提高这些资源和其他资源的利用率"③。值得关注的是，该法案第 3 条要求设立"海洋科学、工程和资源委员会"（Commission on Marine Sciences, Engineering and Resources），后以其主席朱利叶斯·斯特拉顿（Julius Stratton）的名字命名，被称为"斯特拉顿委员会"（Stratton Commission），并由该委员会负责通盘考虑全部的重大海洋活动。1969 年 1 月，"斯特拉顿委员会"发表了题为《我们的国家和海洋》（*Our Nation and the Sea*）的报告，呼吁建立"州海岸带管理局"（State Coastal Zone Authorities），以管理沿岸水域和邻近土地（coastal waters and adjacent lands）④。此外，该委员会 1966 年 10 月还制定了《国家海洋补助金学院计划》（*The National Sea Grant College Program*）。

（3）《国家环境政策法》的实施及国家海洋和大气管理局的设立

1969 年 1 月在美国加利福尼亚州的圣巴巴拉海峡发生了海上油田平台爆炸引发的石油泄漏事件，污染的岸线超过 150 英里，引发了公众的广泛关注，

---

① https://www.presidency.ucsb.edu/node/231373.
② https://www.presidency.ucsb.edu/node/230965.
③ https://www.history.noaa.gov/legacy/noaahistory_3.html.
④ https://coast.noaa.gov/data/Documents/OceanLawSearch/Summary%20of%20Law%20-%20Coastal%20Zone%20Management%20Act.pdf.

该事件推动了《国家环境政策法》(National Environmental Policy Act of 1969)的制定,该法案于1970年开始实施。该法案提出了"人类只是环境管理者"的观点,对自然资源管理途径产生了深远影响(王小军,2019)。1970年,在尼克松总统的建议下,美国成立了国家海洋和大气管理局(The National Oceanic and Atmospheric Administration, NOAA),由该机构负责了解和预测地球环境的变化,维护和管理海洋与海岸带资源。

4.1.1.2 立法制定期(20世纪70年代初期至中后期)

(1)《海岸带管理法》的通过

1972年10月27日,美国国会通过了《海岸带管理法》(Coastal Zone Management Act, CZMA)(第92-583号公法),首次将海岸带综合管理(Integrated Coastal Zone Management, ICZM)作为一种政府活动实施(张灵杰,2002)。

美国的《海岸带管理法》确立了该法的国家目标是代表国家利益要求,并强调采用规划而不仅仅是规制的方式。当时美国国会对是否需要制定一项全国性的土地使用法来解决城市扩张、耕地减少、大气污染以及水污染等问题进行了激烈的辩论。作为该辩论的反映,该法强调发挥沿岸各州的主要作用。最终的结果是,《国家土地使用法案》(National Land Use Bill)没有获得通过,美国国会也拒绝了关于《海岸带管理法》的强制性方式(mandatory approach for the CZMA)。取而代之的是,《海岸带管理法》提供了一套鼓励各州自愿参与的激励机制,即各州通过州和地方的法律、法规以及计划项目的方式去实现国家目标(Robert and Kvisten, 2013)。

(2)《海洋保护、研究和保护区法》《清洁水法》《深水港法》等相继出台或修改

20世纪70年代,与海洋和海岸带相关的立法修法活动相对频繁。1972年美国《海洋保护、研究和保护区法》(Marine Protection, Research and Sanctuaries Act)出台,并对《联邦水污染控制法》(Federal Water Pollution Control Act)[又称为《清洁水法》(Clean Water Act)]进行了修改;1974年通过了《深水港法》(Deepwater Port Act of 1974)并于1975年1月实施,海岸带法律体系逐步形成。该时期见证了美国海洋与海岸带的立法处于相对较高的水平，并以卡特总统将1980年定为"海岸年"（Year of the Coast）达到顶点（Kitsos et al.，2013）。

在美国，主要的海岸带问题由多部法律依据其不同的目标在适用执行：①与水质、污水、海岸湿地相关的《清洁水法》；②与流域相关的《清洁水法》《海岸带管理法》；③与疏浚相关的《清洁水法》《水资源开发法》（Water Resources Development Act）；④与海岸开发相关的《海岸带管理法》；⑤与油气资源、风能相关的《外大陆架土地法》；⑥与溢油相关的《石油污染法》；⑦与自然灾害与环境保护相关的《岸堤保护法》（Coastal Barrier Resources Act）、《洪水灾害预防法》（Flood Disaster Protection Act）；⑧与渔业相关的《渔业资源保护管理法》（Fishery Conservation and Management Act）；⑨与离岸港口相关的《深水港法》（理查德·巴勒斯，2017）。除上述法律之外，还有适用于解决国家河口保护区计划和海洋倾废的《海洋保护、研究和保护区法》、解决国家洪水保险计划的《洪水灾害保护法》、解决联邦救灾援助的《减灾法案》等其他诸多法律。

4.1.1.3 立法完善期（20世纪70年代中后期至今）

为了不断调节利益主体之间的平衡以及适应本国和国际海洋经济的发展，《海岸带管理法》自1972年颁布以来经历了10余次的修正。

1）1975年《海岸带管理法修正案》。该修正案对《海岸带管理法》进行了修正，但只是对补助计划的管理作了一些技术性的小修改。

2）1976年《海岸带管理法修正案》（Coastal Zone Management Act Amendments of 1976）。该修正案的目的在于授权和协助沿岸各州对影响海岸带的能源设施和资源开发进行研究、规划、管理和控制[①]，并对外大陆架的能源活动进行了重新定义，强调联邦租赁须最大限度地尊重相关州的海岸带管理计划等（徐冲，2011）。

修正的主要内容包括：确立了"海岸带能源影响计划"（Coastal Energy Impact Program），并增加了一项国家目标，即通过海岸带地区新的或扩大的能源活动，从而实现更大程度上的能源独立，这些能源活动或将对海岸带构

---

① https://coast.noaa.gov/data/Documents/OceanLawSearch/House%20Report%20No.%202094-1298.pdf.

成影响；受"联邦一致性审查"的类别扩大到包括外大陆架勘探和开发计划；设立了一个"州际补助金计划"（Interstate Grants Program）和一个"研究技术援助计划"（Research Technical Assistance Program）；授权建立一个持续的国家系统来评估国家管理活动的绩效；将河口保护区计划的目的扩大到包括公共通道在内；至 1979 财政年度的核定拨款①。

时任总统福特（Gerald R. Ford）在签署该修正案时发表评论，认为"这些修正案将为沿岸各州的长期规划提供基础，以便它们能够更好地平衡能源发展、城市增长、资源节约和休闲利用的需求。这些修正案还包括了联邦、州和地方之间在沿岸土地和水资源利用以及能源开发等非常敏感领域利益问题的良好平衡"②。

3）1978 年《外大陆架土地法修正案》（Outer Continental Shelf Lands Act Amendments）第五章对《海岸带管理法》的修正主要内容包括：授权将大陆架补助金至 1983 财年提供给沿岸州；明确了沿岸州对有关活动的一致性证明进行审查的责任。

4）1980 年《海岸带管理改进法案》（Coastal Zone Management Improvement Act of 1980），即第 96-464 号公法（Public Law 96-464）。该修正案改进的主要内容包括：对《海岸带管理法》进行了为期五年的再授权；设立了新的"资源管理改进补助金体系"（Resource Management Improvement Grants）；增加了根据州海岸计划的评估进而撤销财政援助的规定；制定了一种程序，依据该程序国会可以对为了实施 CZMA 而颁布的法规不予批准。

5）1985 年《统一综合预算协调法案》（Consolidated Omnibus Budget Reconciliation Act of 1985）第 D 章对《海岸带管理法》进行了修订，即第 99-272 号公法（Public Law 99-272）。该修正的主要内容包括：对财政援助的费用分摊要求进行了修改；对 CZM 项目的变更审批管理程序作出了明确规定；建立了国家河口研究保护区系统（National Estuarine Research Reserve System, NERRS），用于划定国家保护区以及为河口研究提供指导；规定了至 1990 财

---

① https://coast.noaa.gov/data/Documents/OceanLawSearch/Summary%20of%20Law%20-%20Coastal%20Zone%20Management%20Act.pdf.

② https://www.presidency.ucsb.edu/documents/remarks-upon-signing-the-coastal-zone-management-act-amendments-1976.

政年度的核定拨款。

6）1986年《游船安全法》（*Recreational Boating Safety Act of* 1986）第7条对原法律作出修正，修正后即第99-262号公法（*Public Law* 99-262）。修正法案规定，对那些不在划拨财政年度使用的未动用资金应予以返还。

7）1990年《海岸带再授权修正案》（*Coastal Zone Reauthorization Amendments of* 1990）。该修正案对原法律作了重大的实质性修订。主要内容有：在1990年《统一综合预算调节法》（*Omnibus Budget Reconciliation Act of* 1990）的范围内，再次对《海岸带管理法》进行授权；对1972年《海岸带管理法》规定的联邦一致性条款（Federal consistency provisions）进行了修订，修改为"在海岸带内或外，影响海岸带区域的任何土地或水的用途或自然资源的任何联邦活动"应"在可行的最大范围内与州海岸带管理计划（State's CZM program）的可执行政策保持一致"，进而推翻了美国最高法院在内政部长诉加利福尼亚州一案中关于"联邦OCS油气租赁销售不受CZMA中联邦一致性条款的约束"的判决，进一步保障了沿岸州的权益；废除了海岸带能源影响计划（Coastal Energy Impact Program）；设立新的海岸带强化的拨款资助计划（Enhancement Grants Program）；建立一个新的海岸非点源污染控制计划（Coastal Nonpoint Source Pollution Control Program）；增加了在国家河口研究保护区系统（National Estuarine Research Reserve System）下对土地征用的财政援助；至1995财政年度的核定拨款。

8）1992年对该法进行了轻微的技术性修改，即第102-587号公法（*Public Law* 102-587）。

9）1996年第104-15号公法（*Public Law* 104-150）对CZMA进行了修正，允许商务部部长向各州提供开发补助金用于运营海岸带管理计划；为州政府建立了一个用于管理水产养殖设施的补助金计划；明确了海岸带强化的目标以及向各州提供补助金的限额；至1995年财政年度的核定拨款。

10）1998年第105-383号公法（*Public Law* 105-383）修正的内容是要求建立有害藻华和缺氧区的防控机制。

11）2004年第108-456号公法（*Public Law* 108-456）对该法进行了进一步修订，明确将核定拨款延续至2008财政年度，且由商务部部长负责相关的研究、监测和外展服务工作。

12）2005 年通过第 109-58 号公法（*Public Law* 109-58）《能源政策法》对该法进行了修订。

13）2009 年第 111-11 号公法（*Public Law* 111-11）修正案制定了海岸和河口土地保护计划（Coastal and Estuarine Land Conservation Program），以保护重要的海岸和河口地区①。

4.1.2 管理机制

由于美国是联邦制国家，在海岸带管理上采取联邦与州分权管理的形式，沿岸州又分为州政府和郡县地方政府，形成三级管理体系，即联邦级、沿岸州级和沿岸郡县级（徐冲，2011）。

4.1.2.1 联邦级

(1) 主管统筹机构

由国家海洋和大气管理局（隶属商务部）作为主要的行政机构统筹管理海岸带事务。NOAA 局长由商务部副部长兼任，分管海洋和大气业务，指导《海岸带管理法》的实施和管理工作。

(2) 协同配合机构

由内政部、交通运输部、能源部、农业部、国防部、司法部、环境保护署等部门协同配合 NOAA 的工作。其中：①内政部涉及的海岸海洋职责有能源开发、国家海岸和野生动物区；②交通运输部涉及的海岸海洋职责有航运业；③能源部涉及的海岸海洋职责有新能源系统的建立；④农业部涉及的海岸海洋职责有农场施肥实践、人工饲养鱼的增长；⑤国防部涉及的海岸海洋职责有国家安全和航道开发；⑥司法部涉及的海岸海洋职责有环境与自然资源问题诉讼；⑦环境保护署涉及的海岸海洋职责有水质管理等（理查德·巴勒斯，2017）。

---

① https://coast.noaa.gov/data/Documents/OceanLawSearch/Summary%20of%20Law%20-%20Coastal%20Zone%20Management%20Act.pdf.

(3) 海上执法机构

由海岸警备队（Coastal Guard）进行海上执法（朱晓燕，2013）。

(4) 下设机构

NOAA 下设有国家环境卫星、数据和信息局（National Environmental Satellite, Data, and Information Service, NESDIS）、国家海洋渔业局（National Marine Fisheries Service, NMFS）、国家海洋局（National Ocean Service, NOS）、国家气象局（National Weather Service, NWS）、海洋与航空行动局（Office of Marine & Aviation Operations, OMAO）及海洋与大气研究局（Office of Oceanic & Atmospheric Research, OAR）6 个直属部门[①]。其中，具有海岸带综合管理职能的有：国家海洋局、国家海洋渔业局及海洋与大气研究局下辖的海洋与沿海资源管理办公室（Office of Ocean and Coastal Resource Management, OCRM）。

4.1.2.2 沿岸州级

设立了州级海岸带管理机构（隶属州政府），负责制定和实施本州的海岸带管理计划，同时由州长负责相关人事任免。

4.1.2.3 沿岸郡县级

美国在 413 个沿海郡县设立了第三级海岸带管理机构（韩克，2006），由此形成了自上而下的集中管理型海岸带管理模式。

4.2 基本框架和术语定义

美国《海岸带管理法》的基本框架内容完整、重点突出，阐明了海岸带管理的意义和必要性、目标原则、相关定义和主要的制度举措。为了便于准确理解和实施，美国《海岸带管理法》用了大量篇幅对近二十个相关的术语进行了法律界定。

---

① https://www.noaa.gov/about/organization.

4.2.1 基本框架

美国《海岸带管理法》(1972年)(经2005年第109-58号公法《能源政策法》修正)的基本框架包括:立法背景意义(国会调查结果)、立法目标原则(国会政策声明)、相关定义、海岸带管理制度(对沿岸州海岸带管理的拨款资助、海岸资源改善计划、海岸水域保护、协调与合作、海岸带管理基金、海岸带强化的拨款资助、技术援助、公开听证、绩效评估、记录与审计、海岸带管理优秀奖励、国家河口保护区系统、海岸带管理报告、相关规章制度、拨款授权以及向商务部部长的申诉),具体条款为《美国法典》第16章(16 U.S.C.)第1451~1465条[1]。

(1) 国会调查结果

《美国法典》第16章第1451条"国会调查结果"(第302节)。该条款主要阐述了海岸带管理的立法背景及意义,分析了海岸带自然资源、生态资源、工业资源、商业资源等的重要价值,由于人类活动压力乃至破坏以及全球气候变暖导致的海岸带威胁,海岸带规划利用以及体制上存在的不足,以及有效管理海岸带的基本路径[2]。

(2) 国会政策声明

《美国法典》第16章第1452条"国会政策声明"(第303节)。该条款主要阐述了海岸带管理的立法目标及基本原则,具体包括可持续发展、协调发展、科学决策、合理利用、责任政府、公众参与、多元协同治理、适应性管理等[3]。

(3) 定义

《美国法典》第16章第1453条"定义"(第304节)。该条款主要对相关术语进行了法律上的定义,包括海岸带、具有国家意义的沿海资源、沿海水域、沿海州、沿海能源活动、能源设施、可执行的政策、河口、河口保护

---

[1] COASTAL ZONE MANAGEMENT ACT OF 1972, as amended through Pub. L. No. 109-58, the Energy Policy Act of 2005.
[2] 16 U.S.C. § 1451. Congressional findings (Section 302).
[3] 16 U.S.C. § 1452. Congressional declaration of policy (Section 303).

区、基金、土地使用、地方政府、管理方案、外大陆架能源活动、公共设施和公共服务、特别区域管理方案，以及"Person""Secretary"等①。

（4）拟获资助的州管理方案提交

《美国法典》第16章第1454条"拟获资助的州管理方案提交"（第305节）。该条款规定任何已完成海岸带管理方案制定的沿岸州应根据该法第1455条将计划提交给商务部部长审批②。

（5）行政资助拨款

《美国法典》第16章第1455条"行政资助拨款"（第306节）。该条款主要阐述了对符合规定的沿岸州的资助方案，拟提交的州海岸带管理方案须满足的条件，包括制定过程中的公众参与、管理方案的内容要素、与其他适用的当地、地区和州际计划相协调，举行公开听证会、州长审查等，以及有关州海岸带管理方案修订的规定③。

（6）海岸资源改善计划

《美国法典》第16章第1455a条"海岸资源改善计划"（第306A节）。该条款主要阐述了海岸资源改善计划的目标，包括特殊区域的保护或恢复，被指定为"特别关注区域"的城市滨水区和港口进行重新开发，公众准入，创建州级机构之间的协调程序等；海岸资源改善补助金的拨款方案，包括拨款用途、条款和条件、拨款配额、技术援助和财政援助等④。

（7）海岸水域的保护

《美国法典》第16章第1455b条"海岸水域的保护"。该条款主要阐述了通过海岸非点源污染控制计划，制定和实施非点源污染管理措施以达到恢复和保护沿海水域的目的；对州海岸带管理方案的内容作了规定。要求包括：确认土地用途、确定关键海岸地带、管理措施、技术援助、公众参与、行政协调、国家海岸带边界修正。此外还包括州管理方案的提交、审查和实施程序，技术援助的具体内容、海岸带内陆边界的审查，以及建议机制、财政援

---

① 16 U.S.C. § 1453. Definitions (Section 304).
② 16 U.S.C. § 1454. Submittal of State program for approval (Section 305).
③ 16 U.S.C. § 1455. Administrative grants (Section 306).
④ 16 U.S.C. § 1455a. Coastal resource improvement program (Section 306A).

助的细则、海岸非点源污染控制指南、核定拨款及相关定义的说明①。

(8) 协调与合作

《美国法典》第16章第1456条"协调与合作"（第307节）。该条款主要阐述了各级机构之间的协调机制，包括：联邦机构之间的协调合作，州海岸带管理方案应充分考虑联邦机构的意见，联邦机构活动与州海岸带管理方案保持一致性（即"联邦一致性"原则），联邦援助，与其他法律法规、水和空气污染治理方案的现行规定兼容，调解分歧，申请上诉等②。

(9) 海岸带管理基金

《美国法典》第16章第1456a条"海岸带管理基金"（第308节）。该条款主要阐述了"海岸带管理基金"的资金来源、资金用途等③。

(10) 海岸带强化的拨款资助

《美国法典》第16章第1456b条"海岸带强化的拨款资助"（第309节）。该条款主要阐述了海岸带强化目标和拨款方案④。

(11) 技术援助

《美国法典》第16章第1456c条"技术援助"（第310节）。该条款主要阐述了商务部为支持州海岸带管理计划的制定和实施所提供的技术援助的类型与方式⑤。

(12) 公开听证

《美国法典》第16章第1457条"公开听证"（第311节）。该条款主要阐述了召开公众听证会的一般程序⑥。

(13) 绩效评估

《美国法典》第16章第1458条"绩效评估"（第312节）。该条款主要阐述了商务部对沿岸州在海岸带管理方面的表现进行评估和审查的程序，包括书面评估、公众参与、考虑是否继续提供财政援助及撤销项目审批等⑦。

---

① 16 U. S. C. § 1455b. Protecting coastal waters.
② 16 U. S. C. § 1456. Coordination and cooperation（Section 307）.
③ 16 U. S. C. § 1456a. Coastal Zone Management Fund（Section 308）.
④ 16 U. S. C. § 1456b. Coastal Zone Enhancement Grants（Section 309）.
⑤ 16 U. S. C. § 1456c. Technical assistance（Section 310）.
⑥ 16 U. S. C. § 1457. Public hearings（Section 311）.
⑦ 16 U. S. C. § 1458. Review of performance（Section 312）.

(14) 记录与审计

《美国法典》第 16 章第 1459 条"记录与审计"(第 313 节)。该条款主要阐述了各州应保存接受补助金资助或财政援助的记录,以便商务部部长和总审计长对其进行审计和审查[①]。

(15) Walter B. Jones 海岸带管理优秀奖励

《美国法典》第 16 章第 1460 条"Walter B. Jones 海岸带管理优秀奖励"(第 314 节)。该条款主要阐述了设立"Walter B. Jones 海岸带管理优秀奖励"的目的、年度评选的奖项和人数、地方政府提名征集、研究人员提名征集、奖金奖励等[②]。

(16) 国家河口保护区系统

《美国法典》第 16 章第 1461 条"国家河口保护区系统"(第 315 节)。该条款主要阐述了国家河口保护区系统的建立、国家河口保护区的划定、河口研究指南、河口研究协调机制、财政援助、系统性能评估、报告内容等[③]。

(17) 海岸带管理报告

《美国法典》第 16 章第 1462 条"海岸带管理报告"(第 316 节)。该条款主要阐述了商务部每两年应编制一份有关海岸带管理情况的总结报告并提交总统和国会,并对报告内容作了规定。此外,还需对影响海岸资源的其他联邦计划进行系统审查并向国会提交一份报告,以实现联邦活动之间的协调[④]。

(18) 相关规章制度

《美国法典》第 16 章第 1463 条"相关规章制度"(第 317 节)。该条款主要阐述了商务部应按规定,协同利益相关方(公众和私人),指定并颁布必要的规章制度[⑤]。

(19) 拨款的核定

《美国法典》第 16 章第 1464 条"拨款的核定"(第 318 节)。该条款主

---

① 16 U. S. C. § 1459. Records and audit (Section 313).
② 16 U. S. C. § 1460. Walter B. Jones Excellence in Coastal Zone Management Awards (Section 314).
③ 16 U. S. C. § 1461. National Estuarine Research Reserve System (Section 315).
④ 16 U. S. C. § 1462. Coastal Zone Management Reports (Section 316).
⑤ 16 U. S. C. § 1463. Rules and Regulations (Section 317).

要阐述了商务部在各财政年度可用的资金款额，包括对资金用途的限制，各州应将相应财政年度内未使用的资金返还给商务部的规定等[①]。

(20) 向商务部部长的申诉

《美国法典》第 16 章第 1465 条"向商务部部长的申诉"（第 319 节）。该条款主要阐述了向商务部部长申诉的一般程序，包括报纸公告、提交相关材料及结果公示的期限规定等[②]。

4.2.2 术语定义

为了有助于《海岸带管理法》的执行，《美国法典》第 16 章第 1453 条"定义"（第 304 节）对海岸带、具有国家意义的海岸资源、海岸水域、沿岸州、海岸带能源活动、能源设施、可执行的政策、河口、河口保护区、基金、当地政府等近 20 个术语的定义予以阐述和明确规定。

(1) 海岸带

"海岸带"（coastal zone）一词是指邻接海岸线、彼此之间有强烈影响的近岸海域（包括水中的与水下的土地）和滨海陆地（包括陆上水域与地下水），包括岛屿、过渡带和潮间带（transitional and intertidal areas）、盐沼（salt marshes）、湿地和海滩。

关于海岸带的范围：①在五大湖区水域（Great Lakes waters）延伸至美国和加拿大的国界线。②在其他区域，向海延伸至美国领海的外部边界，该边界根据：a.《水下土地法》（Submerged Lands Act）（《美国法典》第 43 章第 1301 条及以下）；b. 1917 年 3 月 2 日法案（the Act of March 2, 1917）（《美国法典》第 48 章第 749 条）；c. 依 1976 年 3 月 24 日法案（the Act of March 24, 1976）（《美国法典》第 48 章第 1801 条及以下）批准的与美利坚合众国建立政治联盟的北马里亚纳群岛联邦盟约（Covenant to Establish a Commonwealth of the Northern Mariana Islands in Political Union with the United States of America）；d. 1963 年 11 月 20 日法案（the Act of November 20, 1963）（《美国法典》第 48

---

① 16 U.S.C. § 1464. Authorization of appropriations (Section 318).
② 16 U.S.C. § 1465. Appeals to the Secretary (Section 319).

章第 1705 条）予以适用。③向内陆延伸的区域，只限于自海岸线起至控制海岸带所需的土地范围，而这些土地的使用对沿海水域有直接和重大的影响，以及控制可能受海平面上升影响或易受海平面上升影响的地理区域。④海岸带地区不包括"法律上完全由联邦政府、官员或代理人自行决定使用或由其托管的土地"[1]。

（2）具有国家意义的海岸资源

"具有国家意义的海岸资源"（coastal resource of national significance）一词是指任何具有实质性的生物或自然风暴保护价值的沿海湿地、海滩、沙丘、堰洲岛、礁石、河口或鱼类和野生动物栖息地等资源[2]。

（3）沿岸水域

"沿岸水域"（coastal waters）一词是指：①在五大湖区，美国领土管辖范围内的水域包括大湖、其连接水域、港口、锚地以及海湾、浅滩、沼泽等河口类型区域；②在其他区域，是指邻近海岸带的咸淡水交汇区（含有可测量数量或一定比例的海水），包括但不限于海峡、海湾、潟湖、支流、池塘和河口[3]。

（4）沿岸州

"沿岸州"（coastal state）一词是指美国在大西洋、太平洋、北冰洋、墨西哥湾、长岛海峡（Long Island Sound）或"五大湖"的一个或多个湖中的州或与之接壤的州。就本章而言，这一用语还包括波多黎各、美属维尔京群岛、关岛、北马里亚纳群岛、太平洋岛屿托管区和美属萨摩亚[4]。

（5）海岸带能源活动

"海岸带能源活动"（coastal energy activity）一词是指以下任何活动，①任何外大陆架的能源活动；②液化天然气的任何运输、转换、处理、转移或储存；③石油、天然气或煤炭的任何运输、转移或储存［包括但不限于通过第 33 编第 1502（10）节定义的"深水港"方式)］。需要符合的条件是：此类活动的进行、支持或促进需要并涉及任何设备或设施的选址、建造、扩

---

[1] 16 U.S.C. § 1453. Definitions (Section 304). (1).
[2] 16 U.S.C. § 1453. Definitions (Section 304). (2).
[3] 16 U.S.C. § 1453. Definitions (Section 304). (3).
[4] 16 U.S.C. § 1453. Definitions (Section 304). (4).

建或运营，以及存在任何技术要求，商务部部长决定其必须在某一沿岸州的海岸带内或附近进行此类设备或设施的选址、建造、扩建或运营。

就本款而言，任何设备或设施的选址、建造、扩建或运营，如对任何沿岸州的海岸带有重大影响或可能产生重大影响，则该设备或设施的选址、建造、扩建或运营应"靠近"该海岸带①。

（6）能源设施

"能源设施"（energy facilities）一词是指正在或者将被主要用于以下用途的任何设备或者设施：① 任何能源的勘探、开发、生产、转换、储存、转移、加工或运输；②制造、生产或装配与①项所述任何活动有关的设备、机械、产品或设备。

该术语包括但不限于：①发电厂；②炼油厂和相关设施；③气化厂；④用于运输、转换、处理、转移或储存液化天然气的设施；⑤铀浓缩或核燃料处理设施；⑥石油和天然气设施，包括平台、装配厂、储存库、罐区、船员和供应基地以及炼油厂；⑦包括深水港在内的石油输送设施；⑧管道和输送设施；⑨与上述任何设施相关联的码头②。

该法同时对"可执行的政策"进行了界定。"可执行的政策"（enforceable policy）一词是指通过宪法规定、法律、法规、土地使用计划、法令或司法裁判或行政决定等具有法律约束力的国家政策，国家通过这些政策对海岸地区的私有和公有土地和水的使用以及自然资源实行控制③。

（7）河口

"河口"（estuary）一词是指河流、溪流或其他水体的一部分，其与外海有着不受损害的联系，在那里海水被陆域来水产生的淡水稀释。本术语包括五大湖的河口型地区（estuary-type areas of the Great Lakes）④。

（8）河口保护区

"河口保护区"（estuarine sanctuary）一词是指一个研究区域，其包括河口的任何部分或全部，以及在该河口内、河口附近或毗邻河口的任何岛屿、

---

① 16 U.S.C. § 1453. Definitions (Section 304). (5).
② 16 U.S.C. § 1453. Definitions (Section 304). (6).
③ 16 U.S.C. § 1453. Definitions (Section 304). (6a).
④ 16 U.S.C. § 1453. Definitions (Section 304). (7).

过渡区和高地，并在可行的范围内构成一个自然单元，留出给科学家和学生在一段时间内研究区域内的生态关系[1]。

（9）基金

"基金"（Fund）一词是指根据《美国法典》第1456a条（b）款设立的海岸带管理基金（Coastal Zone Management Fund）[2]。

（10）土地利用

"土地利用"（land use）一词是指在海岸带内或海岸带上进行的活动，但须符合《美国法典》第1456条（g）款概述的要求[3]。

（11）当地政府

"当地政府"（local government）一词是指任何（全部或部分）位于或有权管理沿岸州海岸带的政治分支机构或由该州设立的特别实体，并且有权征税或设立和收取使用费，或提供全部或部分由税收或使用费资助的任何公共设施或公共服务。该术语包括但不限于任何学区、消防区、交通局和其他任何特殊用途区域或当局[4]。

（12）管理方案

"管理方案"（management program）一词包括但不限于国家根据《美国法典》规定编制和通过的以文字、地图、图表或其他传播媒介为载体的综合性说明，阐述指导公共和私人使用海岸带土地与水域的目标、政策和标准[5]。

（13）外大陆架能源活动

"外大陆架能源活动"（outer continental shelf energy activity）一词是指在外大陆架［定义见第43编第1331条（a）款］勘探、开发或生产石油或天然气，或直接根据勘探开发或生产的需要进行任何新的或扩建的能源设施的选址、建造、扩建或运营[6]。

（14）主体

主体（Person）一词是指：①任何个人；②根据任何州的法律组织或存

---

[1] 16 U.S.C. § 1453. Definitions (Section 304). (8).
[2] 16 U.S.C. § 1453. Definitions (Section 304). (9).
[3] 16 U.S.C. § 1453. Definitions (Section 304). (10).
[4] 16 U.S.C. § 1453. Definitions (Section 304). (11).
[5] 16 U.S.C. § 1453. Definitions (Section 304). (12).
[6] 16 U.S.C. § 1453. Definitions (Section 304). (13).

在的任何公司、合伙企业、协会或其他实体；③联邦政府；④任何州、地区或地方政府；⑤任何此类联邦、州、地区或地方政府的任何实体①。

(15) 公共设施和公共服务

"公共设施和公共服务"（public facilities and public services）一词是指全部或部分由任何国家或其政治分支机构资助的设施或服务，包括但不限于公路和二级公路、停车场、公共交通、码头、助航设施、消防和警察保护、供水、废物收集和处理（包括排水）、学校和教育、医院和医疗保健。该术语还可包括商务部部长认为应该予以提供资金的其他任何设施或服务，这些设施和服务将能够支持人口增长②。

(16) Secretary

"Secretary"一词是指商务部部长（Secretary of Commerce）③。

(17) 特殊区域管理计划

"特殊区域管理计划"（special area management plan）是指规定保护自然资源和合理的海岸依赖型经济增长的综合性计划，包括详细和全面的政策说明、指导公共和私人使用土地和水域的标准与准则，以及在海岸带特定地理区域的即时实施机制④。

(18) 用水

"用水"（water use）一词是指在海岸带内的水中或水上进行的使用、活动或项目⑤。

4.3 背景意义和目标原则

美国《海岸带管理法》以较大的篇幅阐述了立法背景、立法意义和目标原则，有利于增进管理部门工作人员和全体社会公众的海岸带科学知识，也有助于该法的实施，进而保护海岸带资源环境、促进海岸带可持续发展。

---

① 16 U.S.C. § 1453. Definitions (Section 304). (14).
② 16 U.S.C. § 1453. Definitions (Section 304). (15).
③ 16 U.S.C. § 1453. Definitions (Section 304). (16).
④ 16 U.S.C. § 1453. Definitions (Section 304). (17).
⑤ 16 U.S.C. § 1453. Definitions (Section 304). (18).

4.3.1 背景意义

《美国法典》第 16 章第 1451 条"国会调查结果"即（《海案带管理法》第 302 节）详细阐述了《海岸带管理法》的背景意义。

1）海岸带的有效管理、有效利用、保护和发展符合国家利益。

2）海岸带蕴藏着丰富的自然资源、商业资源、休闲资源、生态资源、工业资源和美学资源，对国家当前和未来福祉具有直接和潜在的价值。

3）随着人口增长和经济发展，海岸带土地和水域的使用需求日益增加与相互竞争，包括工业、商业、住宅开发、娱乐、矿产资源和化石燃料的开采、交通与航运、废物处理的需求。鱼类、贝类和其他海洋生物资源的捕捞将导致海洋生物资源和富营养海区面积的减少，对生态系统造成不可逆转的负面影响。此外，还将导致可供公众使用的开放空间减少、海岸线侵蚀等问题。

4）海岸带生境及生活在其中的鱼类、贝类等海洋生物资源在生态上是脆弱的，极易受到人类活动的破坏。

5）对所有公民福祉至关重要的海岸带生态、文化、历史和美学价值正在受到不可逆转的损害或丧失。

6）粮食、能源、矿产、国防、娱乐、废物处理、运输及工业活动的需求，给五大湖区、领海、专属经济区和外大陆架带来压力，亟须解决沿海和海洋水域的用途与价值之间的相互冲突。

7）特殊的自然风光和特色景观正因不合理的规划开发而受到破坏，其价值受到威胁。

8）鉴于相互竞争的需求以及重点保护海岸带自然系统的迫切需要，目前美国国家和地方在规划与管理海岸带土地及水资源使用方面的体制存在不足。

9）更有效地保护和利用海岸带土地与水资源的关键，在于鼓励美国各州对海岸带土地和水域行使充分的权力，通过协助各州与联邦和地方政府及其他重大利益相关方达成合作，共同订立海岸带土地和水资源的使用规划，包括统一的政策、准则、标准、方法和用于处理超过地方界限的土地和水资源利用问题的流程。

10）通过提供联邦财政援助，满足州和地方由于海岸带或影响海岸带的新的或扩大的能源活动而产生的需要，将促进实现更大程度的能源自给自足的国家目标。

11）海岸带的土地利用以及海岸带邻近土地的利用，可能对沿海水域和生境的质量产生重大影响，必须加强控制土地利用活动造成的沿海水污染。

12）由于全球变暖可能导致海平面大幅上升，并对海岸带产生严重的负面影响，沿岸州必须预见这种情况的发生且制定相应的对策。

13）由于沿岸州靠近和依赖海洋及其资源，它们在保护、管理和开发专属经济区的资源方面拥有重大利益。只有沿岸州积极参与所有相关的联邦方案，并在适当情况下将国家海洋资源计划作为其联邦批准的海岸带管理方案的一部分，这些资源才能提供服务[①]。

4.3.2　目标原则

《美国法典》第 16 章第 1452 条"国会政策声明"（第 303 节）指出了《海岸带管理法》的目标原则。

1）保存、保护、开发并在可能的情况下使之恢复与增值，以供今世与后代的使用。

2）鼓励和协助各州在充分考虑生态、文化、历史、美学价值与经济协调发展需要的前提下，通过制定和实施管理方案，有效地履行其在海岸带的责任，以实现海岸带土地和水资源的合理利用。需满足以下条件：①保护海岸带内的自然资源，包括湿地、河漫滩、河口、海滩、沙丘、堰洲岛、珊瑚礁、鱼类和其他野生动物及其栖息地；②应尽量减少开发易受洪水、风暴潮、地质灾害和侵蚀的地区及可能受海平面上升、地面沉降和咸水入侵影响的地区，以及由于海滩、沙丘、湿地和堰洲岛等自然保护区受到破坏而造成的生命财产损失；③海岸带开发管理应改善、保障和恢复沿海水域的质量，并保护其自然资源和水域的现有用途；④优先考虑沿海依赖用途，有序推进国防、能源、渔业、娱乐、港口、交通等重大设施建设，并最大限度地使新型商业和工业的选址落在已有相关发展的地区或邻近地区；⑤公众有权进入海岸进行

---

① 16 U.S.C. § 1451. Congressional findings (Section 302).

娱乐活动；⑥协助重建日益恶化的城市滨水区、港口和环境敏感区，恢复海岸带的历史、文化和美学特色；⑦协调和简化程序，以提升政府对海岸带资源管理的决策速度；⑧保持与相关联邦机构的协商和协调，并充分考虑其意见；⑨确保公众和地方政府的知情权，并有机会参与海岸带管理决策；⑩支持对海洋生物资源的全面规划、保护和管理，包括规划海岸带内污染控制和水产养殖设施的选址，促进州与联邦海岸带管理机构、州和野生动物机构之间的联系；⑪在商务部部长准许的情况下，研究和制定计划以处理地面沉降和海平面上升对海岸带造成的不利影响。

3）鼓励制定特殊区域管理方案，在保护重要自然资源，合理的沿海依赖经济增长，可能受地面沉降、海平面上升或大湖水位波动影响的危险地带的人们的生命财产安全等方面有更加具体的规定，提高政府决策的可预测性。

4）鼓励公众、州和地方政府、州际机构和其他地方机构，以及制定海岸带发展计划的联邦机构互相合作，以实现法典的立法目的。

5）鼓励联邦、州和地方的相关机构以及国际组织在收集、分析、整合与传播海岸带管理信息、研究成果和技术援助等方面进行协调与合作，以支持州和联邦在涉及美国沿海和海洋资源管理上的土地利用行为。

6）为应对影响海岸带环境和资源管理的不断变化的情况，鼓励各州考虑用海方式等可能影响海岸带的问题[①]。

4.4　海岸带保护与改善计划

美国《海岸带管理法》重点通过设立"海岸资源改善计划""沿岸水域的保护""国家河口研究保护区系统"来保护海岸带资源、改善海岸带环境、以及保护海岸带生物多样性。

4.4.1　海岸资源改善计划

《美国法典》第16章第1455a条（第306A节）对"海岸资源改善计划"

---

① 16 U.S.C. § 1452. Congressional declaration of policy (Section 303).

（Coastal resource improvement program）进行了详细的规定。

（1）相关定义

《海岸带管理法》规定，就本条款而言：

1）"符合条件的沿岸州"（eligible coastal state）系指根据在有相应经费的任何财年内满足以下条件：①州海岸带管理方案已根据《美国法典》第1455条获批；②商务部部长认为，在实现《美国法典》第1452条第（2）款（A）~（K）项的各项海岸管理目标的活动中，该州正取得可喜进展。

2）"城市滨水区和港口"（urban waterfront and port）一词是指人口稠密、用于或曾用于城市居民娱乐、商业、航运或工业目的的任何发达地区。

（2）资源管理改善补助金（Resource Management Improvement Grants）

商务部部长可向任何符合条件的沿岸州提供拨款，以协助该州实现下列一项或多项目标：

1）特殊区域的保护或恢复：因其娱乐、生态或美学保护价值，根据《美国法典》第1455条（d）款第（9）项要求的管理程序指定的区域；或包含一种或多种具有国家意义的海岸带资源；或为恢复和加强贝类生产，在公共礁区进行购买和分销活动。

2）对由于环境恶化和未充分发展而在州海岸带管理计划中被指定为特别关注区域的城市滨水区和港口进行重新开发。

3）允许公众进入公共海滩和其他公共地带及沿岸水域。

4）制定州级机构间的协调程序，用于管理和颁发海岸带水产养殖许可证。

（3）补助金的用途、条款和条件

1）根据本条款规定提供的补助金，均须受适用条款及条件所规限，以确保符合本条款的目的。

2）根据本条款规定，补助金可用于以下用途：①取得土地使用权及其他权益。②符合本节目的且经秘书处许可的低成本建设项目，包括但不限于公路、走道、栅栏、公园和历史建筑的修复，但用于此类建设项目的资金不得超过根据本节授予的任何补助金的50%。

3）根据本条（b）款第（2）项拨付的补助金，可用于以下用途：①修复或收购码头，以促进包括兼容性商业活动在内的公共用途；②制定海岸线稳固措施，包括为确保公众出行安全而安装或修复舱壁；③移走或更换桩基，以促进城市滨水地区的休闲娱乐使用。此外，本款规定的活动，不得视为受②项限制的建筑工程。

4）工程设计、规范和其他有关报告。

5）教育、宣传和管理费用以及商务部部长认为符合本条款目的的其他相关费用。

（4）州拨款配额、比例和最高拨款金额

1）商务部部长可向任何沿岸州提供补助金，用于实施相应项目或实现相应目的，前提是该州根据适用财年联邦与州的下列供款比例匹配任何此类拨款：1986 财年的拨款比例为 4∶1；1987 财年为 2.3∶1；1988 财年为 1.5∶1；1988 财年之后的比例为 1∶1。

2）根据本条款规定提供的补助金，沿岸州可用于支付其在任何其他符合本条款规定目的联邦计划中所需的费用份额。

3）在任何财年，根据本条款规定向任何符合条件的沿岸州提供的补助金总额不得超过为执行本条规定而拨出的该财年补助金总额的 10%。

（5）向当地政府和其他机构提供补助金

经商务部部长批准，符合条件的沿岸州可向当地政府、区域机构、地方机构或州际机构分配本条款规定下的任何补助金的一部分，但应确保该州拨付的任何资金须用于促进已批准州管理方案的责任。

（6）其他技术和财政援助

除根据本条款规定提供补助金外，商务部部长还应协助符合条件的沿岸州及当地政府确定并获得与本条款规定目标相关的其他技术援助和财政援助。

4.4.2 沿岸水域的保护

《美国法典》第 16 章第 1455b 条对"沿岸水域的保护"（Protecting coastal waters）进行了详细的规定。就水质而言，陆地过程和水域过程同样重要。非点源污染（或径流污染）被认为是对沿岸水域最大的威胁。海岸非点源污染控制计划由 NOAA 与美国环境保护署（Environmental Protection Agency, EPA）联合管理，于 1990 年根据《海岸带法再授权修正案》第 6217 条设立，目标是减少沿岸水域的径流污染。此外，该项目具有强制性，凡加入国家海岸带计划的沿岸州均须设立海岸非点源污染控制项目。

（1）总体规定

1）方案制定。在第1455b条（g）项"海岸非点源污染控制指南"发布之日起的30个月内，根据1972年《海岸带管理法》第306节（即《美国法典》第16章第1455条），批准管理方案的每个沿岸州应编制一份《海岸带非点源污染控制计划》，并提请商务部部长和环境保护署署长审核，目的是与其他州和地方当局密切合作，制定和实施非点源污染管理措施，以恢复和保护沿岸水域。

2）方案协调。依据第1455b条制定的州级方案应与第33章第1288、1313、1329和1330条制定的州和地方水质计划和方案，以及根据经修订的1972年《海岸带管理法》制定的州级计划密切协调。由于该节项下的计划涉及影响沿岸水域的陆水利用，应作为根据第33章第1329条制定的国家非点源管理计划的更新和扩展。

（2）方案内容

第1455b条下的州级方案至少应规定按照本条款第（g）项发布的"沿岸非点源污染控制指南"实施管理措施，以保护沿岸水域，并应包含以下内容：

1）确定土地用途。确认和持续确认土地用途，有些用途（个别或累积地）可能导致或促成以下情况水质环境的恶化：①根据沿岸州水质规划程序，未能达到或维持适用水质标准或未能保护其指定用途的沿岸水域；②由于新污染源或扩展污染源污染负荷增加，受到可预见威胁的沿岸水域。

2）确定关键海岸地带。确认和不断确认与第1）款①项和第②项所述的沿岸水域毗邻的关键海岸地带，在这些区域，任何新型土地利用或现有土地利用的大幅扩展，均须受管理计划和"沿岸非点源污染控制指南"的规定所限制。

3）管理措施。为达到和维持第33章第1313条适用的水质标准并保护指定用途，应不时实施和持续修订适用于第1）款和第2）款中确定的土地利用和区域额外管理措施。

4）技术援助。向地方政府和公众提供技术援助及其他援助，以执行第

3）款所述措施，其中可能包括协助制定法令法规、技术指导和模型，以预测和评估此类措施、培训、财政奖励及示范工程和其他创新的有效性，以保护沿岸水质与指定用途。

5）公众参与。公众有机会参与计划的各个方面，包括使用公告和发表意见、任命程序、听证会、技术援助和财政援助、公共教育及其他方面。

6）行政协调。通过项目联合审查、协议备忘录或其他机制，改善州级机构之间，以及负责州和地方土地利用计划和许可、水质许可和执行、生境保护、公共卫生安全的官员之间的协调。

7）国家海岸带边界修正。为执行根据第1455b条（e）项"海岸带边界审查"提出的建议，有必要根据州海岸带管理机构的决定修正海岸带边界。如果海岸带管理机构无权进行修正，则计划应包括向州政府提出的相关修正建议。

（3）方案的提交、批准和实施

1）审批。州政府在第1455b条规定提交方案之日起的6个月内，商务部部长和环境保护署署长应共同审查该计划。若满足下列条件，则该计划可审批通过：①商务部部长确定其拟批准的部分内容符合本节规定且环境保护署署长同意该决定；②环境保护署署长确定其拟批准的部分内容符合本节规定且商务部部长同意该决定。

2）获批方案的实施。沿岸州的州级方案按照第1）款获得批准，该州应通过以下途径实施该计划，包括根据第1455b条（b）项纳入该计划的管理措施：①根据第33章第1329条批准的州非点源污染控制计划变更；②根据经修订的1972年《海岸带管理法》第306节制定的州海岸带管理计划的变更。

3）扣留海岸管理补助金。若商务部部长发现沿岸州未能按照本节规定提交一个可获批的计划，则应从根据1972年《海岸带管理法》第306节向该州提供的财年补助金中扣除一部分（比例如下），直至该州提交合格的计划为止：①1996财年为10%；②1997财年为15%；③1998财年为20%；④1999财年及以后各财年为30%。商务部部长应将根据本款扣留的资金提供给其方案已被批准的沿岸州。

4）扣留水污染控制补助金。若环境保护署署长发现沿岸州未能按照第1455b条规定提交一个可获批的计划，则应从根据第33章第1329条向该州提供的财年补助金中扣除一部分，扣除数额相当于上一财年授予该州的补助金的百分比例如下，直至该州提交合格的计划为止：①在 1996 财年，为 1995 财年授予金额的 10%；②在 1997 财年，为 1996 财年授予金额的 15%；③在 1998 财年，为 1997 财年授予金额的 20%；④在 1999 财年及其后的每个财年，为 1998 财年或上一财年授予金额的 30%。环境保护署署长应将根据本款扣留的款项提供给其方案已被批准的沿岸州。

(4) 技术援助

商务部部长应向沿岸州和地方政府提供技术援助，以制定和实施本节规定的计划，包括：①与沿岸土地利用有关的水质影响的评估方法；②海岸带开发对水质的累积影响的评估方法；③维持和不时修订示范条例清单，并在确定、制定与实施污染控制措施方面向沿岸州和地方政府提供其他援助；④预测和评价海岸带土地利用管理措施对海岸带水质及指定用途的影响的方法。

(5) 内陆海岸带边界

1) 审查。商务部部长应与环境保护署署长协商，在 1990 年 11 月 5 日起的 18 个月内，审查已根据 1972 年《海岸带管理法》第 306 节批准或拟批准的每个沿岸州的方案的内陆海岸带边界，并评估该州海岸带边界是否有必要向内陆延伸到控制对该州沿岸水域有重大影响的陆水利用的程度。

2) 建议。若商务部部长与环境保护署署长协商，认为有必要修改一州海岸带内陆边界，使该州能够更有效地管理土地和水的使用以保护沿岸水域，则商务部部长与环境保护署署长应协商以书面形式向该州建议进行适当修改。

(6) 财政援助

1) 总体规定。若一州提交的海岸带管理计划已根据 1972 年《海岸带管理法》第 306 节获批[1]，则应其请求，商务部部长与环境保护署署长商议后可向该州提供资金，用于制定非点源污染控制实施措施。

2) 金额。根据本项向沿岸州提供的补助金款额不得超过根据本节制定非点源污染控制方案总成本的 50%。

3) 州份额。据本项授予的活动费用中的州份额应由非联邦来源的款项

---

[1] 16 U. S. C. § 1455. Administrative grants (Section 306).

支付。

4）分配。根据本项可用作补助金的款额，须按照根据 1972 年《海岸带管理法》第 306 节第（c）款颁布的规例在各州之间分配，但商务部部长可与环境保护署署长商议，将不超过补助金款额 25% 的资金用于资助在根据本节编制州级方案方面正在取得示范性进展或对沿岸水质有极端需求的州。

(7) 沿岸非点源污染控制指南

1）总体规定。环境保护署署长应与商务部部长、美国鱼类和野生动物管理局局长及其他联邦机构协商，发布（并在此后定期修订）指导方针，明确沿岸水域非点源污染源的管理措施。

2）内容。根据本项提供的指南至少应包括：①一系列方法、措施或实践的描述，包括构成每项措施的结构和非结构控制以及操作和维护程序；②对各项措施可能适用的活动和地点的类别及子类别进行说明；③确定可能受本办法控制的单个污染物或者污染物的种类、类别以及本办法对水质的影响；④定量估计减少污染的效果和措施的成本；⑤说明在采取措施时应考虑哪些因素，以及适用具体地点；⑥配合措施的任何必要的监测技术，以评估措施随着时间的推移在减少污染负荷和改善水质方面的成效。

3）公开。环境保护署署长在与商务部部长协商后，须公开结果：①在 1990 年 11 月 5 日起的 6 个月内根据本项提供的指导意见；②在 1990 年 11 月 5 日起的 18 个月内根据本项提供的最终指导。

4）通知和评价。环境保护署署长应向沿岸州和其他利益相关人士提供一个就根据本款提出的指导意见提出书面意见的机会。

5）管理措施。就本项而言，"管理措施"（management measures）一词是指为控制现有和新的非点源类别的污染物的增加而采取的经济上可行的措施，它反映了通过应用最佳非点源污染控制实践、技术、工艺、选址标准、操作方法或其他替代方法能减少污染物的最大限度。

(8) 拨款授权

1）环境保护署署长。授权环境保护署署长在 1992、1993 及 1994 财政年内，每年发放的补助金款额不超过 100 万美元以执行相关规定。

2）商务部部长。①根据经修订的 1972 年《海岸带管理法》第 318 节（A）款第（4）项，秘书处在财年内执行本节所用的资金不得超过 100 万美元，但以补助金形式的除外。②授权秘书处，用以根据本节第（f）款以补助金形式提供的金额不超过——Ⅰ.1992财年为600万美元；Ⅱ.1993财年为1200万美元；Ⅲ.1994财年为1200万美元；Ⅳ.1995财年为1200万美元。

（9）相关定义

在本节中，"Administrator"是指环境保护署署长；"沿岸州"（coastal state）一词的含义与1972年《海岸带管理法》（16 U.S.C.1453）第304节中的含义相同；"沿岸水域"（coastal waters）和"海岸带"（coastal zone）的含义与1972年《海岸带管理法》中的含义相同；"海岸管理机构"（coastal management agency）是指根据1972年《海岸带管理法》第306节（d）款第（6）项指定的州级机构；"land use"一词包括与沿岸水域相邻的水域的利用；"Secretary"一词是指商务部部长。

4.4.3 国家河口研究保护区系统

《美国法典》第16章第1461条（第315节）对国家河口研究保护区系统（the National Estuarine Research Reserve System，NERRS）作了详细的规定。国家河口研究保护区系统是NOAA和沿岸州之间的伙伴关系计划。该网络由29个保护区组成，覆盖面积达130多万英亩①，用于保护和研究指定的河口地区。

（1）建立国家河口研究保护区系统

建立国家河口研究保护区系统（简称"系统"），包括：①1986年4月7日前根据本条规定指定的各河口保护区；②根据本条（b）款指定为国家河口保护区的河口区域。第①项所述的河口保护区在此即为国家河口保护区。

（2）国家河口保护区的划定

1986年4月7日后，如有下列情况，商务部部长可将该河口地区划定为国家河口保护区：①所在沿岸州州长指定该河口地区为国家河口保护区；②秘书处发现：Ⅰ.该区域是一个典型的河口生态系统，适合长期研究和有助于维持系统的生物地理和类型平衡；Ⅱ.沿岸州法律对保护资源提供长期

---

① 1英亩≈4046.86平方米。

保护，提供稳定的研究环境；Ⅲ. 指定该地区为保护区将有助于提高公众对河口地区的认识和了解，并为公众提供适当的科普教育机会；Ⅳ. 所在沿岸州已遵守商务部为执行本节而颁布的任何条例的要求。

(3) 河口研究指南

《海岸带管理法》规定，商务部部长应为系统内的研究制定指导方针，包括：①一种机制，用以确定应通过系统内协调研究解决的海岸带管理问题，并确定这些问题的优先级顺序；②确立共同的研究原则和目标，指导项目研究进展；③建立统一的研究方法，以确保数据的可比性、研究结果的最广泛应用以及最大限度地适用于研究目的；④建立绩效标准，以衡量研究工作的有效性和系统内储备在解决第①款所述海岸带管理问题方面的价值；⑤考虑为河口研究提供更多的资金来源，以及鼓励在系统内使用这些资金的战略，特别强调根据本条（d）款建立的机制。在制定本指南时，商务部部长应咨询河口研究界权威专家的意见。

(4) 促进和协调河口研究

商务部部长应采取必要行动，促进和协调系统研究，包括：①要求NOAA在进行或支持河口研究时，优先考虑使用该系统的研究；②与其他联邦和州级机构协商，在进行河口研究时，以系统内的一个或多个保护区为研究对象。

(5) 财政援助

1）商务部部长可据其颁布的规章制度进行拨款。①沿岸州。Ⅰ. 获取土地和水域及其中的任何财产权益，以确保对国家河口保护区进行适当的长期管理；Ⅱ. 为经营或管理国家河口保护区，建造适当的保护设施；Ⅲ. 进行科普教育活动。②向为支持国家河口保护区内符合本条（c）款制定的研究指南的研究和监测的公众或个人提供补助。

2）根据第1）款提供的财政援助，应遵守商务部部长认为保护美国国家利益所必需或适当的条款和条件，包括要求沿岸州签署相关的所有权文件，列明国家在获得此类财政援助的全部或部分土地和水域中的财产权益。

3）根据第1）款①Ⅰ. 项就任何一个国家河口保护区取得土地及水域或其权益而提供的财政援助，其款额不得超逾土地、水域及其权益的50%或5 000 000美元，以款额较低者为准。根据第1）款①Ⅱ. 和Ⅲ. 项以及第1）

款②项提供的财政援助,款额不得超过为实现上述各款所述与储备相关的目的而产生的费用的70%。但根据第1）款①Ⅲ.项提供的财政援助款额,可高达使整个系统受益的任何活动费用的100%。除了上述规定,根据本项提供的财政援助,可用于支付在援助下进行活动的100%的费用。

（6）系统功能评估

《海岸带管理法》规定：①商务部部长应对每个州的河口保护区的运营管理进行定期评估,包括科普教育活动及保护区内正在进行的研究。②如根据第①项作出的评估显示该保护区的运作及管理欠妥,或在保护区内进行的研究不符合根据第1461条（c）款制定的研究指南,商务部部长可暂停根据本节第（e）小节对该州进行的财政援助,直至整改成功。③如根据第①项所作的评估显示以下情况,则商务部部长可撤回对该区域为国家河口保护区的划定：Ⅰ.根据第1461条（b）款第（2）项就该区域作出的任何一项或多项调查结果的依据不再存在；Ⅱ.在一段时间内,该区域内进行的研究的很大一部分与根据第1461条（c）款制定的研究指南不一致。

（7）报告

商务部部长应在《美国法典》第1462条要求的报告中包括以下信息：①新近划定的国家河口保护区；②现有国家河口保护区的任何扩建；③系统内正在进行的研究项目的状态；④根据本节第（f）项所作的评估摘要"[1]。

4.5 财政金融与激励机制

《海岸带管理法》通过对沿岸州海岸带管理的拨款资助、海岸带管理基金制度、海岸带强化的拨款资助、拨款授权、设立海岸带管理优秀奖励等规定,运用财政金融与市场化激励机制加强各沿岸州的海岸带管理。

4.5.1 对沿岸州海岸带管理的拨款资助

"国家海岸带管理项目"通过鼓励沿岸州和地区与联邦政府建立自愿合

---

[1] 16 U.S.C. § 1461. National Estuarine Research Reserve System (Section 315).

作的伙伴关系，制定和实施针对各自管辖范围内的海岸带管理计划，以全面解决国家海岸带问题。《海岸带管理法》允许各州根据当地环境情况用不同的方法定义海岸带，因为地理位置的原因，佛罗里达州的海岸带管理计划包括了整个州，其他州也明确规定了海岸带界限范围（郭振仁，2013）。

1976 年，NOAA 通过了第一个州海岸带管理计划——华盛顿州计划；2011 年 7 月，阿拉斯加州成为第一个也是唯一一个在其管理计划到期后退出自愿性质的国家海岸带管理计划的沿岸州；2012 年，NOAA 通过了伊利诺伊州的管理计划，至此总共有 34 个沿岸州加入国家海岸带管理计划。如上文提到，各州都是在完全自愿的基础上参与国家海岸带管理项目，主要的激励措施是联邦财政资助和联邦一致性原则。其中，对沿岸州海岸带管理的拨款资助细则如下。

(1) 授权以及配套资金

《美国法典》第 16 章第 1455 条（第 306 节）对行政拨款（Administrative grants）作了规定。商务部部长可向任何符合条件的沿岸州提供补助金，以实施该州的管理计划，前提是按照下列比例匹配适用年度的财政拨款：①在 1990 年 11 月 5 日之前报批州海岸带管理计划，任何财年的出资比例为 1∶1。②在 1990 年 11 月 5 日之后报批的州海岸带管理计划，第一个财年的出资比例为 4∶1，第二个财年为 2.3∶1，第三个财年为 1.5∶1，此后每个财年为 1∶1。

(2) 向沿岸州拨款的要求

只有当商务部部长认为沿岸州的管理方案符合本章所有适用要求并已按照第 1455 条（d）款获得批准时，商务部方可根据第 1455 条（a）款向沿岸州拨款。

(3) 向沿岸州分配补助金

根据商务部颁布的规章制度，本节项下的补助金将分配给已得到批准的州海岸带管理计划，分配时应考虑到计划所针对的海岸带地区的覆盖范围、自然属性、区域人口数量及其他有关因素。在与沿岸州协商后，商务部应确定每一财年补助金的最高和最低款额，以促进沿岸州之间的平等和海岸带管理的有效性。

(4) 对州海岸带管理方案的规定

在批准沿岸州提交的管理方案之前，商务部部长应注意以下事项：

1）沿岸州已根据商务部部长颁发的规章制度，在相关联邦政府代表、州级政府代表、地方政府、区域组织、港务局和其他利益相关方（不论是私人的还是公众的）的参与下，制定并通过了州海岸带管理计划，符合本章目的和《美国法典》第 16 章第 1452 条的政策声明。

2）管理计划包括下列各项内容：①确定管理计划所涉及的海岸带范围。②厘定在海岸带内可能对水、陆利用产生直接和重大影响的建设活动。③清点和标识海岸带内的特别保护区域。④确定州提议对②项所述建设活动实行控制的手段，包括相关的州宪法条款、法律、法规和司法裁决。⑤确定关于特定区域利用优先次序的广泛准则，特别是最低优先次序的利用。⑥说明实施该管理计划的组织结构，包括当地政府、地方机构、州政府、区域机构和州际机构在管理过程中的职责和相互联系。⑦界定"海滩"，对公共海滩及其他具有环境、休闲、历史、美学、生态或文化保护价值的沿岸公共地带的利用进行规划。⑧对位于海岸带或可能对海岸带产生重大影响的能源设施进行规划，包括对此类设施可能产生的影响进行预期管理。⑨评估海岸线侵蚀影响，研究和评估如何控制或减轻海岸线侵蚀影响，以及恢复海岸带生态环境的方法。

3）沿岸州必须满足以下条件：①州管理方案与适用于该海岸带地区的地区方案、区域方案和州际方案相协调。②建立使第（6）款指定的管理机构与当地政府、州际机构、区域机构和地方机构之间进行协商和协调的有效机制，确保这些地方政府和机构的充分参与并实现本章的目的；若秘书处认为任何机制就本节而言不具效力，则属例外，除非规定：Ⅰ. 管理机构在执行任何与地方分区条例、决定或其他行动相抵触的管理方案决定之前，应通知受影响的任何地方政府；Ⅱ. 在收到通知之日起 30 天内，当地政府可向管理机构提交关于管理方案决定的书面意见和任何替代方案建议；Ⅲ. 若相关地方政府在 30 天内向管理机构提交了任何意见，则做如下行动，包括考虑其意见；酌情就其意见举行公开聆讯；在 30 天内不得采取执行管理方案决定的任何行动。

4）在制定州海岸带管理方案时举行了公开听证会。

5）管理方案及其任何变更均已由州长审查和批准。

6）州长已指定一个州级机构负责补助金的接收和管理。

7) 组织实施州海岸带管理方案。

8) 管理方案充分考虑了国家在海岸带规划和管理中的利益，包括能源设施等的选址。就能源设施而言，应考虑任何适用的国家或州际能源方案或计划。

9) 管理方案包括保护或恢复特定区域保护、娱乐、生态、历史、美学价值的程序。

10) 州有权通过其选定的一个或多个机构（包括地方政府、地方机构、地区机构或州际机构）依据管理方案对海岸带进行管理。具体权力包括：①管理土地和水的相关规定以控制开发，确保其符合州计划，并解决竞争用途之间的冲突；②必要时通过征收或其他方式，获取土地、水域和其他财产的绝对所有权和低于绝对所有权的收益，以实现与管理计划的一致性。

11) 管理方案提供了下列一种或多种在海岸带内控制土地用途和水用途的常规技巧：①州负责制定地方执行的规范和标准，接受行政审查和行政执法；②指导陆水利用的规划和管理；③任何州或地方当局或私人开发商提出的与所有开发计划、项目或陆水利用条例的管理计划一致性的州级行政审查，包括例外情况和差异，有权在公告后进行审批和决定是否举行听证会。

12) 管理方案应至少包含一种方法，以确保海岸带区域的陆水利用条例不会不合理地限制或排除具有区域效益的陆水利用途径。

13) 管理方案对以下内容作了规定：①对存在一种或多种具有国家意义的海岸带资源的区域进行清点和标识；②用以保护这些资源的具体和可执行的标准。

14) 管理方案规定在许可程序、一致性决定和其他类似决定方面公众享有参与权。

15) 管理方案须提供确保所有州级机构都遵守该方案的机制。

16) 管理方案应包含实施第1455条要求的州海岸非点源污染控制计划适用要求的可强制执行政策和机制。

(5) 州海岸带管理规划的修订

沿岸州可对已提交给商务部部长并根据第1455条获批准的管理计划进行修改或修订，但须符合下列条件：

1) 州政府应立即将任何拟议的修订、修改或其他计划变更通知秘书处，并提请审批。在州政府提交拟议的修正案、修改或其他计划变更之前，秘书处可暂停发放全部或部分补助金。

2）在商务部部长收到任何拟议修正案之日起的 30 天内，商务部部长应通知州政府部长该修正案是否审批通过，或是否有必要将对拟议修正案的审查延长至不超过商务部收到拟议修正案之日后 120 天。只有在满足 1969 年《国家环境政策法》（*National Environmental Policy Act of 1969*）（42 U.S.C. 4321 et seq.）的规定时，才可延长该期限。若商务部部长在该期限内未通知州政府部门修正案是否审批通过，则该修正案应被最终推定为已批准。

3）除另有规定外（商务部部长在初步确定根据本小节提交的拟议修订、修改或其他变更可能符合本节中的项目批准标准后，可允许州政府使用根据本节授予的资金开始实施拟议的修订、修改或变更），在尚未获得商务部核准的情况下，沿岸州不得将任何修正、修改或其他变更作为其已通过管理方案的一部分[①]。

4.5.2 海岸带管理基金

美国《海岸带管理法》第 16 章第 1456a 条（第 308 节）创立了"海岸带管理基金"制度，具体内容如下：

1）任何沿岸州或地方政府单位根据第 1456a 条规定须在 1990 年 11 月 5 日前偿还贷款的义务，以及根据本章规定在 1990 年 11 月 5 日前偿还贷款的要求，均不因本章的任何规定而改变。该等贷款须根据本款的授权偿还，商务部部长可就该等偿还制定规例。如果沿岸州或地方政府单位由于沿海能源活动及相关设施增加劳动力成本造成收益不足，而无法在规定时间内履行还款义务，商务部部长应在审查该州或该单位提交的资料后，应采取下列行动：①修改贷款条款；② 再融资贷款；③建议国会通过立法来免除贷款。

2）根据本款所作的贷款偿还，须由商务部部长保留并抵消收款，存入根据本节（b）款设立的海岸带管理基金。

3）商务部部长须设立并运营"海岸带管理基金"，基金由根据本节（a）

---

① 16 U.S.C. §1455. Administrative grants（Section 306）.

款存入基金的款项,以及根据本章第 1456 条（Ⅰ）(3) 项存入基金的款项组成。

4）除拨付法定款项外,基金内的款项须供秘书处作以下用途:①与本章管理有关的费用,在 1997、1998 和 1999 财年中,每一财年的金额不得超过:Ⅰ.400 万美元;或Ⅱ.本章规定的财年拨款总额的 8%。②根据①项使用基金后,可用于以下项目:Ⅰ.解决区域性管理问题的项目,包括州际项目;Ⅱ.在改善海岸带管理方面大有潜力的示范项目,尤其是在地方一级;Ⅲ.向州海岸带管理机构提供紧急拨款,以处理意外情况或应对自然灾害;Ⅳ.本章第 1460 条规定的海岸带管理优秀奖;Ⅴ.向沿岸州提供财政支持,用于公益信托的调查和实施,以实施根据本章第 1455 条批准的州计划①。

4.5.3　海岸带强化的拨款资助

为鼓励州和地方改进海岸带管理方案,《美国法典》第 16 章第 1456b 条（第 309 节）规定了海岸带强化项目（The Coastal Zone Enhancement Program）的拨款资助。其重点放在九个强化领域:湿地、沿海灾害、公共通道、海洋废弃物、累积和二次影响、特别区域管理计划、海洋和大湖区资源、能源和政府设施选址、水产养殖②。

(1)"海岸带强化目标"的定义

"海岸带强化目标（Coastal zone enhancement objective）"包括下列目标:①保护、恢复或改善现有海岸湿地,或建立新的海岸湿地。②通过减少在灾害高发地进行开发和再开发活动的方式,防止或显著降低对生命的威胁和对财产的破坏,管理其他灾害发生地的开发活动,预测和管理潜在海平面上升和五大湖水平面上升的影响。③根据现有的和未来的公众需求,增加公众进入具有休闲、历史、生态或文化价值的沿岸区域的机会。④通过对用途和活动的管理,减少海洋垃圾进入沿海和海洋环境。⑤开发和采取程序以评估、考虑和控制沿岸增长与发展的累积和次要影响,包括对滨海湿地和渔业资源

---

① 16 U.S.C. §1456a. Coastal Zone Management Fund（Section 308）.
② https://coast.noaa.gov/czm/enhancement.

等沿海资源的各种私人用途或活动的综合影响。⑥为重要沿岸区域编制和实施特殊区域管理规划。⑦海洋资源利用规划。⑧采取程序和可实施政策帮助能源设施、政府设施及重要性可能高于地方的与能源有关的活动和政府活动选址。⑨采取程序和政策来评估公共和私人水产设施，为其选址，帮助州政府制定、管理和实施海洋水产的战略规划。

（2）拨款限额

根据第1456b条（第309节）的规定和所设目标，商务部部长可向沿岸州提供补助金，以资助其制定计划变更以实现一个及多个海岸带改善目标，并提交联邦批准。

除根据本章第1455条规定的任何金额外，在有拨款的情况下，商务部部长可根据本条规定向各州提供补助金，用于实施根据本章第1455条e款被批准的计划变更。本款项下用于实施计划变更的补助金，不得在部长批准该变更后的第二个财政年之后的任何财年内拨付。

（3）商务部部长对州级方案进行评价

商务部部长可对第1456b条下的各州筹资提案进行评估和区分等级，并根据这些提案和商务部部长根据第1456b条d款项制定的标准进行拨款。部长应确保根据第1456b条作出的资金提供决定考虑到提案州的财政和技术需要以及每项提案对公众利益的总体价值。

（4）商务部部长颁布条例

在1990年11月5日起的12个月内，根据本章第1463条中的通知和参与要求，部长应颁布关于海岸带改善计划的法规，以确定：①沿岸州必须达到的具体的和详细的标准（包括秘书处与该州协商后确定其优先需求），作为该州制定和执行"推动海岸带发展目标"的一部分；②必要的行政或程序规章，方便沿岸州完成目标；③其他必要或适当的奖励标准，以确保根据本条对提案的评价和授予资金的决定公平公正。

（5）无需州政府出资

根据第1456b条授予资金的任何提案，不应要求沿岸州分摊任何费用。

（6）资金

从1991财年开始，本章第1455a条下的补助金中，10%~20%的资金应由秘书处保留，用于执行第1456b条，每年最多不超过1000万美元。

(7) 资格以及因不合规而中止资助

若商务部部长认为某沿岸州没有根据补助金发放的规定条例采取行动，应暂停该州根据第1456b条获得进一步资助的资格至少一年[①]。

4.5.4 拨款授权

《美国法典》第16章第1464条（第318节）对拨款授权（authorization of appropriations）作出了明确的规定。

(1) 授权给商务部部长的款项

授权给商务部部长的款项，在支出前一直可用：

1）根据本章第1455条、1455a条、1456b条授予的款额为：①1997财年为4760万美元；②1998财年为4900万美元；③1999财年为5050万美元；

2）根据本章第1461条授予的款项为：①1997财年为440万美元；②1998财年为450万美元；③1999财年为460万美元。

(2) 限制

从其他来源收到的联邦资金，不得用于支付本章第1455条或第1456b条下沿岸州的费用份额。

(3) 将未承付的拨款归还到商务部以及可用的资金

根据本章任一条文的规定给予一州的拨款或拨款的一部分，如果该州在财政年度内或财政年度后第二个财政年度内没有承付，则该拨款款项或款项的一部分应返还给商务部。商务部须将该退回的款额加在根据本条可供拨付的款项上，因为该退回的款额原本是可供拨付的[②]。

4.5.5 海岸带管理优秀奖励

为了激励政府人员和研究人员加强海岸带管理，《美国法典》第16章第1460条（第314节）规定设立海岸带管理优秀奖（Walter B. Jones Excellence

---

① 16 U.S.C. § 1456b. Coastal Zone Enhancement Grants (Section 309).
② 16 U.S.C. § 1464. Authorization of appropriations (Section 318).

in Coastal Zone Management Awards)。

(1) 奖项设立

商务部部长应使用根据本章第1456a条规定设立的海岸带管理基金中的款项和可用于执行本章的其他款项（不包括为执行本章第1454条、第1455条、第1455a条、第1456b条、第1456c条和第1461条而拨付的补助金，通过评定和奖励在这一领域中的杰出成就来促进海岸带的有效管理。

(2) 年度评选

商务部每年应评选出：①除联邦政府雇员或官员外，对海岸带管理贡献最大的个人；②制定和实施海岸带管理方面取得重大进展的5个地方政府；③其学术研究将为开发新的或改进海岸带管理方法做出重大贡献的研究人员，不超过10名。

(3) 地方政府获奖提名征集

在根据本节第1460条b款第2项进行选拔时，商务部部长须向沿岸州征求提名，并须咨询地方政府土地规划及利用方面的专家的意见。

(4) 研究人员获奖提名征集

在根据第1460条b款第3项进行选择时，商务部部长须向沿岸州和国家海洋补助金学院项目（National Sea Grant College Program）征求提名。

(5) 奖金以及奖励类型

商务部部长设立海岸带管理优秀奖并发放奖励，包括：①每人不超过5000美元的现金奖励；②研究补贴；③公开的颁奖仪式[①]。

4.6 协调合作与技术援助机制

《海岸带管理法》规定了联邦与各沿岸州之间的协调与合作制度，该制度也被称为"联邦一致性"条款。此外，还规定了技术援助机制，具体内容如下。

---

① 16 U.S.C. § 1460. Walter B. Jones Excellence in Coastal Zone Management Awards（Section 314）.

4.6.1 协调与合作制度

《海岸带管理法》第 16 章第 1456 条（第 307 节）规定的合作制度（coordination and cooperation）被称为"联邦一致性"条款，赋予各州在联邦机构决策中强有力的发言权，使得各州在可能影响州海岸使用或资源的活动中具有发言权。联邦一致性条款是鼓励各州加入国家海岸带管理项目的一个主要因素，也是各州计划用于管理海岸活动和资源以及促进与联邦机构合作与协调的一个有力工具。具体内容如下。

(1) 联邦机构

在履行本章规定的职责时，商务部部长应与其他相关联邦机构协商、合作，并尽可能地协调其活动。

(2) 充分考虑联邦机构的意见

除非相关联邦机构的意见得到充分考虑，否则商务部部长不得批准根据本章第 1455 条规定提交的州海岸带管理方案。

(3) 联邦活动与州海岸带管理方案的一致性、总统豁免以及专业认证

1) A. 在海岸带内外进行的联邦机构活动，若影响海岸带内任何陆水利用或自然资源的，应在符合经批准的州海岸带管理方案的可执行政策的最大可行范围内进行。联邦机构活动应符合本款的规定，除非它符合第 2) 或第 3) 款的规定。B. 依据第 28 章第 1291 条或第 1292 条或其他任何适用联邦法律条款，若联邦法院判定某项联邦机构的活动不符合 A，且商务部部长认为根据第 1456 条 h 款进行的调解无效，则可进行申诉。若总统认为这项活动符合美国最高国家利益，则可根据商务部部长的书面请求，豁免该活动遵守州计划。除非总统在预算过程中要求特别拨款，而国会未能提供所要求的拨款，否则不得以拨款不足为由给予这种豁免。C. 执行第 1) 款所述活动的各联邦机构，应尽早向根据本章第 1455 条 d 款第 6 项指定的相关州级机构提供一致性证明，但不得迟于联邦活动最终批准前 90 天，除非联邦机构和州级机构在时间安排上意见不一。

2) 任何联邦机构在海岸带地区开展任何开发项目，均应确保该项目在符合经批准的州管理方案的可执行政策的最大可行范围内进行。

3）A. 在州海岸带管理方案获得商务部部长的最终批准后，任何申请获得在海岸带内外进行影响该州海岸带陆水利用或自然资源的活动的联邦许可证的申请人，应在向相关的许可证管理机构提交的申请书中附上鉴定书，以证明该项活动符合州管理方案的可执行政策要求，并且保证该活动将以与州管理方案保持一致性的方式进行。同时，申请人应当向州政府或者其指定的机构提供鉴定书副本，并提供一切必要的资料和数据。各沿岸州均应就所有此类鉴定书建立公告程序，并在适当情况下，制定与之相关的公开听证程序。州政府或其指定机构应尽快通知有关联邦机构州政府是否认可申请人的鉴定书。如果州政府或其指定机构在收到申请人的鉴定书副本后 6 个月内未进行通知，则默认州政府认可该项鉴定。在州政府或其指定机构未最终认可鉴定书的情况下，联邦机构不得授予许可证，除非商务部部长发觉或在申请人提出上诉后发现，在综合相关联邦机构和州政府的详细评价的基础上，该项活动符合本章目标或对国家安全利益具有重大意义。B. 任何沿岸州的管理方案根据本章第 1455 条在获得批准后，向商务部部长提交根据《外大陆架土地法》(*Outer Continental Shelf Lands Act*)（43 U. S. C. 1331 et seq. ）等相关法规在租赁区进行勘探、开发或生产计划的任何人，应在计划书中附上一份鉴定书，对于该计划中所述的任何勘探、开发或生产，以及影响该国海岸带的任何土地或水资源使用或自然资源的各项活动均符合该州已批准管理方案的可执行政策，并将以与该方案保持一致性的方式进行。在该州或其指定机构收到此类证明和计划书的副本以及任何其他必要的数据和信息之前，任何联邦部门或机构不得授予相关许可证；除非有以下情形：①该州或其指定机构，按照其根据 A 项规定应建立的程序，审查申请人的鉴定证明并将结果通报商务部部长和内政部长。②依据 A 项的规定，州政府认可该项证明即为最终推定，但如果该州政府在收到该项鉴定证明的副本及佐证资料后 3 个月内未进行表态，则州政府须向商务部部长、相关的联邦机构及申请人提供一份书面说明，说明审查状态和进一步延迟发布最终决定依据；若未提供此类书面声明，则应最终推定该州政府认可该项鉴定证明。③商务部部长认为，根据 A 项，该计划中详细说明的每项活动均符合本章的目标，或对国家安全具有重要意义。

如果州政府认可（或被最终推定为）认可该项鉴定证明，或商务部部长作出这样的裁决，则 A 项的规定不适用于该申请人、该沿岸州，以及进行影响该州海岸带地区陆水利用的任何活动所需的联邦许可证，相关许可证在同意书或调查结果适用的计划中有详细说明。若该州不认可该项证明，而商务部部长未能根据第③条就该项证明作出裁决，或该申请人实质上未能遵守所提交的计划，则该申请人应向内政部长提交该计划的修正案或新计划。就上述向内政部长提交的任何修正案或新计划，根据 A 项作出结论性推定予以同意的适用期限为 3 个月。

(4) 地方政府申请联邦援助，联邦活动与已核准州计划的关系

针对影响海岸带内外陆水利用和海岸带自然资源的其他联邦活动，州和地方政府申请联邦援助的，应呈现相关州级或地方机构对此类活动与已获得批准的州海岸带管理方案的关系。此类联邦援助申请应按照第 31 章第 6506 条的规定进行提交和协调。联邦机构不得批准与州海岸带管理方案的可执行政策不一致的拟议项目，除非部长认为该项目符合本章的目的或对国家安全具有重大意义。

(5) 与其他法律规定兼容

本章不得解释为：①削弱联邦或州政府在水资源、淹没土地或通航水域的规划、开发或控制的管辖权、责任或权利；或替换、取代、限制，或修改任何州际协议，或两个及以上的州和联邦政府依法成立的联合或共同机构的管辖权或责任；或限制国会授权和资助项目的权力。②取代、修改或废除适用于各联邦机构的现行法律；不影响美国和加拿大国际联合委员会（The International Joint Commission）、常设工程委员会（The Permanent Engineering Board）以及根据 1961 年 1 月 17 日在华盛顿签署的《哥伦比亚河流域条约》（*Columbia River Basin Treaty*）或美国和墨西哥国际边界和水委员会（The International Boundary and Water Commission, United States and Mexico）设立的一个或多个美国运营实体的管辖权、权力或特权。

其中，美国和加拿大国际联合委员会是指根据 1909 年《边界水域条约》（The Boundary Waters Treaty）第七条设立的委员会，或美国和加拿大指定接替该条约规定的委员会职能的任何机构。《哥伦比亚河流域条约》由美国和加拿大两国政府 1961 年签署，1964 年批准。该条约明确了美国和加拿大的权利与义务，确定了利益共享的范围和内容，并建立了平等分配、责任分担和

利益交换等多种利益共享模式。常设工程委员会（The Permanent Engineering Board）作为《哥伦比亚河流域条约》的常设机构，负责协调双方在技术或管理问题上出现的分歧。美国和加拿大通过水文气象委员会（The Hydro Metrological Committee）和运行调度委员会（The Operating Committee）制定运行调度等规则，确定双方分享的利益，并根据实际情况适时签署相关协议和补充协定，保证哥伦比亚河跨界水利益共享机制的有效运转，成为全球跨界河流中实现跨界水利益共享的成功典范（张长春和刘博，2017）。

（6）与空气和水污染治理方案的现行法规兼容

本章中的任何规定均不得以任何方式影响经修订的《联邦水污染控制法》或经修订的《清洁空气法》确立的任何条文，以及由联邦政府或任何州或地方政府根据上述法案确立的任何章程。此类要求应纳入根据本章制定的任何计划中，并应为适用于此类计划的水污染控制和空气污染控制要求。

（7）与影响内陆地区的项目保持一致

如果根据本章第1455条提交供审核或提议修改的任何州海岸带管理方案包括对海岸带的要求，这些要求也将受制于此后可能颁布的任何联邦支持的国家土地利用计划，则商务部部长在审核该计划之前，就影响该等内陆地区的海岸带管理方案的部分，须取得内政部部长或其他指定管理国家土地使用计划的联邦部门的同意。

（8）调解纠纷

若任何联邦机构与沿岸州之间在以在根据本章第1454条制定或实施州海岸带管理方案的过程中，或在根据本章第1455条管理已核准计划时存在严重分歧，则商务部部长应与总统府合作，设法调解此类纠纷。对于根据本章第1455条管理已核准计划有任何异议，调解过程应包括在有关地区举行公开听证会。

（9）上诉费

1）就根据本条c款第3项及d款在1990年11月5日后提请的上诉而言，就轻微上诉，商务部部长须收取不少于200美元的申请费，而就重大上诉须收取不少于500美元的申请费，除非申请人要求减免相关费用且商务部部长考虑后判定该申请人确实无力支付。

2）商务部部长须收取所需的其他费用，以收回根据第1455条c款管理及处理该等上诉的全部费用。若根据第 1 项，商务部部长决定减免申请人的费用，则须根据本款减免申请人的所有其他费用。

3）根据本项收取的费用应存入根据本章第 1456a 条规定设立的海岸带管理基金[①]。

4.6.2 技术援助制度

《海岸带管理法》对技术援助制度的主要规定如下：

1）商务部部长应开展必要的技术援助和面向管理的研究计划，以支持根据本章第 1456b 条制定和实施州海岸管理计划修正案，并适当促进海岸带管理的国际合作和技术援助。各部门、机构和联邦政府行政部门，可在可偿还的基础上及其他方式协助商务部实现本条款目的，包括在法律允许的范围内提供信息，在征得当事人同意且在不影响其职位和等级的情况下进行人事调动，进行任何不妨碍该部门、机构履职的调查、研究和技术援助。为执行本条款，商务部可与任何有资格人士订立合约或其他安排。

2）商务部部长应负责协调本条款下的技术援助、研究和调查活动，以及由商务部进行或受其授权的任何其他此类活动。商务部应以技术援助出版物、讲习班或其他适当方式，向沿岸州提供根据本条款进行的研究和调查的结果。商务部应定期与沿岸州协商制定和实施本条款确立的方案[②]。

4.6.3 相关规章制度

美国《海岸带管理法》规定商务部部长应按照第 5 章第 553 条的规定，通知相关联邦机构、州机构、地方政府、区域组织、港务局和其他利益相关方（公众和个人）并在其充分参与下，制定并颁布必要的规章制度[③]。

[①] 16 U.S.C. § 1456. Coordination and cooperation（Section 307）.
[②] 16 U.S.C. § 1456c. Technical assistance（Section 310）.
[③] 16 U.S.C. § 1463. Rules and Regulations（Section 317）.

4.7 信息公开与评估监督机制

在信息公开和评估监督机制方面,《海岸带管理法》规定了详细的公开听证制度、绩效评估制度、记录与审计制度、海岸带管理报告制度及申诉制度。

4.7.1 公开听证制度

美国《海岸带管理法》规定所有公开听证会必须在其召开日的至少前 30 天进行公告。公告时,必须向公众提供与听证会有关的所有机构材料,包括文件、研究报告和其他数据,供公众审查和研究。随后整理的类似材料,在提交给有关机构的同时也应向公众公开[1]。

4.7.2 绩效评估制度

(1) 评价补助金拨款条件的遵守情况

商务部部长应持续审查沿岸州在海岸带管理方面的表现。每次审查应包括一份书面评价,其中应包括评估和详细调查结果,说明该州在多大程度上实施和执行了经商务部部长批准的计划、满足本章第 1452 条第 2 项(A)至(K)规定的海岸管理需求并遵守任何补助金、贷款或合作协议的条款。

(2) 公众参与、会议通知与报告

商务部部长应以公开方式评估沿岸州的管理绩效,并提供充分的公众参与机会,包括在被评估州举行公开会议,并提供公众上交书面评论和进行口头评论的机会。商务部应至少提前 45 天向公众发出此类公开会议的通知,方法包括在《联邦公报》和在被评估州内普遍发行的报纸上及时发布通知,以及与对评估感兴趣的个人和组织进行沟通。每次评估应以报告形式进行,并应包括对评估过程中收到的书面意见的书面回复。最终评估报告应在被评估

---

[1] 16 U.S.C. § 1457. Public hearings (Section 311).

州举行最后一次公开会议后的 120 天内完成，并应及时向参与评估过程的所有人员和组织提供评估副本。

（3）因不合规而中止财政援助，知会州长，中止期限

1）若商务部部长发现某沿岸州未能遵守以下规定，则商务部部长可中止对该州的部分财政援助：①为管理根据本章第 1461 条建立的河口保护区而制定的管理方案或州计划，或经商务部部长批准的方案或部分；②根据本章资助的任何拨款或合作协议的条款。

2）一般情况下不得根据第 1）款中止对沿岸州的财政援助，除非商务部部长向该州州长提供以下材料：①该州应采取的行动的书面说明和时间表，以便撤回中止财政援助；②书面说明，说明该州须如何利用原本应被中止援助的资金开展①项所述行动。

3）财政援助中止的期限，自中止之日起，不得少于六个月，也不得超过三十六个月。

（4）撤销项目审批

若商务部部长认为某沿岸州未能采取本条 c 款第 2 项（A）所述的行动，则应撤回对该州海岸带管理方案的审批，并应撤回根据本章向该州提供的财政援助及此类援助的任何未用部分。

（5）通知和听证

除非商务部部长向沿岸州发出拟议撤回的通知，并就拟议行动举行公开听证会，否则根据本条 d 款的规定，不得撤回管理方案的审批和财政援助。在根据本条 d 款撤回管理计划的审批后，该沿岸州应向商务部部长提供其应采取或未采取的行动的书面说明，以便商务部部长可以取消此类撤回[①]。

4.7.3　记录与审计制度

（1）保存补助金接收记录或财政援助记录

接收补助金或在 1990 年 11 月 5 日前生效的本章第 1456a 条下的财政援助的各沿岸州应保存相关记录，包括充分披露接收的款额和处置方式，其他来

---

① 16 U.S.C. § 1458. Review of performance（Section 312）.

源提供的项目或承保的总费用及其他有助于有效审计的记录。

（2）商务部部长和总审计长通过查阅补助金或财政援助接收记录、账簿等进行审计和审查

商务部部长和总审计长（Comptroller General）或其正式授权代表，在根据本章发放任何补助金或根据1990年11月5日之前生效的本章第1456a条规定提供的任何财政援助之后，以及在利用该款项进行的项目、计划或其他任务完成三年期满后或偿还提供此类财政援助的贷款或担保债务三年期满后，出于审计和检查的目的，有权查阅相关款项接收者或交易方所有、使用或控制的任何记录、账簿、文件和纸张，进而确定补助金基金或此类财政援助的收益是否正在或曾按照本章的相关规定使用[①]。

4.7.4 海岸带管理报告制度

（1）两年期报告

商务部部长应就海岸带管理情况定期与国会进行商讨，并编制一份连续两个财年内海岸带管理情况的总结报告，并提交总统和国会。每份报告应在不迟于两年期结束后次年的4月1日送交国会，报告内容应包括但不限于：①上一财年根据本章规定获得批准的州计划的标识及有关的计划说明；②一份参与本章规定的州的名单，并说明各州计划在上一财年的进展及其成就；③逐项列出各沿岸州的资金分配情况，以及这些资金所用的主要项目和领域的细目；④审批未通过的任何州计划的标识及原因说明；⑤根据本章第1458条a款编制的评估结果摘要，以及根据本章第1458条c款和d款实施的任何制裁的说明；⑥根据本章第1456条c款或d款的规定，与适用的州计划（经批准）不一致的所有活动和项目的清单；⑦商务部部长发布的或在上一财政年内有效的法规概要；⑧国家海岸带地区国家协调战略和计划概要，包括确定和讨论联邦、地区、州和地方在其中的职责；⑨按优先级顺序概述海岸带管理中出现的突出问题；⑩说明影响海岸带的能源活动导致的经济、环境和社会后果，并评估根据本章第1456a条进行的财政援助在处理这些后果方面

---

① 16 U.S.C. § 1459. Records and audit（Section 313）.

所取得的成效；⑪描述和评价沿岸州制定的适用州际和区域的规划和协调机制；⑫总结评估支持海岸带管理的调查、研究和培训；⑬其他信息。

(2) 立法建议

报告应包含描述商务部部长认为对实现海岸带管理目标和强化海岸带有效管理运行所必需的额外立法建议。

(3) 审查其他联邦计划以及向国会报告

1）商务部部长应对影响海岸资源的联邦计划（本章除外）进行系统审查，以确定此类计划的目标和管理与本章目的和政策之间是否存在冲突。商务部部长应在 1980 年 10 月 17 日起的 1 年内，将其计划与本章目的和政策之间的任何冲突通知具有适当管辖权的各联邦机构。

2）商务部部长应及时向国会提交一份报告，该报告应包括本条第（1）款所要求的信息和为解决影响海岸资源使用的联邦法律和方案之间现有冲突所需的修改建议[①]。

4.7.5　申诉制度

《海岸带管理法》规定了向商务部部长申诉（Appeals to the Secretary）制度的程序、时间期限和具体要求等内容。

(1) 通知

在根据本章第 1456 条向商务部部长提交一致性决定（consistency determination）上诉之日后的 30 天内，商务部部长应在《联邦公报》上发布首份通知（initial notice）。

(2) 关闭记录

1）一般而言，除本条款"例外情况"另有规定外，商务部须在根据本条 a 款"通知"的相关规定刊登首份通知之日起的第 160 天，立即关闭决策纪录（decision record），并不再接收与申诉有关的文件。

2）通知。在关闭行政记录（administrative record）后，商务部部长应立即在《联邦公报》上发布行政记录已关闭的通知。

---

① 16 U.S.C. § 1462. Coastal Zone Management Reports (Section 316).

3）例外情况。①除2）项另有规定外，在160天期间内，商务部部长可在下列情况保留关闭决策记录的权利：Ⅰ.申诉人与州级机关以书面形式约定的特定期间。Ⅱ.若商务部认为有必要迅速接收下列文件或信息：商务部为完成本章规定的一致性审查而特别要求的任何补充信息，或申诉方提交的与联邦主要许可机构编制的综合记录有关的任何澄清信息。②适用性。商务部部长在160天期限内，只能保留不超过60天的关闭决策记录的权利。

(3) 决定期限

1）总的来说，在《联邦公报》上发布说明"申诉有关的决策记录将何时结束"的通知之日起的60天内，部长应在《联邦公报》上发布决策结果或发布公告解释无法及时发布决策结果的原因。

2）后续决定。在《联邦公报》上发布"解释为何无法在60天期限内发布决定"的公告之日起的15天内发布后续决定①。

4.8　主要经验做法与启示

美国1972年颁布《海岸带管理法》，对海岸带实施"综合开发、合理保护、最佳决策"的管理方针，拉开了海岸带综合管理的序幕（郭振仁，2013）。该法实施以来，在海岸带管理特别是环境保护、资源利用和生态恢复等方面取得了卓越的成效。其在有限的联邦财政支持下，几乎所有的沿岸州都加入了国家海岸带管理计划，刺激沿岸（大湖）州和地方的海岸带管理活动，使得海岸带地区的开发利用活动基本上能够有序开展，保护了超过26.2万公顷的生物生产力较高的河口区域，保护沿岸居民免受自然灾害的侵袭。综观美国《海岸带管理法》的立法史和具体内容，可以得出以下几个可供参考的做法和经验。

4.8.1　采用综合性管理方式并确立联邦与州的伙伴关系

海岸带是陆海交互地带，人口趋于增多，产业趋于集聚，且人类活动频

---

① 16 U.S.C. § 1465. Appeals to the Secretary (Section 319).

繁，亟须平衡协调海岸带地区的人口、资源、环境、经济与社会发展问题，美国选择的是对海岸带综合管理立法的方式。

初期的海洋立法主要都是针对某一目标的部门性单项法规，20 世纪 60 年代以来，海岸带利用途径逐渐多样化，不同行业间的矛盾日益凸显，单项的部门立法已无法适应严峻的管理形势，亟须制定一部有关"海岸带综合管理"的母法或基本法。1972 年《海岸带管理法》应运而生，成为世界上第一部综合性的海岸带管理法规，通过较为系统、全面的管理规划的制定和实施，对海岸带资源和环境进行有效管理。

1993 年在荷兰召开的"世界海岸大会"强调，海岸带综合管理是沿海国家实现可持续发展的重要手段，呼吁各国完善法律法规，采用综合性和整体性的方法解决海岸带地区复杂的管理问题。目前，美国已有 34 个沿岸州参与海岸管理办公室（Office for Coastal Management）实施的国家海岸带管理计划（National Coastal Zone Management Program）。2012~2017 年，海岸带管理计划共帮助 1165 个社区应对海岸灾害，保障了沿海居民的生命财产安全[①]。

1972 年《海岸带管理法》确立了联邦与沿岸州在海岸带管理上的伙伴关系。尽管美国沿岸州的海岸带管理计划须经联邦部门审批，但联邦从未对具体的管理措施等进行强制性规定，各沿岸州享有充分的自主权进行方案设计和安排，使之既满足各沿岸州的特殊需求，又符合联邦整体的立法目标。

4.8.2 以推进海岸带可持续发展为核心目标

1972 年美国《海岸带管理法》是为解决日益严重的环境污染问题而制定颁布的，其核心目标是保护海岸带资源环境、促进海岸带可持续发展，通过国家海岸带管理项目和国家河口研究保护区系统来引导和鼓励沿岸州加强对自然资源和生态环境的保护，涵盖河口、湿地、水资源、污染治理等方面。

其中，国家河口研究保护区系统由 29 个海岸带地点组成，以社区为导

[①] https://coast.noaa.gov/states/fast-facts/noaa-50th.html. "The number of coastal states participating in the National Coastal Zone Management Program—implemented by the Office for Coastal Management. Between 2012 and 2017, coastal management programs helped 1,165 communities prepare for coastal hazards."

向，保护了超130万英亩的土地和水源①。各州制定的计划的技术依据也是以保护沿海资源环境、促进海岸带可持续发展为目标，以综合土地利用规划和环境控制为重点（约翰 R. 克拉克，2000）。

4.8.3 多种手段并用且以激励机制为主

美国采用了多种方式进行海洋与海岸带管理，除法律手段外，还包括行政手段和经济手段。行政手段是指通过国家政策、海洋功能区划、开发活动规划或行政部门发布的规章制度等进行管理干预；经济手段则是国家海岸带管理机构通过补助金、财政援助、罚款等进行间接管理的重要方式。此外，还通过设立海岸带管理基金和海岸带优秀管理奖项，调动各级机构管理海岸带的积极性。

美国《海岸带管理法》成为海岸带管理立法方面的里程碑，其鼓励美国沿海各州制定和实施海岸带综合管理规划，美国大多数沿海州也利用联邦政府的财政支持有效实施了海岸带资源管理项目计划（蔡程瑛，2010）。基于美国联邦与州分权的国情，其采用的是以补助金规划等自愿性的激励机制为主，而不是以强制性的命令手段。

有学者指出，美国海岸带综合管理计划经过多年运作，利用拨款和组织激励的方法形成了政府间海岸带管理的有效网络，该网络覆盖了美国94%海岸线上的29个州和领地，却只耗费了联邦财政较少的经费。由于各州海岸带地区的资源、环境、政治、经济、文化不同，以及各州对海岸带的开发利用与保护的实际现状与目标存在较大的差异，如何形成有效解决海岸带综合管理方法是一大挑战。美国采用的是"自上而下"与"自下而上"混合型、直接导向沿海综合规划管理的解决方案。该方案把"自下而上"的各州自愿参加制定的州计划，与国会、国家沿海管理机构等制定的"自上而下"的计划（具有定向环境保护要求的强制性法规和一致性标准）相结合。鼓励沿海各州和领地积极参与和设计并向国家沿海管理机构呈报本州的海岸带计划，满

---

① https://coast.noaa.gov/states/fast-facts/research-reserves.html. "The National Estuarine Research Reserve System is a network of 29 coastal sites designated to protect and study estuarine systems. The nation's 29 research reserves cover and protect over 1.3 million acres of land and water."

足本州的特殊需要，同时承诺与获得批准国家计划的联邦行动"保持一致"。联邦政府批准后对州计划的实施予以补助金拨款。其中，1982~1987年，联邦补助金的39%花费在改进决策上，28%用在自然资源和生态环境保护上，11%用在改造沿海通道上，20%用在自然资源开发、减灾和城市滨海开发上（三者各占6%~7%），2%用在港口项目上（约翰R. 克拉克，2000）。

4.8.4　多元主体协同治理并鼓励利益相关者的有效参与

美国是联邦制国家，若对海岸带地区的开发活动和资源管理实施集权管理，将导致政治上的强烈反对。因此，美国采取了非集权的海岸带管理方法，以平衡国家、州和地方利益。《海岸带管理法》鼓励公众、沿岸州和地方政府、州际机构和其他区域机构共同参与制定海岸带管理规划。此外，阿拉斯加州还确立了参与性海岸带管理模式。

海岸带是与当地居民生产生活密切联系的地带。首先，公众参与决策是收集公民和利益相关者的经验或/和科学知识，并将其整合到决策过程中的必要条件，既可以发现项目的优缺点，又能进一步提高项目的长期可持续性。其次，公众参与过程还可以有效避免政府决策的随意性，有助于平衡各种利益关系，增加公众对规划的认同，是实现和接受相关决策的关键过程。因此，在海岸带管理法律的制定和实施过程中，应当建立公众参与、科学决策的机制，推动海岸带的有效管理。

美国通过制定和完善相关法律制度逐步形成了"从政府到公众"多元主体协同治理环境的体系。以海洋和海岸带的垃圾治理为例，联邦层面制定的法律具有原则性和框架性，通过对机构授权执行和对地方进行援助；地方则根据实际情况制定本地的环境保护政策和计划（古小东等，2022）。

在联邦政府层面，美国联邦的海洋生态环境行政管理机构是NOAA。为加强各机构海洋垃圾事务的协调和海洋垃圾信息的共享，美国国会根据1987年《海洋塑料污染研究与控制法》（MPPRCA）设立了"跨部门海洋垃圾协调委员会"（Interagency Marine Debris Coordinating Committee，IMDCC），后根据2006年《海洋垃圾法》重新设立。IMDCC由联邦机构美国国家海洋和大气管理局（NOAA）、美国环境保护署（EPA）、国防部美国陆军工程兵团

(USACE)、国防部美国海军部（Navy）、国土安全部美国海岸警卫队（USCG）、内政部美国鱼类及野生动植物管理局（USFWS）、内政部国家公园管理局（NPS）、内政部安全与环境执法局（BSEE）、国务院（DOS）、海洋哺乳动物委员会（MMC）、司法部（DOJ）共同组成，并由国家海洋和大气管理局担任委员会主席。IMDCC 主要负责交流共享信息，评估和实施最佳管理做法，协调机构间对日常海洋垃圾和严重海洋垃圾事件的反应；确保联邦机构研究优先事项、监测技术、教育计划和监管行动的协调；每两年向国会提交一次报告，其中包括活动、成就和建议的最新情况。此外，美国还设立了联邦海洋垃圾源头减量信息交换所（Federal Marine Debris Information Clearinghouse）(Interagency Marine Debris Coordinating Committee, 2016)。

在州政府层面，各州在联邦法律的基础上制定法律法规协同治理海洋垃圾。以美国加利福尼亚州为例，为减少来自陆地的海洋垃圾，加利福尼亚州实施了强制性的回收法令，要求企业应采取行动，以再利用、回收、堆肥或以其他方式转移商业固体废物处置的强制回收废物的要求（Murphy and Pincetl，2013）。加利福尼亚州于 2013 年提出的议会法案《海洋塑料污染生产者责任》(*Marine Plastic Pollution Producer Responsibility*) 基于国际海岸清洁数据和其他监测数据和分析，将产品监管/生产者延伸责任计划涵盖的产品列为"海洋塑料污染的主要来源"，以此为主要措施最大限度减少海洋塑料污染。

社会团体和公众方面，美国非政府组织在开展国民环境教育、参与海洋环境保护等方面发挥了重要作用。《国家环境教育法》授权 EPA 进行环境教育拨款计划，向各地教育机构、非营利机构和非政府组织等机构提供联邦环境教育援助，以促进政府和非政府组织的合作，旨在建立包括环保部门、地方教育机构、学术机构、社区环保团体和国际组织等在内的公私合作的环境多元治理体系（Potter, 2010）。

4.8.5 术语定义明确并通过条文方式普及海岸带科学知识

总体而言，美国《海岸带管理法》的基本框架内容完整、重点突出，阐明了海岸带管理的意义和必要性、目标原则、相关定义及主要的制度举措。

为避免法律适用上理解不一致、歧义混乱的问题，其用大量篇幅对近20个相关术语进行了法律界定，尽量实现术语定义的准确清晰。

美国《海岸带管理法》用了较大的篇幅以条文形式阐述立法背景、立法意义和目标原则，不仅内容详尽，且有利于增进管理部门工作人员和全体社会公众的海岸带科学知识，是一种很好的海岸带科学知识普及教育的方式，也有助于该法案的执行。

4.8.6　重视法律的修改完善

在1972年制定《海岸带管理法》后，对新发现或新出现的问题随着形势的变化持续不断地予以立法完善。例如，1976年法律修正时确立了"海岸带能源影响计划"；1990年法律修正时废除了"海岸带能源影响计划"，建立了一个新的计划，即"海岸非点源污染控制计划"；1998年法律修正时要求建立对有害藻华和缺氧区的防控机制。海岸带管理机制则是采取联邦与州分权管理的形式，以及综合管理部门与其他相关部门协同配合的方式。

《海岸带管理法》是美国海洋管理规划和政策发展的一个重要产物，是人类对重要而复杂的海岸带区域实施政府管控的首次尝试，虽然取得了显著成效，但在实践过程中仍存在一些不足和教训。首先是政府间的合作基础不够稳固。有学者认为，美国《海岸带管理法》能够持久并有效的原因在于政府间合作，而这种合作精神基于自愿参与原则、联邦财政援助和充分尊重州政府管理规划的一致性承诺。美国是联邦制国家，联邦与州政府的职权划分本由宪法明文规定，不得随意变更和施加干预。然而，由于海洋管理和海岸带管理存在天然交叉，美国的海岸带管理常常因为"联邦政府与州政府之间的利益冲突""眼前利益与长远利益之间的矛盾"而陷入混沌局面[1]。其次是分级分散的管理体制面临挑战。美国各州在自然资源管理方面存在很大的自主权，东部大西洋沿岸的许多州、市在土地利用决策上享有传统意义上的优先管辖权。美国的海岸带管理分为"联邦、沿岸州和郡县"三级，在联邦一级尤其缺乏有效的协调机构，海洋管理职能分散在各个行政部门中。据统计，

---

[1] 参见美国海洋政策委员会：《21世纪海洋蓝图》，2004年。

2/3 美国政府部门的职能都涉及海洋管理；与海洋立法相关的全部权力由参议院 10 个常设委员会下的 36 个小组委员会和众议院 12 个常设委员会下的 39 个小组委员会分担。此外，美国国家海洋和大气管理局未能按照预期成为直接向总统报告的独立部门，而是隶属于商务部，由一些有关部门拼凑而成，结构松散，在统管全国海洋事务上存在一定的困难。

第 5 章　英国《海洋与海岸使用法》述评

英国是传统的海洋强国之一，四面环海，陆地面积 24.25 万平方千米，海岸线长 1 万 7 千多千米（李景光和阎季惠，2010），2018 年人口总数 6600 多万[①]，其中约 30%的人口居住在距离岸线 10 千米内的沿海地带。英国渔业、油气、港口等海洋资源极为丰富，作为支柱型产业，海洋产业为英国经济繁荣做出了重大贡献。据《欧盟蓝色经济报告 2019》(*The EU Blue Economy Report* 2019) 数据显示，2017 年英国海洋经济增加值为 361.11 亿欧元，占欧盟增加值的 20.7%，海洋经济规模为欧盟最大，远高于居于第二位的西班牙（14.6%）（韦有周等，2020）。

英国在海洋资源管理方面的重要手段是采用分门别类、缜密而交叉的法规系统限定海洋开发行为，议会颁布的涉及海岸带开发利用的法规有百部左右（郭振仁，2013）。英国在海洋管理方面长期以来采取的是分散管理体制，存在众多部门权力重叠、执法冲突矛盾、管理效率低下、海洋开发利用无序等问题。由于世界海洋管理制度的变化和英国海洋经济的发展，旧有制度已无法适应新时代英国海洋管理工作的需求（史晓琪，2017）。

英国一直打算采取综合的海洋规划方法，涵盖所有领海和未来的经济用海管理，以及尽可能地保护环境和历史资源。此外，还需要处理权力下放的威尔士、苏格兰和北爱尔兰政府与中央政府所保留的权力之间的责任不同的问题，这些问题交织产生了行政管理上的复杂局面（Kidd et al.，2013）。《海洋与海岸使用法》的立法目的还包括保护海洋野生动物，引导走上海洋可持续利用的道路；降低海洋空间和资源的竞争压力引起的冲突，并建立连续的海岸通道和保护区（Tundi，2012）。

[①] 数据来自世界银行（2018 年），网址为：https://data.worldbank.org/.

2009年11月12日英国颁布了《海洋与海岸使用法》(Marine and Coastal Access Act)[①]，确立了海洋及海岸环境保护和治理的规则体系，成为英国首部综合性海洋立法和海洋基本法，为英国建立符合时代潮流的海洋管理体系和进一步发展海洋事业奠定了坚实的法律基础，同时对国际社会的海洋立法实践产生了深远影响。《海洋与海岸使用法》也说明，英国政府充分认识到有必要采用更加综合和可持续的海洋管理方法。

本章主要介绍《海洋与海岸使用法》的立法过程、管理体制、基本框架和重点内容，并对《海洋与海岸使用法》的主要经验做法进行总结。

5.1 立法过程概述、管理体制与基本框架

5.1.1 立法过程概述

20世纪90年代起，英国各界开始呼吁进行海洋综合立法。2003年，英国政府发表了题为《变化中的海洋》的报告，建议采取新方法进行海洋活动综合管理并制订综合性海洋法规。2005年，英国政府承诺将建立新的法律框架，随即组织各方代表参与磋商。2006年，英国政府发布磋商结果报告，提出新海洋法应涵盖的内容，并就英国在海洋领域应遵循的战略方针向社会各界征集意见与建议。2007年，英国政府发布了海洋法草案，就有效管理英国涉海活动和保护沿海资源与环境提出相关的立法建议。

在综合国际、欧盟和英国国内一系列的相关法律精神（表5-1～表5-3）及各界建议的基础上，2008年4月，英国政府正式公布了《海洋法草案》，并围绕该草案组织深入研讨、审议和公众参与。2008年12月，英国《海洋与海岸使用法》(Marine and Coastal Access Act) 正式提交国会审议。2009年

[①] Marine and Coastal Access Act 有《海洋与海岸带准入法》《海洋和沿海通行法》等多种翻译，中国科学院国家科学图书馆《科学研究动态监测快报》（2013年9月1日第17期总第167期）将其翻译为《海洋及海岸带使用法》。Access一词有"接近（或进入）的机会；接近（或进入）权；享用权"等多种含义。参见薛波主编：《元照英美法词典》，法律出版社，2003年，第11页。笔者认为，将其翻译为《海洋与海岸使用法》更符合该法的内容及意旨。

11月,《海洋与海岸使用法》由国王正式批准施行(李景光和阎季惠,2010;罗昆和王雪木,2018)。可见,《海洋与海岸使用法》是英国政府与关心海洋事业的各界人士关注和长期努力的结果。

表 5-1 《海洋与海岸使用法》的主要国际法依据

依据	相关法律名称
国际法	1982 年《联合国海洋法公约》(United Nations Convention on the Law of the Sea 1982)
	1992 年《21 世纪议程》(Agenda 21)
	1992 年《东北大西洋海洋环境保护公约》(Convention for the Protection of the Marine Environment and Coastal Area of the North-East Atlantic 1992)
	1993 年《生物多样性公约》(Convention on Biological Diversity 1993)
	2002 年《约翰内斯堡可持续发展宣言》(Johannesburg Declaration on Sustainable Development)
	2002 年《可持续发展世界首脑会议实施计划》(Plan of Implementation of the World Summit on Sustainable development)

表 5-2 《海洋与海岸使用法》的主要欧盟法依据

依据	相关法律名称
欧盟法	1979 年《欧盟野鸟保护指令》(EU Birds Directive 1979)
	1983 年《欧盟共同渔业政策》(Common Fishery Policy 1983)
	1985 年《环境评价指令》(Environmental Impact Assessment Directive 1985)
	1992 年《欧盟栖息地保护指令》(EU Habitats Directive 1992)
	2000 年《欧盟水框架指令》(Water Framework Directives 2000)
	2001 年《战略环境评价指令》(Strategic Environmental Assessment Directive 2001)
	2007 年《欧盟海洋综合政策蓝皮书》(EU Integrated Maritime Policy 2007)
	2008 年《欧盟海洋战略框架指令》(EU Marine Strategy Framework Directive 2008)
	2009 年《欧盟可再生能源指令》(EU Renewable Energy Directive 2009)

表 5-3 《海洋与海岸使用法》的主要英国国内法依据

依据	相关法律名称
英国国内法	1949 年《海岸保护法》(Coast Protection Act 1949)
	1961 年《王室资产法》(Crown Estate Act 1961)
	1964 年《大陆架法》(The Continental Shelf Act 1964)

续表

依据	相关法律名称
英国国内法	1971年《城乡规划法》（Town and Country Planning Act 1971）
	1971年《防止石油污染法》（Prevention of Oil Pollution Act 1971）
	1975年《海上石油开发法（苏格兰）》[Offshore Petroleum Development (Scotland) Act 1975]
	1976年《渔区法》（Fishery Limits Act 1976）
	1981年《渔业法》（Fisheries Act 1981）
	1987年《领海法》（Territorial Sea Act 1987）
	1992年《海洋渔业（野生生物养护）法》（Sea Fisheries Wildlife Conservation Act 1992）
	1992年《海上安全法》（The Offshore Safety Act 1992）
	1992年《海上管道安全法令（北爱尔兰）》[The Offshore, and Pipelines, Safety (Northern Ireland) Order 1992]
	1995年《商船运输法》（Merchant Shipping Act 1995）
	2001年《渔业法修正案（北爱尔兰）》[Fisheries (Amendment) Act (Northern Ireland) 2001]

5.1.2 管理体制

如前所述，英国负责海洋与海岸带事务的权力分散在多个管理部门，没有统管全国海洋事务的部门。总体而言，可分为三级管理机构，分别为：国家管理机构、地方管理机构和半官方机构。

(1) 国家管理机构

王室资产管理局（Crown Estate）负责英国王室所辖海域的管理，在相关海域内进行的任何开发活动均须获得该机构的许可。王室海域之外的英国海域的海洋事务则由其他部门负责，包括环境、食品和乡村事务部（Department for Environment, Food and Rural Affairs, DEFRA），商业、企业和管理改革部（Department for Business, Enterprise and Regulatory Reform），运输部及其下属的海事与海岸带警卫队管理局（Maritime and Coastguard Agency）（表5-4）。

表 5-4　英国负责海洋与海岸带事务的国家管理机构

管理机构	主要职责
王室资产管理局（Crown Estate）	负责英国王室所辖海域的管理，在相关海域内进行的任何开发活动均须获得该机构的许可。例如，港口、码头、栈道、管道、围海、填海、水产养殖、海底矿砂等
环境、食品和乡村事务部（Department for Environment, Food and Rural Affairs, DEFRA）	主要负责海洋渔业管理和环境保护
商业、企业和管理改革部（Department for Business, Enterprise and Regulatory Reform）	主要负责海洋油气开发管理
运输部及其下属的海事与海岸带警卫队管理局（Maritime and Coastguard Agency）	负责海域的部分执法和海上救援工作。例如，海上安全、海上搜救、船舶登记、船舶安全检查、船员考试发证管理等

（2）地方管理机构

英格兰、苏格兰、威尔士、北爱尔兰均有相应的机构负责海洋事务（表5-5）。

表 5-5　英国负责海洋与海岸带事务的地方管理机构

管理机构		主要职责
英格兰	环境、食品和乡村事务部（DEFRA）	负责管理英格兰和威尔士12海里以外的海洋和渔业事务
苏格兰	环境和乡村事务部（Environment and Rural Affairs Department）下设的苏格兰渔业保护局（Scottish Fisheries Protection Agency）	负责管理苏格兰境内（即海域范围内）的海洋和渔业事务
威尔士	环境规划和乡村部（Department for Environment Planning and Countryside）	负责其境内和邻近水域（12海里以内）的渔业管理工作
北爱尔兰	农业和乡村发展部（Department of Agriculture and Rural Development）	负责管理其境内（即海域范围内）的海洋和渔业事务

（3）半官方机构

除政府部门外，还有一些享有一定程度自治权的半官方机构（或非政府部委公共机构）（non-departmental public bodies）参与海洋事务管理，主要有：①应1983年《欧盟共同渔业政策》的要求而由渔民自愿组建的致力于协调生产和保障市场稳定供给的生产者组织（Producer Organizations）；②根据1981年《渔业法》组建的海洋渔业企业协会（Seafish, Sea Fish Industry Authority）等（刘新山，2008；罗昆和王雪木，2018）；③海洋管理组织（Marine Management Organisation，MMO），其依据《海洋与海岸使用法》，于2010年4月1日成立，与环境、食品与乡村事务部的国务大臣（The Secretary of State）密切配合，一同负责全面主导和整合海洋管理工作，以实现英国海域的多方面可持续发展目标（史晓琪，2017）。海洋管理组织受其独立董事会（Independent Board）的指示和领导，而国务大臣对其一切行为向议会负责（邓文晓，2015）。

5.1.3 基本框架

《海洋与海岸使用法》涉及的相关法律法规多、领域范围广、内容非常详尽，包括正文的11个部分325个条文，以及22个附件（Schedule 1-22）作为正文部分的补充，总字数达14.5万字①。

(1) 正文

《海洋与海岸使用法》有11个部分的内容，具体如下：

1) 海洋管理组织（The Marine Management Organisation，MMO）。该部分主要就海洋管理组织的设立、性质和职能作出了明确规定。

2) 专属经济区、英国海域和威尔士区（Exclusive Economic Zone, UK Marine Area, Welsh Zone）。该部分是《联合国海洋法公约》立法实践的成果，宣布设立英国专属经济区并就其责任范围作出规定，并详细阐述英国海域的构成和2006年《威尔士政府法》的相关修订。

3) 海洋规划（Marine Planning）。该部分主要就英国海洋政策和文件的制定和实施作出规定，包括英国海洋政策声明的编制、生效、审查、修订、退出或撤回程序，海洋规划区的组成及相应的管理机构，海域规划职能下放，海洋政策文件的实施和审查及其他一般规定等。

4) 海域使用许可（Marine Licensing）。该部分主要针对海域使用许可证

---

① 英文是按照一个单词统计计算为一个字数。笔者注。

的申请程序作出详细规定,还包括许可证豁免和特殊情况的说明,对违法行为进行处罚,相关职能下放和其他补充规定等。

5)自然保护(Nature Conservation)。该部分主要就海洋保护区网络的建立及管理当局的职责作出规定,并阐述了英格兰、威尔士相关的法律条例等。

6)近海渔业管理(Management of Inshore Fisheries)。该部分规定成立近海渔业与保护区,以取代原来的地方渔业委员会,主要就近海渔业与保护区的设立和职能作出详细规定,并阐明了威尔士政府在渔业管理方面的相关权力。

7)渔业(Fisheries)。该部分主要由四个方面的内容组成:①针对1967年《海洋鱼类(保护)法》的修订;②针对1967年《海洋渔业(贝类)法》的修订;③针对"洄游鱼类和淡水鱼"相关法规的修订;④对过时重复的渔业法规条例的废止。

8)海洋执法(Enforcement)。该部分主要对海洋管理组织及其他管理机构在海洋执法方面的职责和区域分工作出详细规定。此外,在许可证发放与海洋自然保护执法方面引入经济处罚措施;在海洋渔业执法方面,引入行政处罚措施。

9)海岸带使用(Coastal access)。该部分主要就英国海岸带的开放和利用进行了说明,包括海岸附近道路的建设和管理问题。

10)其他内容(Miscellaneous)。该部分主要就自然英格兰(Natural England)[①]、威尔士国民议会的职权范围、2008年《能源法》、1964年《港口法》等作出修订。

11)补充条款(Supplementary provisions)。该部分主要就一些规章制度进行补充说明并就本法中出现的专有名词进行解释。

(2)附件

《海洋与海岸使用法》有22个附件,具体如下:

附件1. 海洋管理机构(The Marine Management Organisation)。

附件2. 与MMO相关的次要及相应的修订(Minor and Consequential

---

① "Natural England"一词翻译为"自然英格兰",其由原来的Joint Nature Conservation Committee(自然保护联合委员会)更名而来。笔者注。

Amendments Relating to the MMO）。

附件 3. 移交计划（Transfer Schemes）。

附件 4. 专属经济区和威尔士区：相应的修订（Exclusive Economic Zone and Welsh Zone：Consequential Amendments）。

附件 5. MPS 的编制或修订（Preparation of an MPS or of Amendments of an MPS）。

附件 6. 海洋规划：编制和通过（Marine Plans：Preparation and Adoption）。

附件 7. 第四部分关于民事制裁的进一步规定（Further Provision about Civil Sanctions Under Part 4）。

附件 8. 许可制度：次要的及相应的修订（Licensing：Minor and Consequential Amendments）。

附件 9. 许可制度：与第四部分有关的过渡性条款（Licensing：Transitional Provision Relating to Part 4）。

附件 10. 关于第 142 条下的定额罚款的进一步规定（Further Provision about Fixed Monetary Penalties Under Section 142）。

附件 11. 与 MCZs[①] 有关的修订（Consequential Amendments Relating to MCZs）。

附件 12. 与 MCZs 有关的过渡性条款（Transitional Provision Relating to MCZs）。

附件 13. SSSIs[②] 与国家级自然保护区的海洋边界（Marine Boundaries of SSSIs and National Nature Reserves）。

附件 14. 近海渔业与保护管理局：修正案（Inshore Fisheries and Conservation Authorities：Amendments）；

附件 15. 1967 年《海洋鱼类（保护）法》：次要和相应的修正案［Sea Fish（Conservation）Act 1967：Minor and Consequential Amendments］。

附件 16. 洄游鱼类和淡水鱼：相应和补充修正（Migratory and Freshwater

[①] MCZs 是指海洋保护区（Marine Conservation Zones）。笔者注。
[②] SSSIs 是指 sites of special scientific interest（具有特殊科学价值的区域）。笔者注。

Fish: Consequential and Supplementary Amendments)。

附件 17. 根据第 249 条发出的搜查令（Warrants Issued Under Section 249）。

附件 18. 根据第 275 或 276 条的财产没收（Forfeiture of Property Under Section 275 or 276）。

附件 19. 1949 年《国家公园和乡村通行法》附件 1A（Schedule 1A to the *National Parks and Access to the Countryside Act* 1949）[①]。

附件 20. 英国海岸路线的建立和维护等（Establishment and Maintenance of the English Coastal Route Etc）。

附件 21. 1964 年《港口法》修正案（Amendments of the *Harbours Act* 1964）。

附件 22. 废止（Repeals）。

下文将重点对《海洋与海岸使用法》中与海岸带管理密切相关的海洋管理组织、海洋规划、海域使用许可、自然保护、海岸使用的相关内容进行分析阐述。

5.2 海洋管理组织

《海洋与海岸使用法》的第一部分为海洋管理组织（The Marine Management Organisation，MMO），内容相对较多，共有 40 个条文。具体包括以下四个方面的内容：一是海洋管理组织的设立；二是将职能转移至 MMO；三是有关 MMO 行使职能的协定；四是其他规定、一般规定和补充规定。此外，《海洋与海岸使用法》的附件 1 "海洋管理组织"、附件 2 "与 MMO 相关的次要及相应的修订"、附件 3 "移交计划" 均与本部分内容密切相关。

根据《海洋与海岸使用法》的立法目的以及相关规定，苏格兰、威尔士和北爱尔兰的内水由当地管理机构管理，而英格兰和英国近海海域作为一个整体（到渔业保护区或大陆架两者的最远边界）由新的管理机构即海洋管理

---

① *National Parks and Access to the Countryside Act* 也有翻译为《国家公园和乡村进入法》《国家公园和乡村土地使用法案》等。笔者认为翻译为《国家公园和乡村通行法》更符合该法的内容和意旨。

组织（MMO）来组织管理。海洋管理组织的职责涵盖了从规划到实施到执法的全过程（Tundi，2012）。

5.2.1　海洋管理组织的设立

《海洋与海岸使用法》第一部分第一章详细规定了海洋管理组织的设立、总体目标和实施。

(1) 海洋管理组织的设立

海洋管理组织依据《海洋与海岸使用法》设立，其职能由该法及其他相关法令赋予。此外，《海洋与海岸使用法》附件1是更多与MMO有关的条文，附件2是与MMO有关的次要及相应的修订。

(2) 关于海洋管理组织的总体目标

《海洋与海岸使用法》第2条对海洋管理组织的总体目标作了非常详尽的规定。

1）MMO须确保其职能的行使，以便管理、协调或控制MMO区域内人员的活动：①对可持续发展作出贡献，②考虑到所有相关的事实和事项；③协调一致的方式。该法中所提述的"MMO总体目标"均是指根据本款规定的MMO职责。

2）为实现总体目标，MMO可采取其认为必要或有利的任何行动，以促进任何社会、经济或环境目标的实现。

3）就第1）②项而言，可予以考虑的事实及事项包括：①MMO是否获得相关科学证据；②与可持续发展的社会、经济或环境因素有关的其他现有或可获得的证据；③MMO认为适当的不属于①或②项的事实或事项。

4）国务大臣应就MMO寻求确保第1）款①项所述对实现可持续发展作出贡献的方式向MMO提供指导。

5）在编写任何此类指导时，国务大臣必须考虑到：① MMO的职能；②MMO可用或可能可用的资源。

6）根据本条提出的任何指导意见草案应提交给议会各议院。

7）在下列日期开始的40天结束前，不得根据本条提供指导：①指导意见草案提交之日；②如果指导意见草案是在不同的日期提交的，则为两天中的较晚日期。

8）若在这期间，英国议会两院（上议院和下议院）中的任何一院决定不应提供该指导草案，则国务大臣不得提供这一指导。

9）为施行第7）或8）款而计算的40天期间时，无须考虑下列情况：①议会解散或休会；②两院休会超过四天。

10）国务大臣必须以其决定的方式，公布根据本条向MMO提供的任何指导。

11）MMO须根据要求向任何人提供此类指导的全部或任何部分的副本。

12）在本条中，"协调一致"包括考虑到有关下列决定带来的影响（如果有的话）：①MMO区域的任何部分；②在MMO区域内进行的任何活动，将在该地区的任何其他部分或在该地区进行任何其他活动。"证据"包括任何人对证据的考虑所产生的预测和其他意见。"MMO区域"是指英国海域或英国可行使MMO功能的区域。"MMO功能"是指可由MMO或其代表行使的功能。

5.2.2 将职能转移至MMO

《海洋与海岸使用法》第一部分第2章明确将以下相关职能转移至海洋管理组织（MMO）[1]：一是根据1967年《海洋鱼类（保护）法》规定的签发渔船许可证和船只转运许可证的职能[2]；二是自然保护中根据1970年《海豹保护法》规定的签发杀死或获取海豹的许可证、根据1981年《野生动物和乡村法》规定的签发许可证、1992年《海洋渔业（野生动物保护）法》规定的签发许可证的职能[3]；三是根据1989年《电力法》和2004年《能源法》对发电站和可再生能源设备（Generating and renewable energy installations）的相

---

[1] Marine and Coastal Access Act 2009, Part 1 The Marine Management Organisation, Chapter 2 Transfer of functions to the MMO.

[2] Marine and Coastal Access Act 2009, Part 1 The Marine Management Organisation, Chapter 2 Transfer of functions to the MMO, Sea Fish (Conservation) Act 1967.

[3] Marine and Coastal Access Act 2009, Part 1 The Marine Management Organisation, Chapter 2 Transfer of functions to the MMO, Nature conservation.

关许可证签发的职能①。

5.2.3 有关 MMO 职能行使的协议

《海洋与海岸使用法》第一部分第三章对有关 MMO 职能行使的协议作了明确的规定②。

(1) 签订协议的权力（Powers to enter into agreements）③

一是国务大臣与 MMO 之间的协议（Agreements between the Secretary of State and the MMO）。《海洋与海岸使用法》第 14 条规定：①国务大臣可与 MMO 签订协议，授权 MMO 履行国务大臣在下列区域的任何海事职能：Ⅰ.英国海域（UK marine area）或该海域的特定区域；Ⅱ.一般或特定情况下，遵从Ⅰ款的规定。"特定"（Specified）系指协议中规定的。②就本章而言，"海事职能"（marine function）是指任何与整个或部分英国海域有关的职能，或其职能的行使能够影响整个或部分英国海域的职能。③根据本条订立的协议国务大臣可随时取消及不妨碍国务大臣履行与协定有关的职能。④本条受第 17 条和第 18 条（不可委托的职能和最长协议期限）的约束。

二是 MMO 与有资质的机构之间的协议（Agreements between the MMO and eligible bodies）。根据《海洋与海岸使用法》第 15 条之规定，经国务大臣批准，MMO 可与有资质的机构（eligible body）签订协议，授权该机构履行 MMO 的任何职能：①英国海域或该海域的特定区域；②一般或特定情况下，遵从①款的规定。"特定"（Specified）系指协议中规定的。

三是关于有资质的机构（Eligible bodies）。《海洋与海岸使用法》第 16 条明确，在本章中，"有资质的机构"是指下列机构：①环境署（The Environment Agency）；②自然英格兰（Natural England）；③任何近岸渔业与保护管理局（any inshore fisheries and conservation authority）；④根据 1966 年

---

① Marine and Coastal Access Act 2009, Part 1 The Marine Management Organisation, Chapter 2 Transfer of functions to the MMO, Generating and renewable energy installations.

② Marine and Coastal Access Act 2009, Part 1 The Marine Management Organisation, Chapter 3 Agreements involving the MMO for the exercise of funtions.

③ Marine and Coastal Access Act 2009, Part 1 The Marine Management Organisation, Chapter 3 Agreements involving the MMO for the exercise of funtions, Powers to enter into agreements.

《海洋渔业管理法》（c. 38）第 1 条的规定组成的地方渔业委员会；⑤任何港务局（any harbour authority）；⑥威尔士自然资源署（The Natural Resources Body for Wales）。

四是关于不可委托的职能（Non-delegable functions）。《海洋与海岸使用法》第 17 条对"不可委托的职能"作了明确规定：①协议不得授权本节适用的机构履行不可授权的职能。②主体是 MMO 及有资质的机构。③不可委托的职能：Ⅰ. 与该机构成立的目的不相容的职能；Ⅱ. 王室大臣进行人事任命或罢免的权力，但为执行本法及其附加条款以外的任何法律法规而任命的人员除外；Ⅲ. 王室大臣提取报告或账目的权力；Ⅳ. 制定附加条款、给予指示或指导、或发布业务守则的权力（或变更或撤销其中任何一项的权力）；Ⅴ. 厘定费用或收费的权力，但由国务大臣为施行本条而订明的情况除外；Ⅵ. 会计官员的职能；Ⅶ. 授权公共机构履行职能的协议除外，包括任何进入、检查、取样或检取任何物品的权力，以及可就涉嫌违法行为而行使的任何其他权力；Ⅷ. 根据 1991 年《水工业法》或根据该法的附加条款，赋予国务大臣的职能。

《海洋与海岸使用法》第 18 条规定了"最长协议期限"，即"协议授权 MMO 或有资质的机构履行职能的最长期限为 20 年"。

（2）补充条款

《海洋与海岸使用法》在第一部分第三章的第 19 至 22 条对以下问题作了进一步的规定：特别权力；与港务局的协议；有关协议的补充规定；本章的有关解释。

5.2.4 其他规定、一般规定和补充规定

《海洋与海岸使用法》第一部分第四章规定了对 MMO 在开发许可申请中的角色、一般职权、财政规定、国务大臣的指示和指导、移交计划等作了明确的规定。

（1）MMO 在开发许可申请（Applications for development consent）中的角色

《海洋与海岸使用法》在第 23 条中进一步细化明确了"MMO 在开发许

可申请中的角色"。

（2）MMO 的一般职权

根据《海洋与海岸使用法》第 24 至 31 条的规定，MMO 拥有以下八项一般职权：①研究；②建议、协助和培训设施；③提供信息等；④服务收费的权力；⑤MMO 向国务大臣提供信息；⑥提起诉讼程序的权力；⑦延续现有的检控工作；⑧附带权力。

第一，研究（Research）的职权。①MMO 可以（单独或与其他机构或个人一起）对与其职能或总目标有关的任何事项进行研究，或委托/支持（通过财政手段或其他方式）对任何此类事项的研究。②MMO 将根据要求向任何人提供任何此类研究的结果。

第二，建议、协助和培训设施（Advice, Assistance and Training Facilities）的职权。①MMO 必须向国务大臣提供其可能要求的建议和协助。②MMO 须应任何公共机构的要求，就下列事项向该机构提供意见：Ⅰ.在 MMO 的知识或经验范围内；Ⅱ.与 MMO 的任何职能或其总体目标相关；Ⅲ.影响公共机构履行其职能。③MMO 可就任何与其职能或总体目标有关的事宜向任何人提供意见：Ⅰ.应机构或个人的要求；Ⅱ.若 MMO 认为适当的话，可主动提供相关意见。④MMO可以为任何人提供：Ⅰ.协助；Ⅱ.培训设施，就 MMO 有知识或经验的任何事项而言。

第三，提供信息等（Provision of Information Etc）的职权。MMO 可以发布有关其任何职能或一般目标的任何事项的文件或提供信息，或协助发布这类文件或提供这类信息。在其他成文法则中，不得将职责或权力强加于 MMO：出版或协助出版某类文件，或提供/协助提供某类信息。

第四，服务收费的权力（Power to charge for services）。MMO 可就其提供服务的成本收取其认为合理的费用。

第五，MMO 向国务大臣提供信息（Provision of Information by the MMO to the Secretary of State）的职权。①MMO 必须向国务大臣提供其合理要求的有关下列任何事项的所有信息：MMO 职能的执行或拟执行情况；MMO 的一般职能。②本条规定的信息应以国务大臣要求的形式和方式提供，并附有或补充国务大臣可能要求的解释。③根据本条规定，MMO 可能需要提供的信息，包括不属于 MMO 所有的信息，或虽不属 MMO 所有但合理要求 MMO 提供的信息。④就本条而言的规定：Ⅰ.须以书面提出；Ⅱ.可按照国务秘书认为适当的方式说明所提供的资料；Ⅲ.可要求在特定场合、特定情况或不时提供有关资料。

第六，提起诉讼程序的权力（Power to Bring Proceedings）。①MMO可在英格兰、威尔士或北爱尔兰提起刑事诉讼程序（institute criminal proceedings）。②MMO可提起诉讼程序（institute proceedings），追讨根据本法判处的任何罚款。③第②项不损害MMO提起法律程序所需的任何其他权力。④MMO可根据本款指派其任何雇员，而该雇员［除第（6）款外］无权就裁判官的法庭程序进行构成下列行为的活动：Ⅰ.诉讼行为（conduct of litigation）；Ⅱ.在第（5）款范围内行使旁听权（right of audience）。

本条还就"旁听权""刑事诉讼中的保释"（bail in criminal proceedings）"诉讼行为"（conduct of litigation）"地方法院程序"（magistrates' court proceedings）等作了进一步的解释规定。

第七，延续现有的检控工作（Continuation of Certain Existing Prosecutions）的职权。

第八，附带权力（Incidental Powers）。①MMO可以做任何它认为是附带的或有助于履行其职能或实现其总体目标的事情。②MMO可以：Ⅰ.签订协议；Ⅱ.取得或处置土地或其他财物；Ⅲ.在符合第33及第34条所施加的限制下进行借贷（borrow money）；Ⅳ.如属法人团体或取得或处置法人团体的权益，须经国务大臣批准；Ⅴ.接受赠品（accept gifts）；Ⅵ.投资（invest money）。

（3）财政规定[①]

第一，拨款（Grants）。《海洋与海岸使用法》在第32条规定，国务大臣可通过向MMO提供拨款的方式支付款项，但需要符合一定的要求。

第二，借贷的权力（Borrowing Powers）。《海洋与海岸使用法》在第33条规定，MMO可以借入其履行义务和履行职能所需的款项，但须符合本节的相关规定以及须符合第34条（借贷限额）的规定。

---

① Marine and Coastal Access Act 2009, Part 1 The Marine Management Organisation, Chapter 4 Miscellaneous, General, and Supplemental Provisions, Financial Provisions.

此外,《海洋与海岸使用法》第 34 至第 36 条还就财政的"借贷限额"（Limit on Borrowing）、"政府贷款"（Government Loans）、"政府担保"（Government Guarantees）问题作了明确的规定。

(4) 指示和指导①

《海洋与海岸使用法》第 37 条、第 38 条分别对国务大臣的指示和指导作了规定。

第一，关于国务大臣的指示（Directions by the Secretary of State）：①国务大臣可就 MMO 任何职能的行使向 MMO 发出一般性的或具体的指示。②国务大臣也可向 MMO 发出其认为适用于执行联合王国在以下规定中的任何义务的一般性或具体指示：Ⅰ.欧盟条约，Ⅱ.联合王国或欧洲联盟目前加入的任何国际协定。③在根据本节作出指示之前，国务大臣必须与 MMO 进行商议。④如果国务大臣认为存在紧急情况，则无须根据第③款进行商议。⑤MMO 必须遵守根据本节向其发出的任何指示。⑥国务大臣必须在《伦敦公报》上公布根据本条发出的任何指示。⑦根据本节发出的任何指示必须以国务大臣认为适当的方式公布，以便将指示涉及的事项提请可能受其影响的人注意。⑧根据本节发出的任何指示的副本，须在缴付 MMO 所厘定的合理费用后，由 MMO 提供给公众人士。⑨在 2008 年《欧洲联盟（修正）法》[*European Union (Amendment) Act* 2008]（c.7）附件第二部分生效前，第②Ⅰ项中对"欧盟条约"（EU Treaties）的提及应理解为对"共同体条约"（Community Treaties）的提及。

第二，关于国务大臣的指导（Guidance by the Secretary of State）：①国务大臣可就 MMO 的职能行使向其提供指导。②MMO 必须考虑国务大臣根据本法案向其提供的任何指导。③在给予任何此类指导之前，国务大臣必须与 MMO 和国务大臣认为合适的其他机构或个人进行商议。

(5) 移交计划等②

《海洋与海岸使用法》第 39 条、第 40 条分别对移交计划和临时安排作了

---

① Marine and Coastal Access Act 2009, Part 1 The Marine Management Organisation, Chapter 4 Miscellaneous, General, and Supplemental Provisions, Directions and guidance.

② Marine and Coastal Access Act 2009, Part 1 The Marine Management Organisation, Chapter 4 Miscellaneous, General, and Supplemental Provisions, Transfer Schemes etc.

规定。

第一,关于移交计划(Transfer Schemes):①国务大臣可就 MMO 的设立或任何职能的移交,制定一项或多项计划,将下列部门的特定财物、权利或责任转移给 MMO,包括王室大臣(Minister of the Crown)、政府部门(Government Department)、法定机构(Statutory Body)。②国务大臣可制定一个或多个计划,将 MMO 的特定财物、权利或责任转移给下列任何人,包括王室大臣、政府部门、法定机构。③就任何财物、权利或责任的有效管理而言,国务大臣可随时制定一项或多项计划,以使将国务大臣的特定财物、权利或责任转移给 MMO,或将 MMO 的特定财物,权利或责任转移给国务大臣。

第二,临时安排(Interim arrangements):①国务大臣可发出通知,要求王室大臣、政府部门、法定机构,向 MMO 提供临时工作人员、场所或通知内指定的其他设施。②在本条中,"法定机构"指由任何成文法则或根据任何成文法则成立的任何机构或个人。

5.3 海洋规划

《海洋与海岸使用法》第三部分为海洋规划(Marine Planning),具体包括海洋政策声明、海洋规划、与海域规划有关的职能转授、实施效果与权利救济等。

5.3.1 海洋政策声明

《海洋与海岸使用法》第三部分第一章为"海洋政策声明"。其首先在第 44 条明确了"海洋政策声明"(marine policy statement,MPS)的定义,进而在第 45 至第 48 条分别对 MPS 的编制和生效、审查、修订、撤回等作了详细的规定。《海洋与海岸使用法》强调高质量海洋数据的重要性,以及在获得可靠证据和信息的基础上制定海洋政策和管理政策的重要性(Tundi,2012)。

(1)海洋政策声明的定义

《海洋与海岸使用法》第 44 条规定了海洋政策声明的定义。

1)海洋政策声明是一份具有以下特征的文件:①编制和采纳该声明的政

策主管部门，说明其为助力实现英国海域可持续发展所作的一般政策；②根据附件5[①]，已由政策主管部门编制和采纳；③声明本文件是为实现本条目的而编制和采纳的。

2）MPS还可以包括与MPS中包含的政策相关的陈述或信息。

3）如果在任何程度上，MPS中规定的政策与MPS中的任何其他陈述或信息相冲突，则必须以有利于该政策的方式解决该冲突。

4）在本部分中，"政策主管部门"（policy authority）可以指下列任何一项：①国务大臣；②苏格兰大臣；③威尔士大臣；④北爱尔兰环境署（the Department of the Environment in Northern Ireland）。

5）在本部分所提述的任何政策主管部门所采纳的MPS，是指该部门根据附件5所采纳的MPS的最终文本。

（2）MPS的编制和生效

《海洋与海岸使用法》第45条对MPS的编制和生效作了明确的规定。

1）MPS只能由下列人员进行编制：①所有的政策主管部门联合行动；②国务大臣和任何一个或多个其他政策主管部门联合行动；③国务大臣。

2）除非国务大臣已事先邀请其他政策主管部门当局参与MPS的编制，否则MPS不得由国务大臣根据第1）款③项单独编制。

3）后一版MPS取代前一版MPS，不论后一版MPS是否由与前一版MPS相同的政策主管部门编制和采纳。

4）根据附件5，MPS在其发布后生效。

此外，《海洋与海岸使用法》第46至第48条还对MPS的审查、修订、撤回或者退出作了规定。

5.3.2 海洋规划

《海洋与海岸使用法》第三部分第二章为"海洋规划"，明确了海洋规划的定义及要求、八个海洋规划区的定义范围、海洋规划的编制修订审查等内容。在《海洋与海岸使用法》制定实施之前，英国政府于2002年已经决定开

[①] 附件5是"MPS的编制或修订"。笔者注。

展海洋区域规划工作,将海域划定为具有自然保护利益的海域和具有海洋产业发展潜力的区域。开展海洋规划需要涵盖所有海洋活动,不仅要关注各行业部门的利益,还要关注各种利用活动之间的相互影响、冲突和累积效应(Tundi,2012)。

(1) 海洋规划的定义及要求

根据《海洋与海岸使用法》第51条的规定,海洋规划(marine plan)是一份具有以下特征的文件:①按照附件6的规定①,已由有关海洋规划管理局制订及采纳;②说明管理局关于区域可持续发展的政策;③声明它是为实现本条目的而被编制和采纳的。

第51条还对海洋规划的要求作了进一步的规定,海洋规划管理局可为其海洋规划区的全部或部分区域制订海洋规划。就本条而言,如属任何海洋规划区,则"有关的海洋规划管理局"(the appropriate marine plan authority)为海洋规划区所在地区的海洋规划管理局。海洋规划必须(通过地图或其他方式)确定相应的海洋规划区域。除非有关的考虑因素另有说明,否则海洋规划必须符合规管海洋规划区域的任何海洋政策声明(MPS)的规定。如果海洋规划所述的政策与该规划的任何其他陈述或信息在某种程度上相抵触,则该项冲突必须以有利于该政策的方式予以解决。海洋规划由按照附件6的规定进行编制和采纳的海域规划管理局公布后生效。

(2) 八个海洋规划区的定义范围

《海洋与海岸使用法》第49条确定了英国海域包括以下八个海洋规划区,第322条"解释"对八个海洋规划区的定义范围作了界定(表5-6)。其中,"苏格兰区"的含义与1998年《苏格兰法》相同;"威尔士区"(Welsh zone)的含义与2006年《威尔士政府法》相同;"北爱尔兰区"(Northern Ireland zone)的含义与1998年《北爱尔兰法》相同。

表 5-6 英国海域海洋规划区的定义范围

海洋规划区	定义范围
英国近岸地区	毗邻英国的领海向海界限范围内的海域

---

① 附件6是"海洋规划:编制和通过"。笔者注。

续表

海洋规划区	定义范围
英国近海地区	超出领海向海界限但不在下列任何范围内的英国海域：①苏格兰近海地区；②威尔士近海地区；③北爱尔兰近海地区
苏格兰近岸地区	毗邻苏格兰的领海向海界限范围内的海域
苏格兰近海地区	苏格兰近岸地区以外的英国海域，包括苏格兰区内的海域，及位于苏格兰区以外，但距离苏格兰的领海宽度测量基线上的任何点较英国其他任何地区基线上的任何点更近的海域
威尔士近岸地区	毗邻威尔士的领海向海范围内的海域
威尔士近海地区	超出领海向海界限的威尔士区海域
北爱尔兰近岸地区	毗邻北爱尔兰的领海向海界限范围内的海域
北爱尔兰近海地区	超出领海向海界限的北爱尔兰区海域

注：一般认为，近岸地区（inshore region）是指领海基线至12海里范围内的领海区域；近海地区（offshore region）是指超出12海里领海之外至200海里专属经济区的区域。笔者注。

(3) 海洋规划管理局

《海洋与海岸使用法》第50条规定，除下列地区外，每个海洋规划区均须设有海域规划管理局：①苏格兰近岸地区（the Scottish inshore region）；②北爱尔兰近岸地区（the Northern Ireland inshore region）。各海洋规划区的海域规划管理当局如下：①对于英格兰近岸地区，为国务大臣（the Secretary of State）；②对于英格兰近海地区，为国务大臣；③对于苏格兰近海地区，为苏格兰大臣（the Scottish Ministers）；④对于威尔士近岸地区，为威尔士大臣（the Welsh Ministers）；⑤对于威尔士近海地区，为威尔士大臣；⑥对于北爱尔兰近海地区，为北爱尔兰环境署（the Department of the Environment in Northern Ireland）。

(4) 海洋规划的修订

《海洋与海岸使用法》第52条明确了海洋规划的修订：①海洋规划可由相应的海洋规划管理局不时修订；②本部分有关海洋规划的编制、通过、公布及生效的条文，亦适用海洋规划的修订；③本法中提及的海洋规划，包括提及的经修订的海洋规划。此外，《海洋与海岸使用法》第53条还对海洋规划的撤回作了详细的规定。

(5) 审查相关事项的义务

《海洋与海岸使用法》第 54 条明确了海洋规划管理局必须审查相关事项的义务和职责。

1）海洋规划管理局必须不断审查可能会影响其行使职能的与下列相关的事项：①确定将成为海洋规划区的区域；②编制、采纳、审查、修订或撤回上述地区的海洋规划。其中，审查是指海洋规划管理局根据第 61 条所具有的职能。

2）相关事项包括：①管理局所在区域的自然、环境、社会、文化和经济特点及该区域内的生物资源；②该区域任何部分的用途；③该区域的通信、能源和运输系统；④可能影响这些事项的任何其他考虑。

3）相关事项还包括：①合理预期可能发生的与任何此类事宜有关的任何变化；②这种变化可能对该区域的可持续发展、自然资源或生物资源产生的影响。

4）第 2）①项所提及的管理局所在地区的文化特点，包括该地区具有历史或考古性质的特点。

5.3.3　海洋规划的职能转授、实施效果与权利救济

(1) 与海洋规划有关的职能转授

《海洋与海岸使用法》第三部分第三章对"与海洋规划有关的职能转授"作了详细的规定。第 55 条主要有以下内容。

1）海洋规划管理局可根据本条作出指示。

2）根据本条可作出的指示有：①指定任何可转授的海洋规划职能，而该等职能（根据本条作出的指示除外）可由管理局行使或与之有关；②指示该等职能可由指定的代表管理局行使的公共机构行使或与之有关。

3）根据本条发出指示的管理局，只有在公共机构同意下，方可发出指示。

4）公共机构必须遵守指示，并且将被视为拥有这样做一切必要的权力。

5）在本节中，"可转授的海洋规划职能"（delegable marine plan functions）是指：①本部分第二章（海洋规划）规定的职能；②第 61 条（实

施监督等）规定的职能，例外职能除外。

6）"例外职能"（excepted functions）是指海洋规划管理局的下列职能：①根据附件6第15条决定是否公布海洋规划或对海洋规划作出任何修订；②根据第53条决定是否撤回海洋规划。

7）不得根据本条就国务大臣的下列任何职能作出指示：①根据附件6第5条决定是否同意公众参与声明；②根据该附件第7条决定是否同意经修订的公众参与声明；③根据该附件第11条决定是否同意一项咨询草案；④根据该附件第15条决定是否就海洋规划达成协议；⑤根据第53条决定是否撤回先前根据该款就海洋规划订立的协议。

（2）实施与效果

《海洋与海岸使用法》第三部分第四章对"实施与效果"作了规定。该法的第61条是核心条款，要求对实施情况进行监测和定期报告，具体规定如下。

1）本条向海洋规划管理局施加以下职责并制定相关规则：①若已编制和采纳海域规划，则有责任在该规划有效期内（见第2）及第3）款）不断审查第3）款指定的事项；②在此情况下，有义务每隔不超过3年就上述事项编制并发表一份报告，并备存一份副本（见第4）至第9）款）；③在任何情况下，有义务在2030年1月1日之前，每隔不超过6年编制并提交一份关于：Ⅰ.海洋规划管理局编制和采纳的任何海洋计划；Ⅱ.其修订意向；Ⅲ.其编制和采纳更进一步的海洋规划的意向（见第10）至第13）款）。

2）在海洋规划有效期内，海洋规划管理局必须不断审查第3）款所述的每一事项。

3）这些事项为：①海洋规划中政策的影响；②这些政策在确保实现海洋规划管理目标方面所取得的成效；③在实现这些目标方面取得的进展；④若MPS管理海洋规划区的海洋规划，则应确保在实现MPS制定的目标在该区域方面取得进展。

4）海洋规划管理局必须不时就第2）款指定的审查事项编制及发表报告。

5）根据第4）款发布报告后，海洋规划管理局必须将该报告的副本提交有关立法机关。

6）根据第4）款发布报告后，海洋规划管理局必须决定是否对海洋规划修订或替换。

7）第4）款所指的首份报告，必须在海洋规划通过之日起的3年内发表。

8）根据第4）款发布首份报告后，下一份报告必须在上一份报告发布之日起的3年内发布。

9）在本条中，凡提及更换海洋规划，即提及：①按照本部分的规定，编制和采用新的海洋规划（不论是否服务同一海洋规划区）；②撤回将予替换的海洋规划（海洋规划管理局尚未撤回）。

10）各海洋规划管理局必须不时拟备一份报告，并将该报告呈交有关的立法机关，该报告须说明：①指明海洋规划管理局已编制和采纳的海洋规划；②其修订意向；③其编制和采纳更进一步的海洋规划的意向。

11）根据第10）款编制首份报告后，各海洋规划管理局必须在本法通过之日起6年内提交相关立法机关。

12）根据第10）款编制及提交其首份报告后，海洋规划管理局须在上一份报告提交之日起的6年内提交下一份报告。

13）若上一份报告提交之日起的6年期限在2030年1月1日或之后才结束，无须提交第10）款要求的报告。

14）就本条而言，"相关立法机构"是指：①就国务大臣而言，相关立法机构为议会（Parliament）；②就苏格兰大臣而言，相关立法机构为苏格兰议会（the Scottish Parliament）；③就威尔士大臣而言，相关立法机构为威尔士国民议会（the National Assembly for Wales）；④就北爱尔兰环境部而言，相关立法机构为北爱尔兰议会（he Northern Ireland Assembly）。

（3）文件有效性

《海洋与海岸使用法》第三部分第五章为"其他规定和一般规定"（Miscellaneous and General Provisions），包括"本部分文件的有效性"（Validity of Documents Under this Part）和"解释与王室适用"（Interpretation and Crown application）两方面的内容。

《海洋与海岸使用法》第62条"海洋政策声明和海洋规划的有效性"既包含了文件有效性的规定，也包含了权利救济的内容。具体规定为：

1）本条适用于：①任何 MPS；②MPS 的任何修订；③任何海域规划；④海域规划的任何修订。

2）第1）款各项所列的文件，在本条中被称为"相关文件"。

3）在任何法律程序中，不得对相关文件提出质疑，本条下列规定除外。

4）任何人认为其权利受到相关文件不法侵害的，可基于以下任何理由向有关法院提出申请：①该文件不在适当权力范围内；②没有遵守程序要求。

5）此类申请必须在相关文件公布后 6 周内提出。

《海洋与海岸使用法》第 63 条进一步规定了"法院就根据第 62 条提出的申请而具有的权力"，例如法院可作出临时法令（make an interim order）中止有关文件的实施，或者撤销相关文件（quash the relevant document）等。

5.4 海域使用许可与自然保护

《海洋与海岸使用法》第四部分和第五部分的内容分别为海域使用许可和自然保护。

5.4.1 海域使用许可

英国实施的海域使用许可制度属于双重许可，即任何海洋资源（港口河口水域的使用、沙砾开采、海水养殖、海上游乐业、石油天然气开采等）都必须取得作为政府管理行为发放的"允许开发许可证"和作为产权所有者发放的"有偿租赁许可证"，且必须严格按照许可证规定的开发项目及期限进行（郭振仁，2013）。

《海洋与海岸使用法》第四部分对"海域使用许可"（Marine Licences）作了详细的规定，包括海域使用许可（Marine Licences）、豁免和特殊情况（Exemptions and Special Cases）、执行（Enforcement）、职能转授（Delegation）、补充规定（Supplementary）五章内容。

(1) 海域使用许可

《海洋与海岸使用法》第四部分第一章为"海域使用许可"。该法第 66 条详细列举了须领取海域使用许可证的十三种类型的海洋活动；第 67 至第 70

条规定了许可证的申请（以及费用缴纳和可能的协助）、通知、裁定、调查等内容。

就许可申请的裁定而言，《海洋与海岸使用法》第69条规定：

1）有关许可证签发机关在裁定海域使用申请时（包括该许可证的批出条款及附加条件（如有的话））必须考虑到：①保护环境的需要；②保护人类健康的必要性；③防止干扰合法的海域用途，以及许可证签发机关认为有关的其他事项。

2）在申请许可证以授权第66条（1）款7项所述的活动的情况下，适当的许可证发放机构必须考虑（在其他事项中）建造、改建或改善有关工程对该工程的使用的影响。

3）有关许可证签发机关必须考虑与申请结果有利害关系的任何人的任何申述。

4）许可证签发机关可以：①不时就其行使权力的方式，咨询该领域的专家人士或团体；②就个别申请，咨询与该申请相关的领域的专家人士或团体。

5）若有关许可证签发机关根据第4）款②项咨询任何人或团体，它必须给予申请人机会，就专家人士或团体所作的任何意见向其作出申述。

《海洋与海岸使用法》规定，有关的许可证签发机关可安排就海域使用许可证申请的裁定进行调查。此外，该法还对许可证的授予、变更暂停撤销移交、反对许可决定的上诉、质疑某些决定的程序、质疑后提出许可要求等内容作了详细的规定。

（2）豁免和特殊情况

《海洋与海岸使用法》第四部分第二章为"豁免和特殊情况"。

根据该法第74至第77条规定，海域使用许可证豁免（Exemptions）的情形包括：①依据法令规定的豁免；②某些疏浚等活动的豁免；③苏格兰地区疏浚活动的豁免；④油气活动和二氧化碳储存。

《海洋与海岸使用法》还规定了"某些情况下的特别规定"，具体包括：①与港口工程有关的申请的特别程序；②与某些电力工程有关的申请的特别程序，以及与某些电力工程有关的申请的特别程序（北爱尔兰）；③电子通信设备；④大陆架上的海底电缆；⑤干流中、上方或干流下方的构筑物；⑥地方立法对海事许可的要求；⑦防洪排水条例。

(3) 执行

《海洋与海岸使用法》第四部分第三章为"执行",明确了违反许可证的违法行为、执行通知、民事制裁等内容。

1) 关于违法行为。该法第 85 条明确了违反许可证的要求或条件,以及相应的法律责任。①任何主体:违反第 65 条(1)款,或不遵从海域使用许可证的任何条件,即属违法。②受第 71 条(5)款许可证条件的约束的任何主体,除非符合第(3)款的规定,否则不得视为没有遵从该条件。③要求有关许可证发放机关已根据本款向该主体送达通知,该通知指明该主体须遵守的条件,该主体须遵守的期限(任何情况下,该期限必须是合理的期限),以及该主体未能在该期间内遵守该条件。④任何人若构成第 65 条(1)款所述的违法行为:一经循简易程序定罪,可处不超过 50 000 英镑的罚款;一经循公诉程序定罪,可处罚款或监禁不超过两年,或两者兼有。该法第 86 至第 88 条还规定,根据第 85 条(1)款被控涉嫌违法的人,若能提供相关证明可提出抗辩免责,具体包括:①在紧急情况下采取的行动;②电子通信;③紧急工程;④在其他国家获得许可的活动。

2) 关于执行通知。《海洋与海岸使用法》第 90 条、第 91 条规定,执行当局根据活动主体执行许可证的情况发出执行通知。若执行当局认为在其辖区内进行活动的人符合相关规定,可向该活动主体发出符合性通知。如果该活动的进行已导致、正在导致或可能导致危害环境、危害人体健康、影响海洋的合法用途的后果,以及符合其他相关规定时,执行当局可向该活动主体发出整治通知。

3) 关于民事制裁。《海洋与海岸使用法》第 93 至第 97 条对违反海域使用许可的"民事制裁"作了较为详细的规定。其区分为"定额罚款"和"变额罚款"。"定额罚款"是向执法机关支付规定数额罚款的要求;"变额罚款"是指由执行当局在每一种具体情况下决定罚款数额的罚款。

此外,该法还规定了定额罚款的程序、变额罚款的程序,包括执行当局向相关主体发出相应的"处罚建议通知书"以及"处罚决定通知书"的内容、具体要求等。

《海洋与海岸使用法》第四部分第四章"职能转授"和第五章"补充规定"的内容多为程序性、细节性、解释性的规定,在此不再赘述。

5.4.2 自然保护

《海洋与海岸使用法》第五部分对"自然保护"作了详细的规定,包括"海洋保护区"和"其他保护区"两章内容。

(1) 海洋保护区的指定设立

《海洋与海岸使用法》第 116 条(1)款规定,有关当局可通过法令将(2)款所指的任何地区指定为海洋保护区(marine conservation zone,MCZ)。第 117 条列出可作出该法令的理由。第 116 条(2)至(8)款对具体的区域范围以及有关当局作了明确的界定。

《海洋与海岸使用法》第 118 条进一步规定:

1)根据第 116 条下达的法令必须确定指定区域的边界。

2)MCZ 的边界可由或参照平均大潮确定。

3)第 116 条(2)款(a)项或(b)项所提述的海域,包括提述海中任何岛屿,不论该岛屿的任何部分是否位于平均大潮之上。

4)如果 MCZ 包括第 116 条(2)款(a)项("A 区")范围内的区域,则在下列情况下,也可以包括平均高潮位以上的海岸区域("B 区"):B 区与 A 区相邻,并且符合 5)的任何条件。

5)条件:①一个或多个导致区域 A 被指定为 MCZ 的受保护特征也存在于区域 B 中;②指定 A 区的目的是保护(全部或部分)依赖于 B 区内发生或存在的任何事情的海洋动植物;③如果不包括 B 区,确定 MCZ 的边界就变得不可能或不可行(不论是按照划定 MCZ 的法令,还是为了行使与 MCZ 有关的职能而在当地划定 MCZ)。

6)根据第 116 条作出的法令必须指定一块土地(无论该土地是否被水覆盖),以及如属该条(2)款(a)项或(b)项所指的范围,可指定覆盖该土地的部分或全部水域。

(2) 指定为海洋保护区的依据

《海洋与海岸使用法》第 117 条规定了指定为海洋保护区的依据。

1)有关当局如认为宜根据第 116 条作出法令,以保护海洋动植物、海洋生境或海洋生境类型、地质或地貌特征。

2）法令必须说明受保护对象的特征、MCZ 的保护目标。

3）本章中提及的 MCZ 保护目标是指根据第 2）款规定的 MCZ 保护目标。

4）本章所述保护海洋动植物，尤其包括提述保护因以下原因而稀有或受威胁的任何物种：①该物种的个体数量有限；②该物种存在的地点数目有限。

5）本章所述保护海洋动植物或生境，包括提述保护这些动植物或生境的多样性，不论这些动植物或生境是否稀有或受威胁。

6）任何有关"保护"的提及均包含"协助保护""促进其恢复或增长"之意。

7）在审议将某一地区指定为 MCZ 是否可取时，有关当局可考虑这样做的经济或社会后果。

8）在第 7）款中，凡提及"将某地区指定为 MCZ 的任何社会后果"，均包含"这样做对该地区内任何具有历史或考古价值的地点（包括任何由船只、飞机或海上设施组成或由该等船只、飞机或海上设施的遗骸组成的任何地点）的任何后果"之意。

（3）指定前咨询、听证以及法令的公布修订撤销复核

《海洋与海岸使用法》还规定了"指定前咨询"、"有关当局的听证会"、"指定 MCZ 法令的公布"以及"指定 MCZ 法令的修订、撤销和复核"。

1）在指定为海洋保护区前，有关当局必须咨询其认为可能与该法令存在利害关系或受其影响的人。

2）有关当局可在作出该决定前，给予任何人机会：①为此目的而指定的人士出席聆讯；②向该等人士提供书面陈述。

3）有关当局必须以其认为最有可能提请任何可能因该法令的作出而受影响的人注意的方式，公布作出法令的通知，并提供一个可以查阅该法令副本的地址。

4）根据第 116 条作出的法令可由另一项法令修订或撤销，以及主管当局在接获相关人士的申诉时必须复核根据第 116 条发出的任何法令。

（4）与保护区网络有关的职责

1）建设保护区网络的目标与条件。根据《海洋与海岸使用法》第 123 条第（1）款的规定，为实现第 123 条第（2）款规定的目标，有关当局必须根据第 116 条的规定进行 MCZ 指定。在履行此规定的义务时，有关当局必须考虑到欧盟或国际法规定的与养护或改善海洋环境有关的任何义务。

第 123 条第（2）款规定的建设保护区网络目标是，由有关当局指定的海洋保护区，连同根据第 116 条指定的任何其他海洋保护区及英国海域内的任何有关保护点，组成一个符合第 123 条第（3）款的条件的网络。

第 123 条第（3）款规定的条件是：①该网络有助于保护或改善英国海域的海洋环境；②网络中包含的站点所保护的特性代表英国海域中存在的特性范围；③网络中站点的指定反映了这样一个事实，即保护一个特征可能需要指定多个站点。

"有关保护点"是指：①任何欧洲海洋遗址；②任何 SSSI（具有特殊科学价值的区域）的全部或部分；③任何拉姆萨尔湿地的全部或部分。此外还规定了有关当局的具体职责和时间要求。

2）保护区的报告和监测义务。在每一相关期限结束时，有关当局必须向有关立法机关提交一份报告并列明：①有关当局认为第 123 条（2）款所述目标的实现程度；②有关当局认为，为促进实现这一目标，必须采取的进一步措施。"相关期限"是指：①自本节生效之日起，2012 年 12 月 31 日止的期间；②以后每六年一次。

报告还必须包含以下信息：①在此期间内，有关当局指定为 MCZ 的数量；②就每个此类 MCZ 而言，MCZ 的规模以及为 MCZ 制定的保护目标；③有关当局指定的，禁止或实质性限制进行下列活动的 MCZ 的数量：任何许可的海洋活动，以及在海上捕鱼或取走海洋动植物；④有关当局根据第 116 条作出的命令所作的任何修订的资料；⑤有关当局认为为其指定的每个 MCZ 规定的保护目标已经实现的程度；⑥有关当局认为为达到其为任何一个 MCZ 而确定的保育目标，而须就任何一个 MCZ 采取的任何进一步措施。

为履行其在本条下的职责，任何地区的有关主管当局可指示该地区的有关的法定保护机构对该地区内指定的 MCZ 进行监测。

（5）公共当局的职责

《海洋与海岸使用法》第 125 条规定了公共当局与 MCZ 相关的一般职责。

1）本条适用于任何具有能影响下列内容（影响微不足道的除外）的职能的公共当局：①MCZ 的保护特性；②保护 MCZ 的任何受保护特性（全部或部分）所依赖的任何生态或地貌过程。

2）本条所适用的每一公共当局（只要符合其适当行使）必须：①以当局认为最佳的方式行使其职能，以促进为保护区制定的保护目标；②如果不可能以促进这些目标的方式行使其职能，则应以当局认为对实现这些目标影响最小的方式行使这些职能。

3）若认为其任何职能的行使会或可能会严重阻碍MCZ保护目标的实现，则必须将这一事实通知相应的法定保护机构。

《海洋与海岸使用法》第126至第128条还对"公共当局对某些决定的责任""保护机构的建议和指导""不履行职责等"等作了规定。例如第127条规定，有关的法定保护机构可就以下事宜提供意见及指导：①能够损害或以其他方式影响任何受保护特性的事项；②能够影响任何生态或地貌过程的事项，而受保护特性的保护（全部或部分）依赖于该生态或地貌过程；③如何进一步实现MCZ的保护目标，或实现任何此类目标可能受到的阻碍程度；④如何减轻任何活动对某个海洋保护区（MCZ）或多个海洋保护区（MCZs）的影响；⑤哪些活动［就第126条第（7）款第（c）项而言］对环境的任何特定损害具有或不具有同等的环境效益（在该规定的含义范围内）。

(6) MCZ保护条例等：英格兰

《海洋与海岸使用法》第129至第133条对"英格兰MCZ保护条例的制定"、"条例制定程序"、"紧急条例"、"暂行条例"以及"关于条例的进一步规定"等作了规定。

第129条规定：

1）MMO可以制定一个或多个条例，以促进英格兰MCZ保护目标的实现。

2）根据本条订立的条例，可适用于英格兰的任何地区。

3）根据本条可订立的条例，其规定尤其包括：①禁止或限制人或动物进入或在MCZ内进行任何活动；②禁止或限制船只或（在适当情况下）车辆进入MCZ，或在MCZ内进行任何移动或其他活动；③限制任何船舶在MCZ内或MCZ外任何指定区域内的移动速度，以免妨碍MCZ规定的保护目标的实现；④禁止或限制在MCZ内停泊任何船只；⑤禁止或限制杀害、取走、毁坏、干扰或妨碍MCZ内任何种类的动植物；⑥禁止或限制在MCZ内进行任何会干扰海床、损坏或妨碍MCZ内任何物体的行为。

4）根据本条订立的条例可能作出的规定还包括禁止或限制人员、动物或车辆进入 MCZ 附近海岸的任何部分，或在该区域内进行任何移动或其他活动。

5）根据本条订立的条例可规定 MMO 有权对某些事项颁发许可证。除许可证外，根据条例从事该事项将是非法的。

6）MMO 可根据 5）款在许可证上附加其认为适当的任何条件。

《海洋与海岸使用法》还规定了"保护 MCZ 等的法令：威尔士""听证会""违法行为""定额罚款""其他规定和补充规定"等内容。

(7) 其他保护区

《海洋与海岸使用法》第五部分第二章内容为"其他保护区"，仅有一个条文。该法第 148 条为"SSSIs 和国家自然保护区的海洋边界"，明确规定附件 13 具有效力，该附件修订了 1981 年《野生动物和乡村法》，且与具有特殊科学意义的地点和国家自然保护区相关。

5.5 海岸使用

《海洋与海岸使用法》第九部分为"海岸使用"（Coastal Access），内容包括"海岸使用职责"、"海岸使用职责的履行"、"法律责任"、"一般条款"及"关于威尔士的特别规定"。

5.5.1 海岸使用职责

(1) 海岸使用的职责与目标

自然英格兰和国务大臣必须行使相关职能，以确保实现以下目标。

第一个目标是有一条贯穿整个英国海岸的路线：①由一条或多条长距离路线组成，公众可沿这些路线步行或乘渡船观光旅行；②公众可通过此路线到达海岸区域（通过渡轮完成的除外）。

第二个目标是，就该路线（"英国海岸路线"，the English coastal route）而言，公众可进入沿英国海岸的边缘地带，以便与该路线一起或以其他方式进行娱乐活动，除非该边缘地带有相关的例外规定。

自然英格兰和国务大臣的具体职责为：①在本部分中被称为海岸使用职责；②须在他们认为合适的阶段和期间开放。

(2) 公众通行区域的界定

就本法第 296 条而言，如属以下情况则为公众通行区域：①根据《CROW 法案》（*Countryside and Rights of Way Act* 2000，the CROW Act）第 3A 条的规定，并受该法第一部分（乡村通行）或根据该部分规定的任何排除或限制的约束，可供公众用于露天娱乐的土地；②在英格兰的土地，就该法案第 1 条（1）款而言，该土地被该法案第 15 条（1）款视为除该法案外可供公众进入使用；③在英格兰以外的土地，其根据任何成文法或法律规则（军事土地条例除外）可供公众通行使用。其中，"军事土地条例"是指根据 1892 年《军事土地法》（*Military Lands Act* 1892）（c.43）第 14 条或 1900 年《军事土地法》（*Military Lands Act* 1900）（c.56）第 2 条制定的条例。"英格兰以外的土地"的含义与《CROW 法案》第一部分相同。

(3) 海岸使用条款的一般规定

1）在履行海岸使用职责时，自然英格兰和国务大臣必须遵守本条规定。

2）他们必须考虑到：①使用英国海岸路线的安全和便利；②该路线紧贴海岸边缘并提供海洋景观的可行性；③在合理可行的情况下，确保尽量减少对该路线的干扰。

3）他们应致力于在公众享有海岸土地通行权的利益与任何在该海岸土地上有相关利益的人的利益之间取得公平的平衡点。

4）在下列情况下，则可以认为某人在该海岸土地上拥有一定的利益：①持有该土地的完全所有权的产业；②对该土地拥有一定年限的完全所有权；③合法占用该土地。

《海洋与海岸使用法》"海岸使用职责"除上述内容以外，还详细规定了"海岸使用方案的制定""海岸使用方案的审查"，以及关于"英国海岸""河流河口"的定义解释。

5.5.2　海岸使用职责的履行

《海洋与海岸使用法》的"海岸使用职责的履行"主要对"长途路线"

"海岸边缘的通行""英国海岸路线的建立与维护等"作了规定。

其中,《海洋与海岸使用法》第 302 条"长途路线"是核心条款,其规定在 1949 年法案①第 55 条之后插入以下内容。①55A、关于英国海岸路线的建议;②55B、易受侵蚀的海岸路线等;③55C、备选路线;④55D、海岸边缘;⑤55E、对根据海岸使用职责作出的报告进行审议;⑥55F、《CROW 法案》第一部分下的指示;⑦55G、英国海岸路线的渡轮;⑧55H、依据海岸使用职责的变更;⑨55I、临时改道;⑩55J、关于第 55 条 A 至 J 款的解释。

5.5.3 法律责任

《海洋与海岸使用法》"法律责任"一节中分别在第 305 条和第 306 条规定了"自然英格兰和国务大臣的限制性责任"和"占用人责任"两个条文②。

(1) 自然英格兰和国务大臣的限制性责任

1) 根据《过失法》(*Law of Negligence*),在下列情况中,自然英格兰不负有责任:①依其海岸使用职责根据 1949 年法案第 51 或第 55 条(长途路线和此类路线的变更)编制或提交建议;②就其未能根据本法附件 20 第 6 段的规定,竖立该段第(2)(b)节所述种类的告示或标志(警告障碍物或危险的告示或标志);③③就其未能依据《CROW 法案》第一部分第 2 章的规定排除或限制通行于海岸边缘的任何土地有关,但在本法第 305 条(2)款内未能排除或限制的除外。

2) 如果过失是由"自然英格兰"造成的,则属本款范围内:①决定不按照根据该法第 24 或第 25 条规定所提出的申请行事;②决定不按照某人根据该法第 27 条(5)款(在撤销或更改指示前咨询原申请人等)所作的陈述行事。

3) 在第 1)及第 2)项中,凡提述"自然英格兰"之处,均包括代表其行事的任何人。

---

① "1949 年法案"(the 1949 Act)是指 1949 年《国家公园和乡村通行法》。笔者注。
② Marine and Coastal Access Act 2009, Part 9 Coastal access, Liabilities.
③ 附件 20 第 6 段第(2)(b)节规定了"应设立警告公众沿途有障碍物或危险物的告示或标志"。笔者注。

4）根据过失法，在下列情况中，国务大臣不负有责任：①根据1949年法案第52条或第55条，依其海岸使用职责批准提案（无论有或无修改）；②根据该法第55条，依其职责发出指示。

（2）占用人责任

在1984年《占用人责任法》（*Occupiers' Liability Act* 1984）（c.3）第1条（占用人对非占用人访客的责任）中，在第（6A）条之后插入："（6AA）凡该土地为该法令第一部所指的海岸边缘（包括凭借该法令第16条被视为海岸边缘的任何土地），第（6A）款的效力，与该款（a）及（b）段已由'因任何物理特性（不论是景观或其他）的存在而引致的风险'替换一样。"

5.6 主要经验做法与启示

英国《海洋与海岸使用法》体系庞大、条文众多，作为统揽英国海洋事务的根本性大法，始终以海洋综合管理理念为核心，既有对海洋问题总体性规定的宏观指导条款，又包含诸多可操作性强的微观实施措施。该法的颁布实施，使得英国海洋政策制度、海洋事务管理体系等发生革命性的转变，确保海洋经济可持续发展与生态环境保护等目标的实现，开启了英国海洋管理工作的新篇章。

5.6.1 注重综合管理和全面协调统筹海洋事务

海洋系统与陆地系统存在显著不同，任何通过适用陆地理论、范式和概念来管理海洋环境的尝试都可能会失败（马克·撒迦利亚，2019）。海洋与海岸带系统具有多样性、多尺度和多层次之间的相互作用、动态性、不确定性、复杂性、弹性但有限和脆弱等特征。传统的以部门为基础的通用解决方案，主要是针对某单一问题制定实施法律规定的单独行动，例如海洋渔业、海洋能源开发、海洋废弃物处理等，容易导致使用者之间、部门之间的冲突，且与海洋环境的生物物理复杂性不相容。海洋生态系统跨越了国家和区域的边界，使得基于财产权（所有权）目的制定的管理体制存在不足。对海洋的了解不足以及"拓荒心态"，导致对海洋资源开发的热情较高却制约不足

(Murray and Bruce, 2008)。概言之，海洋环境与生态系统的特殊性对传统的治理方式提出挑战。

在 2009 年制定《海洋与海岸使用法》（Marine and Coastal Access Act）之前，英国已有多部相关的涉海法律。例如 1949 年《海岸保护法》（Coast Protection Act 1949）、1964 年《大陆架法》（The Continental Shelf Act 1964）、1967 年《海洋鱼类（保护）法》［Sea Fish（Conservation）Act 1967］、1971 年《防止石油污染法》（Prevention of Oil Pollution Act 1971）、1975 年《海上石油开发法（苏格兰）》［Offshore Petroleum Development（Scotland）Act 1975］、1976 年《渔区法》（Fishery Limits Act 1976）、1981 年《渔业法》（Fisheries Act 1981）、1987 年《领海法》（Territorial Sea Act 1987）、1992 年《海洋渔业（野生生物养护）法》［Sea Fisheries Wildlife Conservation Act 1992）、1992 年《海上安全法》（The Offshore Safety Act 1992］、1992 年《海上管道安全法令（北爱尔兰）》［The Offshore, and Pipelines, Safety（Northern Ireland）Order 1992］、1995 年《商船运输法》（Merchant Shipping Act 1995）、2001 年《渔业法修正案（北爱尔兰）》［Fisheries（Amendment）Act（Northern Ireland）2001］等，这些也是制定 2009 年《海洋与海岸使用法》（Marine and Coastal Access Act 2009）的国内法依据。

英国的海洋渔业、海上风电、海洋交通运输业等涉海产业发达，涉海法律的领域范围广，导致散见于规划、港口、渔业、生物保护、能源、电力等诸多法律之中。《海洋与海岸使用法》的条文内容也提及了相关的法律乃至涉及对相关法律的修改。例如，1949 年《国家公园和乡村通行法》、1964 年《港口法》、1967 年《海洋鱼类（保护）法》、1967 年《海洋渔业（贝类）法》、1970 年《海豹保护法》、1981 年《野生动物和乡村法》、1989 年《电力法》、1992 年《海洋渔业（野生动物保护）法》、1994 年《保护（自然栖息地）条例》、2000 年《电力工程（环境影响评估）（英格兰和威尔士）条例》、2004 年《能源法》、2006 年《威尔士政府法》、2006 年《立法及监管改革法》、2008 年《规划法》等。

《海洋与海岸使用法》是一部融合了海洋基本法、海洋规划法、海域使用管理法、海洋保护区法、海洋渔业法、海岸带管理法的海洋综合法。该法的正文有 11 个部分 325 个条文，还有 22 个附件作为正文部分的补充。该法涉及的内容有海洋管理体制与机构职责分工、专属经济区、海洋规划的编制通过实施、海域使用许可的具体要求、海洋保护区以及海洋保护区网络的建立、海洋渔业保护与管理、海洋执法、海岸使用等多个领域。

《海洋与海岸使用法》以综合管理理念贯穿全篇，注重涉海政策的统一和管理职能的整合，逐步建立起海洋综合管理体系。其中，该法的第一部分围绕英国海洋管理组织的设立、职能、目标等作出详细规定，其职权范围涉及规划制定、政策实施和海洋执法等全过程，具有相当程度的全面性。集约型的海洋综合管理模式有利于提高管理效率，降低信息共享成本，大大优化了涉海部门之间的协调能力和执法效率。

总体而言，英国的立法不仅利用海洋区域解决冲突，且形成了急需的土地、海洋和淡水规划综合管理机制（Tundi，2012）。《海洋与海岸使用法》第三部分突出强调了海洋规划的重要地位，其立法理念和具体操作对于我国制订科学合理的海洋战略规划，科学用海、生态护海，加快推进海洋强国建设具有重要的借鉴意义。

5.6.2 坚持可持续发展原则和重视生物多样性保护

海洋可持续发展是可持续发展理念在海洋领域的延伸，是海洋经济—社会—生态复合系统的协调发展。联合国发布的《第一次全球海洋综合评估》和《第二次世界海洋评估》表明，全球主要海洋生态系统的结构、功能和效益已经退化，或者正在被不可持续的方式开发利用（古小东，2022）。健康的海洋是蓝色经济发展的先决条件。当前全球海洋生态系统服务面临开采性威胁（例如渔业不可持续捕捞、采矿、近海油气勘探开采、近海和海洋可再生能源装置以及红树林开采）和非开采性威胁（例如海洋污染、生境破坏、海洋酸化、海洋变暖、海平面上升、海洋缺氧）的挑战，且相互影响或叠加影响（McCauley et al.，2015）。

英国将"可持续发展"作为基本国策，强调在发展经济的同时重视生态效益，考虑近期利益的同时着眼长远利益，这在 2009 年《海洋与海岸使用法》中也有充分的体现。该法第五部分"自然保护"规定设立若干海洋保护区"海洋保护区"，并建设成具有重要生态意义的海洋保护区网络，为加强海洋动植物及栖息地保护提供了法律依据。该法第六部分为"近海渔业管理",其规定通过设立近海渔业与保护区加强近海渔业资源管理,强调必须以可持续的方式进行渔业资源开发。该法第七部分为"渔业",其通过限制捕鱼尺寸与工具等确保渔业资源的可持续利用。

此外,该法还通过许可证制度禁止向海洋环境投放废弃物的行为,以减少海洋环境污染。在保护生物多样性方面,《海洋与海岸使用法》的其他章节也有涉及相关内容,如海豹的保护、洄游鱼类和淡水鱼的保护等。

5.6.3　鼓励公众参与海洋事务决策管理和提升公众海洋意识

《海洋与海岸使用法》的许多章节都有关于信息公开、保障公众参与的条款。例如,该法第69条规定,在审核许可证申请的过程中,许可证签发机关可咨询富有经验的个人或团体;第101条规定,各机关必须向公众无偿公开其许可证发放登记册;第119条规定,在划定海洋保护区前,有关当局必须以其认为最能提请利害关系人注意的方式对拟定结果进行公示并征询利害关系人的意见等。

公众参与制度的实行,有利于提升公众对海洋事务的认识,增强公众的主人翁意识,关心海洋保护海洋;同时有助于及时了解公众的基本诉求,协调和解决行政部门与公众之间的矛盾和冲突,提高管理机构决策的科学性和有效性。英国《社区参与说明》[①] 以法定文件的形式将公众参与各项法律法规建设的具体方式确立下来(王小军,2019),《海洋与海岸使用法》更是将公众参与机制深度纳入国家海洋事务决策与管理活动中,重视公众意见,接收群众监督。

---

① 也有翻译为《公众参与声明》。笔者注。

第 6 章　海岸带管理立法的本土探索

我国国家层面尚未专门制定海岸带管理的法律。1991年3月3日江苏省第七届人民代表大会常务委员会第十九次会议通过的《江苏省海岸带管理条例》（1997年修正）是我国地方层面最早的海岸带管理地方性法规，2010年9月29日江苏省第十一届人民代表大会常务委员会第十七次会议审议通过了关于废止《江苏省海岸带管理条例》的议案，废止的原因主要为"该条例的适用范围与海域使用管理法、土地管理法等相关法律相冲突，且条例所规定的主要管理制度与现行法律法规的规定不一致"[①]。目前尚有效实施的海岸带管理地方性法规主要有：两个省级层面的地方性法规，分别为海南省和福建省；九个设区的市级层面的地方性法规，分别为辽宁省的锦州、广西壮族自治区的防城港和山东省的青岛、威海、烟台、日照、滨州、东营、潍坊（表6-1）。

表 6-1　我国内地海岸带地方性法规概况

地方性法规名称	通过/修正/废止时间	主要章节内容
《江苏省海岸带管理条例》	1991年3月3日通过，1997年修正，2010年废止	分为总则、行政管理、规划和科研、开发利用、治理保护、开发基金和鼓励措施、奖励与惩罚、附则8章，共46个条文
《海南经济特区海岸带保护与利用管理规定》	2013年3月30日通过，2016年5月26日第一次修正，2019年12月31日第二次修正	不分章，共30个条文。原名称为《海南经济特区海岸带保护与开发管理规定》
《福建省海岸带保护与利用管理条例》	2017年9月30日通过	分为总则、规划、保护、利用、监督管理、法律责任、附则7章，共50个条文
《锦州市海岸带保护与利用管理条例》	2017年11月20日通过	分为总则、保护与利用、其他规定、附则7章，共27个条文

---

① 参见王腊生关于提请审议修改《江苏省实施〈中华人民共和国职业教育法〉办法》等25件法规和废止《江苏省海岸带管理条例》等6件法规的议案的说明（2010年9月27日）。http://www.jsrd.gov.cn/zyfb/hygb/1117/201012/t20101213_59332.html.

续表

地方性法规名称	通过/修正/废止时间	主要章节内容
《威海市海岸带保护条例》	2018 年 4 月 24 日通过，2020 年 1 月 25 日修正	分为总则、保护规划、保护措施、法律责任、附则 5 章，共 48 个条文
《日照市海岸带保护与利用管理条例》	2019 年 4 月 29 日通过	分为总则、规划、保护、利用、监督管理、法律责任、附则 7 章，共 60 个条文
《青岛市海岸带保护与利用管理条例》	2019 年 5 月 23 日通过	分为总则、规划、保护、整治修复、利用、监督管理、法律责任、附则 8 章，共 60 个条文
《东营市海岸带保护条例》	2019 年 10 月 24 日通过	分为总则、规划、保护、法律责任、附则 5 章，共 43 个条文
《潍坊市海岸带保护条例》	2019 年 10 月 25 日通过	分为总则、保护规划、资源保护与利用、污染防治、法律责任、附则 6 章，共 55 个条文
《烟台市海岸带保护条例》	2019 年 10 月 29 日通过	分为总则、规划、保护、附则 4 章，共 34 个条文
《滨州市海岸带生态保护与利用条例》	2019 年 11 月 1 日通过	分为总则、规划、保护、利用、监督管理、法律责任、附则 7 章，共 42 个条文
《防城港市海岸带保护条例》	2019 年 11 月 1 日通过	分为总则、保护规划、保护措施、监督管理、法律责任、附则 6 章，共 41 个条文

本章主要对福建省、海南省以及山东省的青岛市和威海市海岸带地方性立法进行评析。福建省地处中国东南沿海，全省海域面积 13.6 万平方千米，陆地海岸线 3752 千米，可建万吨级泊位深水自然岸线 501 千米，水产品人均占有量居全国第二。海南省位于我国最南端，是国内仅次于台湾岛的第二大岛，海域面积约 200 万平方千米，海岸线总长 1944 千米，有大小港湾 68 个，周围负 5 米至负 10 米的等深地区达 2330.55 平方千米，相当于陆地面积的 6.8%。山东省濒临黄海和渤海，海岸线总长 3345 千米，约占全国岸线总长的 1/6。山东省青岛、烟台、威海、日照、东营、潍坊、滨州等沿海七市近年均已制定海岸带保护法规，实现了海岸带保护立法全覆盖，由此山东省成为全国第一个实现沿海城市全部制定海岸带保护法规的省份。

6.1 福建省海岸带管理立法评析

2017 年 9 月 30 日，福建省第十二届人大常委会第三十一次会议审议通过、2018 年 1 月 1 日起施行的《福建省海岸带保护与利用管理条例》（本节简称《条例》）共 7 章 50 个条文。该条例从福建省海岸带保护与利用管理的实际出发，明确了海岸带范围，理顺了管理体制，划定了海岸带分类保护利用区域，并对当前海岸带保护与利用管理面临的突出问题进行了规范，为有效保护海岸带生态环境，合理利用海岸带资源，推进福建省国家生态文明试验区建设提供了法律依据。

6.1.1 术语定义以及海岸带范围的划定

《条例》第二条明确了海岸带、海岸线、自然岸线的定义，以及海岸带范围的划定公布，有利于海岸带保护和利用工作的开展[①]。福建省的海岸带规划总面积约 4.03 万平方千米，其中陆域规划范围原则上以福鼎至诏安沿海铁路通道所在乡镇为界，结合地形地貌特征，综合考虑河口岸线、自然保护区、生态敏感区、城镇建设区、港口工业区、旅游景区等规划区具体划定，面积约 1.80 万平方千米，涉及福州、厦门、漳州、泉州、莆田、宁德 6 个设区市及平潭综合实验区的沿海 40 个县（市、区）；海域规划范围为领海基线向陆一侧的近岸海域，面积约 2.23 万平方千米（不包括金门、马祖及周边海域）。

6.1.2 海岸带管理框架制度

(1) 明确部门职责并建立联席会议制度

针对现行海岸带管理体制中存在的部门管理职能交叉、管理不够到位的问题，《条例》从两方面着手解决。一是结合福建省海岸带管理工作中各部门现有职能配置，明确省政府及沿海设区的市、县（市、区）政府发展和改革、海洋渔业、城乡规划、国土资源、环境保护、林业等在海岸带保护与利用管理工作中起重要作用的部门在海岸带范围内的具体监管职责，防止职责

---

① 参见《福建省海岸带保护与利用管理条例》第二条第二款：本条例所称海岸带，是指海洋与陆地交汇地带，包括海岸线向陆域侧延伸至临海乡镇、街道行政区划范围内的滨海陆地和向海域侧延伸至领海基线的近岸海域。海岸带具体界线范围由省人民政府批准并公布。第三款：海岸线是指平均大潮高潮时水陆分界的痕迹线。第四款：自然岸线是指由海陆相互作用形成的海岸线，包括砂质岸线、淤泥质岸线、基岩岸线、生物岸线等原生岸线。

交叉导致的不作为①。二是实行海岸带综合管理体制,建立联席会议制度,协调解决海岸带保护与利用工作中的重大问题②。

(2) 重视公众参与并建立多方参与的公众监督机制

公众参与是海岸带实现有效综合管理的重要措施之一。美国《21世纪海洋蓝图》特别强调公众意识对海洋管理的重要意义,主张通过各种途径,倡议对所有的美国人进行终身海洋教育。美国1972年制定实施了《海岸带管理法》,其针对海岸地区各州的不同情况,帮助海岸地区各州制定实施海岸带管理规划,鼓励公众、政府和相关机构共同参与制定海岸带的管理。公众参与不局限在对海岸带管理的监督举报,还体现在通过各种媒体方式向公众提供海岸带保护的知识,利用宣传教育提高全社会的海岸带生态环境保护意识(倪国江和鲍洪彤,2009)。《条例》第七条规定了海岸带的保护宣传教育、公众参与、表彰奖励③。《条例》第四十二条则规定了海岸带管理公众监督机制和听证制度④。

6.1.3 海岸带规划

海岸带是包括多种资源环境在内的综合性系统,与这些资源环境相对应的管理部门和法律法规较多,如《水法》《土地管理法》《森林法》《矿产资源法》《环境保护法》《海洋环境保护法》《渔业法》《港口法》《城乡规划法》等。由于有关海岸带的法律规范大多属于部门立法,存在一些重叠、冲突或者空白,所以海岸带的"多规合一"、陆海统筹、综合管理对实现其经济效益、社会效益与生态效益的协调可持续具有重要意义(唐欣瑜和陈昕,2017)。《条例》明确了规定了海岸带规划的编制主体、编制要求、具体程序等内容⑤。

---

① 参见《福建省海岸带保护与利用管理条例》第五条。相关部门在《条例》中的名称表述和具体职责因机构改革已有一定的变动。笔者注。
② 参见《福建省海岸带保护与利用管理条例》第四条。
③ 参见《福建省海岸带保护与利用管理条例》第七条。
④ 参见《福建省海岸带保护与利用管理条例》第四十二条。
⑤ 参见《福建省海岸带保护与利用管理条例》第八至十三条。

6.1.4 海岸带保护

(1) 加强对海岸带各类保护区的范围界定和分区域管控

我国"十一五"规划纲要中对"实施主体功能区规划"做了明确要求，即国土资源开发分为优化开发、重点开发、限制开发和禁止开发四类功能区。对海岸带空间进行科学分区，有利于严格保护稀缺的空间资源，提高利用效率，改善海岸带环境，提高海岸带海洋经济的综合利用效率，提升海岸带景观品质，实现陆海统筹发展规划（赵琨，2017）。《条例》基于福建省建设国家生态文明试验区的大背景，以保护优先的理念，完善海岸带各分类保护区的范围界定，加强管控。一是将自然保护区、风景名胜区的核心景区、饮用水水源一级保护区、生态敏感区等纳入严格保护区域，全区域禁止从事与保护无关的各类建设活动。二是对限制开发区域应当坚持保护为主，兼顾社会经济建设和军事需要。《条例》列举了区域内禁止从事的行为，包括设立开发区、工业园区、排污、挖砂、与海岸带保护无关的围堤建设、其他围海填海等。三是明确优化利用区域的开发利用应当采取有效的保护措施，集约节约利用海岸带资源，保持海岸线的自然形态、长度和邻近海域底质类型的稳定[①]。

(2) 设置海岸建筑后退线，严格控制开发建设

在限制开发区域和优化利用区域设置海岸建筑后退线，并对临海建筑物的建设严格控制高层建筑[②]，是对海岸带进行生态保护和空间有效管理的重要手段。最初设置海岸带建筑后退线的目的是应对气候变化，减少或延缓因海平面上升所导致的经济和其他损失。同时，海岸建筑后退线政策的实施，可以为动植物提供良好的生态环境、维护海岸带的自然特征、提高海岸带的公众可接近性，更加有利于海岸带的生态保护，以及对海岸带的有效利用、科学利用（涂振顺等，2018）。

---

① 参见《福建省海岸带保护与利用管理条例》第十四至十八条。
② 参见《福建省海岸带保护与利用管理条例》第十九条。

(3) 强化自然岸线保护和围填海管理

自然岸线保有率是衡量一个地区海岸带生态环境状况的重要指标之一。福建省部分地方不同程度地存在对自然岸线保有率重视不够、开发随意性大等问题。原国家海洋局发布的《全国海洋功能区划（2011—2020年）》在目标中提出了严格控制占用海岸线的开发利用活动，至2020年大陆自然岸线保有率不低于35%，同时开展海域海岸带整治修复。《条例》第二十条规定了自然岸线保有率目标任务，并要求纳入政府绩效考核体系[①]。此外，《条例》依据《围填海管控办法》，从围海填海区域、项目、总量控制、审批、日常监管等方面全方位加强管理，加大监管力度[②]。

(4) 重视对海岸带污染和外来物种入侵的管控

为加强陆海统筹，控制海岸带污染和外来物种入侵，《条例》确立了以下制度和要求：一是建立以海湾为单元的跨区域海洋环境保护协调机制；二是要求按照海湾环境承载力和主要污染物排海总量控制指标，逐步削减入海污染负荷；三是建立入海排污口信息系统，加大排污情况的监测监视；四是加强重点海域陆源污染治理；五是编制海岸带内水域养殖规划；六是明确养殖区、临时养殖区和禁养区，防治海水养殖污染；七是建立生物物种入侵风险评估制度，管控外来物种入侵[③]。

6.1.5 海岸带生态修复及海岸带环境与海洋灾害的监测

(1) 加强海岸带生态修复

海岸带污染往往存在海水污染、有害藻华频现、水母暴发、典型生态系统退化、渔业资源衰退、海水入侵和海岸侵蚀等生态环境问题。海岸带资源开发利用是海洋经济快速发展的主要动力来源，而海岸带生态环境保护是海洋经济可持续发展的保障（刘西汉等，2019）。《条例》第三十条对制定海岸带生态修复年度计划、海岸带综合治理与生态修复及其多元化投资机制等作

[①] 参见《福建省海岸带保护与利用管理条例》第二十条。
[②] 参见《福建省海岸带保护与利用管理条例》第二十一至二十三条。
[③] 参见《福建省海岸带保护与利用管理条例》第二十六至二十九条。

了规定①。

（2） 加强海岸带环境与海洋灾害的监测

《条例》第四十条规定了建立全省统一的海岸带环境及海洋灾害监测监视系统，定期组织对海岸带范围内的海洋环境、海洋生态进行监测、调查与评价，加强监视监测网络建设等内容②。

（3） 要求加大海岸带的生态保护投入

海岸带的生态治理离不开资金的支持，资金短缺和不到位会导致海洋环境监测技术更新缓慢，监测体系不全面，重点海域整治修复滞后，海洋生态建设举步维艰（朱大霖和岳鑫，2015）。《条例》第六条规定应加大海岸带生态保护投入力度③。但具体如何加大投入、投入多少，需要根据地方实际以及财政预算等情况酌定。

《条例》对加强福建省海岸带管理有重要的意义，同时也可能存在一些值得完善和探讨的内容。一是立法目的没有提及海岸带在"促进海洋防灾减灾和应对气候变化"的意义④。二是海岸带的陆域范围界定为海岸线向陆域侧延伸至临海乡镇、街道行政区划范围内的滨海陆地⑤，其以行政区域作为陆域范围边界，有利于行使管理权。但"延伸至临海乡镇、街道行政区划范围"可能偏小，笔者认为"延伸至临海县（市、区）行政区划范围"更为合适、也更符合我国现行行政管理体制下的海岸带管理。三是建立海岸带综合管理联席会议制度⑥的效果普遍反映不佳，亟须完善建立更加有效的海岸带综合管理制度。四是如何保障公众（尤其是利益相关者）的有效参与和监督，《条例》的内容相对欠缺。此外，《条例》还存在行政手段较多、市场机制手段少，没有规定建立海岸带基础数据库、海岸带管理基金制度和海岸带管理绩效评估制度等问题。

---

① 参见《福建省海岸带保护与利用管理条例》第三十条。
② 参见《福建省海岸带保护与利用管理条例》第四十条。
③ 参见《福建省海岸带保护与利用管理条例》第六条。
④ 参见《福建省海岸带保护与利用管理条例》第一条。
⑤ 参见《福建省海岸带保护与利用管理条例》第二条。
⑥ 参见《福建省海岸带保护与利用管理条例》第四条。

6.2　海南省海岸带管理立法评析

　　《海南经济特区海岸带保护与开发管理规定》于 2013 年 3 月 30 日海南省第五届人民代表大会常务委员会第一次会议通过，自 2013 年 5 月 1 日起施行。该规定对海岸带的定义、海岸带规划以及海岸带的管理部门作了规定；针对近海建筑物导致岸线资源破坏和环境污染的问题，规定在岸线范围内不得新建、扩建、改建建筑物。

　　2016 年 5 月 26 日海南省第五届人民代表大会常务委员会第二十一次会议通过了《海南省人民代表大会常务委员会关于修改〈海南经济特区海岸带保护与开发管理规定〉的决定》，对该法进行了第一次修正。此次有两大亮点：一是将海岸带保护与开发明确纳入海南省总体规划，以沿海市、县、自治县总体规划为主要内容，纳入海南省全省"多规合一"的蓝图，统一管控配置资源；二是将海岸带部分范围纳入生态保护红线区，并相应规定了管制要求。2016 年 8 月 31 日海南省人民政府印发《海南经济特区海岸带保护与开发管理实施细则》（琼府〔2016〕83 号），共 26 个条文，对海岸带范围的开发利用活动加以管控。

　　2019 年 12 月 31 日海南省第六届人民代表大会常务委员会第十六次会议通过《关于修改〈海南经济特区海岸带保护与开发管理规定〉的决定》第二次修正，立法名称修改为《海南经济特区海岸带保护与利用管理规定》（本节简称《规定》），共 30 个条文。其不仅把原有的海岸带保护开发规划整体细化，把具体管理细则下放到县级的各个政府机关，权责分明，并且从"海岸带保护与开发""生态保护红线"等条件相对成熟的下位规范切入，夯实基础后再由省人民代表大会打包修立《关于实施海南省总体规划的决定》等一系列省域空间规划法规。此种"自下而上"的分阶段立法方式，不但可最大程度地吸收实践经验，避免上位法滞后于改革进程的尴尬，而且缩短了立法周期，减少了法规调整变动带来的不利影响。

6.2.1 立法名称修改和理念变化

(1) 立法名称的修改

《海南经济特区海岸带保护与利用管理规定》把原来的"开发"修改为现在的"利用",并在原有条文的第一条、第二条、第三条、第四条、第五条第一款、第六条、第二十三条、第二十五条、第二十七条中的"开发"修改为"利用","开发利用"修改为"利用"。

(2) 理念的变化

"开发"修改为"利用",体现了海南省对海岸带的理念态度从原有的重开发轻保护转变为现在的保护与开发齐头并进,在保护的基础上对资源充分利用,要生态优先、绿色发展。"开发"修改为"利用",更能体现在原有的环境基础上进行使用,尽量避免围填海等工程对自然岸线的侵蚀和对周边生态环境的严重破坏,以及不合理人为活动对土地资源造成的损失等(宋茜茜,2019)。

6.2.2 严格保护管控区域

修改后的《规定》第八条明确了应依法划入生态保护红线区并实行严格保护和管控的范围;第九条进一步细化规定了Ⅰ类生态保护红线区、Ⅱ类生态保护红线区和非生态保护红线区内的开发建设活动要求。2022年6月10日海南省人民政府印发的《海南经济特区海岸带保护与利用管理实施细则》第七至十四条共8个条文对生态保护红线区及其开发建设活动进行规范。

6.2.3 海岸带资源开发和环境保护

基于海岸带土地资源的稀缺性,《规定》第十条对政府控制开发强度和开发时序作了原则性的规定[①],第十五条规定政府开发海岸带土地一级市场

[①] 参见《海南经济特区海岸带保护与利用管理规定》第十条。

的要求，第十六条对海岸带土地资源的高效开发作了原则性规定；第十七条规定滨海旅游项目开发应"保护海岸带自然环境、保持文化和社会多样性，进行差异化开发，突出特色"；第十八条对海岸建筑的规划建设提出了要求，有利于保障公众亲近海洋的权利[1]。

《规定》第十一条要求对海岸带的特殊地形地貌景观进行保护[2]；第十二、十九条对防治海岸带的水污染、废弃物倾倒和垃圾污染以及水产养殖和畜禽养殖作了规定[3]；第十三、十四条对防止海岸侵蚀、海岸带治理修复作了原则性规定[4]。

6.2.4 围填海管控

针对对生态环境影响和社会影响重大的围填海问题，《规定》作了重点的规定。第二十条规定了围填海造地的管控原则与计划衔接，第二十一条规定了围填海造地的论证、环境影响评价、禁止性要求和形成的土地供应手续[5]。

《规定》第二十二条还规定了对海岸带范围内的土地和海域资源闲置行为进行处置的制度，第二十三条规定了管理巡查制度[6]，第二十五规定了举报监督制度[7]。

6.2.5 实施细则的制定和规定的解释

《规定》第二十八条、第二十九条明确了本规定实施细则的制定主体以及本规定的解释主体，规定"省人民政府根据本规定制定实施细则"，"本规

---

[1] 参见《海南经济特区海岸带保护与利用管理规定》第十五至十八条。
[2] 参见《海南经济特区海岸带保护与利用管理规定》第十一条。
[3] 参见《海南经济特区海岸带保护与利用管理规定》第十二、十九条。
[4] 参见《海南经济特区海岸带保护与利用管理规定》第十三、十四条。
[5] 参见《海南经济特区海岸带保护与利用管理规定》第二十、二十一条。
[6] 参见《海南经济特区海岸带保护与利用管理规定》第二十二、二十三条。
[7] 参见《海南经济特区海岸带保护与利用管理规定》第二十五条。

定具体应用中的问题由省人民政府负责解释"①。

  《规定》对海南经济特区有效保护和合理利用海岸带管理起到了一定的效果，同时也可能存在一些问题，包括社会影响极大的围填海问题。一是在立法目的中没有体现"海洋防灾减灾、应对气候变化"的内容。二是在立法目的中尽管提出"加强海岸带的综合管理"，但《规定》并没有在管理机制上制定新的机制和举措，依然是"加强统一领导和组织协调""各部门密切配合，按照各自职责分工，依法行使职权，协调做好工作"。三是《规定》第三条并没有对海岸带陆域和海域作一个大致的范围界定，而是完全授权由省政府划定，此做法会导致省政府的划定弹性大、约束性小。而福建省和山东省青岛市、山东省威海市等地的做法是规定一个范围界定的基本框架和原则，同时授权由省政府具体划定。也有学者指出，我国在法学学科中对海岸带并没有明确统一的定义，只是对海岸带这一区域内的海域、滩涂、湿地等元素在不同的法律中有所体现。只有对海岸带明确定义才能对海岸带进行规划、保护、开发和利用。对海岸带范围及其陆域、海域的范围进行划定是海岸带保护管理的必要手段。美国各州有不同的海岸带范围规定，体现了各州的自主性。海岸带范围需要考虑地区实际情况以及经济管理的需要，由地方政府根据实际情况，因地制宜，具体问题具体分析进行划定有一定的合理性（代敏，2014）。此外，《规定》也存在行政手段较多、市场机制手段少，公众参与和社会监督的内容少，海岸带整治修复制度内容少等的问题，也没有规定建立海岸带基础数据库、海岸带管理基金制度和海岸带管理绩效评估制度等。

6.3　青岛市海岸带管理立法评析

  青岛市一直以来都非常重视海岸带的保护。1995 年 5 月 26 日山东省青岛市第十一届人民代表大会常务委员会第十七次会议通过、1995 年 6 月 14 日山东省第八届人民代表大会常务委员会第十五次会议批准、1995 年 10 月 1 日起施行的《青岛市海岸带规划管理规定》共 37 个条文，其以规划管理为抓手，

---

① 参见《海南经济特区海岸带保护与利用管理规定》第二十八、二十九条。

从源头上统筹推进相关管理工作，使青岛海岸带保护与利用工作步入法制化、规范化的轨道。在此基础上，2019年5月23日青岛市第十六届人民代表大会常务委员会第十六次会议通过了《青岛市海岸带保护与利用管理条例》（本节简称《条例》）。《条例》共8章60个条文，自2020年1月1日起施行。1995年6月14日青岛市人民代表大会常务委员会公布的《青岛市海岸带规划管理规定》同时废止。《条例》结合青岛山、海、城一体的城市特点，对海岸带的保护利用管理做出全面系统的规定，把促进海洋生态文明建设和经济可持续发展落到实处。

6.3.1 适用范围以及海岸带的范围划定

（1）适用范围以及《胶州湾保护条例》适用的特殊性

海湾属于海岸带的一部分。为保护胶州湾的环境和资源，2014年3月28日青岛市第十五届人民代表大会常务委员会第十八次会议通过了《青岛市胶州湾保护条例》，共75个条文，于2014年9月1日起实施，实施效果良好。基于此，《条例》第二条规定明确了法规的适用范围以及《青岛市胶州湾保护条例》适用的特殊性[1]。

（2）明确海岸带的定义范围和划定公布

《条例》第三条规定了海岸带的定义[2]，尤其是明确了海域和陆域范围的原则性要求，对于青岛市而言有一定的科学性和合理性。此外，《条例》要求海岸带具体范围的划定与调整由市政府研究通过后，还需要报市人民代表大会常务委员会审议，然后向社会公布。该做法与其他地方立法通常仅要求

---

[1] 《青岛市海岸带保护与利用管理条例》第二条：本市海岸带的保护与利用管理活动，适用本条例。胶州湾海岸带的保护与利用管理，《青岛市胶州湾保护条例》另有规定的，适用其规定。

[2] 《青岛市海岸带保护与利用管理条例》第三条，本条例所称海岸带，是指海洋与陆地的交汇地带，包括海岸线两侧一定范围内的海域、海岛和陆域。海域范围为自海岸线向海洋一侧至第一条主要航道（航线）内边界；有居民海岛超出上述范围的，应当划入。陆域范围为自海岸线向陆地一侧至临海第一条公路或者主要城市道路，其中：（一）第一条公路或者主要城市道路邻近海岸线的，应当适当增加控制腹地，未建成区内原则上不小于一千米；（二）河口、滩涂、湿地、沿海防护林等区域超出上述范围的，应当按照保持独立生态环境单元完整性的原则整体划入。海岸带具体范围的划定与调整，由市政府研究通过并报市人民代表大会常务委员会审议后向社会公布。

由当地政府研究划定并公布有所不同，报市人民代表大会常务委员会审议的要求是加强了权威性，也加大了划定的难度，同时也有利于海岸带范围的相对稳定。因为如果需要对海岸带范围进行调整变更，同样需要经过市人民代表大会常务委员会审议。该做法在《青岛市胶州湾保护条例》中关于胶州湾范围的划定已有体现，并且实施效果良好，胶州湾的范围不会随意调整变更，有利于胶州湾的保护。

6.3.2 海岸带规划

（1）严格规范了海岸带规划的编制批准等程序和要求

关于海岸带综合保护与利用专项规划，《条例》第十、十一条对编制依据、编制要求、编制程序等规定得比较详细。①应根据海岸带资源环境状况和承载能力、开发利用适宜性评价结果；②经市城乡规划委员会审议后，报市人民政府批准并报市人民代表大会常务委员会备案；③应当通过座谈会、论证会、公示规划草案等形式，征求有关单位、专家和社会公众的意见；④规划确需修改的，应当按照原程序报批和备案；⑤相关规划的衔接和多规合一①。

（2）对海岸带分区管控，划定为严格保护、限制开发和优化利用区域

《条例》第十二条规定："海岸带综合保护与利用专项规划应当确定海岸带保护与利用总体布局，划定严格保护、限制开发和优化利用区域，分别确定功能定位、发展方向和管控要求。"《条例》进一步规定了划为严格保护区域、限制开发区域、优化利用区域的范围要求②。

（3）海岸带重点区域的建筑高度、体量、风格、色彩等控制要求

《条例》第十七条规定："海岸带范围内的重点区域应当按照规定编制城市设计，塑造城市风貌特色，组织城市公共空间功能，提出建筑高度、体量、风格、色彩等控制要求。城市设计的内容和要求应当纳入控制性详细规划。"

---

① 参见《青岛市海岸带保护与利用管理条例》第十、十一条。
② 参见《青岛市海岸带保护与利用管理条例》第十三至十五条。

(4) 建立完善军地联合协调机制和平战结合的规划管理机制

《条例》第十八条规定："市人民政府应当建立完善军地联合协调机制和平战结合的规划管理机制。对相关海岸带规划编制工作，编制机关应当征求有关军事机关意见，共享规划成果信息。"

6.3.3 海岸带保护

《条例》第三章专设"保护"，在第十九至三十二条共 22 个条文，从建设活动、生态红线、工业项目布局、严格保护自然岸线、除国家重大项目外全面禁止围填海、格控制海岸带及毗连区域建筑高度密度、划定海岸带范围内河道蓝线两侧的建筑退线距离、保护海岸带特有生物种质资源和生物多样性等对海岸带保护进行了规定①。其中，《条例》第二十九条结合青岛西海岸新区建设，规定了在丁字湾、鳌山湾、唐岛湾、灵山湾、古镇口湾、龙湾海岸带范围内禁止新建或者扩建的工业生产项目②。

6.3.4 海岸带整治修复

《条例》设第四章"整治修复"，第三十三至三十七条规定了海岸带整治修复的计划、重点和资金保障等内容；明确了海岸带整治修复应当重点安排沙滩修复养护、近岸构筑物清理与清淤疏浚、滨海湿地植被种植与恢复、海岸生态廊道建设等工程；支持通过退围还海、退养还滩、退耕还湿等方式，保护与修复滨海湿地。市、沿海区（市）政府应当建立海岸带整治修复资金投入机制，并鼓励和引导社会资本参与海岸带整治修复③。

6.3.5 海岸带利用

《条例》第五章"利用"，明确要求"陆海统筹、生态间隔的原则"、

---

① 参见《青岛市海岸带保护与利用管理条例》第十九至三十二条。
② 参见《青岛市海岸带保护与利用管理条例》第二十九条。
③ 参见《青岛市海岸带保护与利用管理条例》第三十三至三十七条。

"严格控制开发时序"①及"集约利用海岸带资源,优化海岸带范围内的产业布局"②。

《条例》将海岸带所涉及的陆域至海域纳入城乡规划统一管理,实行统一的规划条件。在坚持保护的前提下,鼓励发展滨海度假旅游、海洋休闲旅游、海洋科普教育旅游,完善海岸带滨海公共活动空间,配套建设公共服务设施,拓展公众亲海空间,畅通观海视廊,要求滨海旅游项目开发应当严格保护海岸带生态环境和景观资源;明确了涉海项目规划、海域、土地手续的办理程序,并规定了建设利用项目的审议和备案程序③。

6.3.6 监督管理

《条例》第六章"监督管理",第四十六至五十二条明确要求健全"湾长制",组织监督检查,运用科技手段加强监视监测网络建设,建立健全海岸带规划管理的信息共享和工作协调配合机制,以及公众投诉举报、人大执法检查监督等内容④。

相对而言,《青岛市海岸带保护与利用管理条例》的条文实用性、可操作性较强,有利于促进青岛市海岸带的保护,同时有一些制度需要进一步完善。一是,在立法目的中没有体现"海洋防灾减灾、应对气候变化",这与前述的福建省、海南省的海岸带管理立法相同。不仅如此,在具体的条文内容中也没有提及海洋防灾减灾工程或措施,更没有应对气候变化的内容。二是,在管理体制机制上,尽管规定了健全"湾长制",但没有进一步完善海岸带综合管理的体制机制或举措。三是,《条例》关于海岸带的海域范围和陆域范围对于青岛市而言有一定的科学性和合理性,但该海域范围仅至海岸线向海洋一侧至第一条主要航道(航线)、陆域范围仅至海岸线向陆地一侧至临海第一条公路或者主要城市道路,范围相对较小。四是,没有规定建立海岸带基础数据库、海岸带管理基金等制度,也存在行政手段较多、市场机

---

① 参见《青岛市海岸带保护与利用管理条例》第三十八条。
② 参见《青岛市海岸带保护与利用管理条例》第三十九条。
③ 参见《青岛市海岸带保护与利用管理条例》第四十至四十二条。
④ 参见《青岛市海岸带保护与利用管理条例》第四十六至五十二条。

制手段少的问题，这与福建省、海南省等的情况类似。

6.4　威海市海岸带管理立法评析

威海市自然岸线保有率超过47%，海洋功能区达标率达100%，是全国海水水质最好的城市之一。《威海市海岸带保护条例》（本节简称《条例》）于2018年4月24日威海市第十七届人民代表大会常务委员会第九次会议通过，2018年6月1日山东省第十三届人民代表大会常务委员会第三次会议批准，2018年7月1日起施行，2019年12月27日威海市第十七届人民代表大会常务委员会第二十一次会议通过并经2020年1月15日山东省第十三届人民代表大会常务委员会第十六次会议批准修正，共5章48个条文。《威海市海岸带保护条例》注重条款的可执行性，为加强海岸带保护、利用与管理，保障海岸带生态安全提供了制度保障。

6.4.1　适用范围与海岸带范围的划定

（1）适用范围以及刘公岛等有居民海岛适用的特殊性

海岸带保护与现行的海岛保护、海上交通、船舶污染、海水养殖等法律法规密切相关，《条例》第二条在明确《条例》适用范围的基础上，明确"有关法律、法规对海岛保护、海上交通、船舶污染、海水养殖等已有规定的，从其规定"。此外，刘公岛等属于有居民海岛，其适用有特殊性，所以《条例》规定："刘公岛等有居民海岛的保护、利用与管理，有关海岛保护的法律、法规没有规定的，依照本条例的规定执行。"[1]

（2）明确了海岸带的定义和范围划定的原则

《条例》第三条明确了海岸带的定义和范围划定的原则，其中"向海洋一侧延伸的近岸海域的范围为自海岸线向海一侧延伸至一千米等距线""向陆地一侧延伸的滨海陆地的范围根据保护区域的实际情况，按照生态优先、应保尽保、优化结构、强化管控的原则，由市人民政府划定并向社会公开，

---

[1] 参见《威海市海岸带保护条例》第二条。

同时设立保护界标"①。

6.4.2 管理监督机制

《条例》规定要求"建立健全议事协调机制，整合管理力量，形成监管合力"，"建立海岸带状况动态监测检查制度"和"建立海岸带现状及变化影像、文字档案"②，以及鼓励公众举报监督③。

6.4.3 海岸带规划

《条例》第二章专设"保护规划"，明确了海岸带规划的编制主体、程序等具体要求。规定"海岸带保护专项规划是海岸带保护的基本依据"④，确立了海岸带保护专项规划的地位。要求"编制海岸带保护专项规划，应当进行科学论证，采取听证会、论证会或者座谈会等形式，公开听取社会各方面的意见及建议"⑤，在一定程度上保障了决策的科学性和公众的参与性。要求"海岸带保护专项规划应当经市城乡规划委员会研究同意，由市人民政府提请市人民代表大会常务委员会审议通过后，向社会公开"⑥，此与青岛市做法相同，有助于提高海岸带保护专项规划上的权威性。此外，也对遵循"生态红线"，以及做好相关规划的衔接作了要求⑦。

6.4.4 海岸带保护

《条例》规定了海岸带的分区保护管控以及具体保护措施，明确要求将海岸带划分为严格保护区域、限制开发区域和优化利用区域，分别制定保护

---

① 参见《威海市海岸带保护条例》第三条。
② 参见《威海市海岸带保护条例》第六、七条。
③ 参见《威海市海岸带保护条例》第九条。
④ 参见《威海市海岸带保护条例》第十条。
⑤ 参见《威海市海岸带保护条例》第十六条。
⑥ 参见《威海市海岸带保护条例》第十七条。
⑦ 参见《威海市海岸带保护条例》第十一条。

目标及管控措施①，并进一步规定了应当划定为严格保护区域、限制开发区域和优化利用区域的范围②。

《条例》专设第三章"保护措施"，第十八条至第三十五条共 18 个条文规定了具体保护措施。其中，《条例》明确规定"全市自然岸线保有率不低于百分之四十五。在自然岸线保护范围内，禁止任何破坏地形地貌的行为"③。这一标准高于全国 35%的标准，也高于山东省 40%的标准。

《条例》还规定了严格保护区域、限制开发区域的禁止性项目和活动，实施围海填海等建设项目的具体要求④，海岸带范围内水产养殖的要求⑤，并对新建排污口行为进行了规制⑥。针对全球日益严峻的海洋垃圾污染防治问题，《条例》细化了海洋垃圾污染防治举措。为保护沙滩资源，保持沙滩清洁，《条例》建立了沙滩管护制度⑦。

6.4.5　海洋防灾减灾与海岸带整治修复

《条例》对海洋防灾减灾和海岸带整治修复提出了具体要求。为减少海洋灾害损失，《条例》要求"市、区（县级市）人民政府加强海岸带沿海防浪堤、防潮堤、护岸等防灾减灾设施建设"以及"加强沿海防护林建设"⑧。《条例》还规定了海岸带整治修复计划、原则等要求⑨。

6.4.6　保障市民游客亲近海洋的权利

《条例》重视保障市民游客亲近海洋的权利：一是，规定了在海岸带范围内设立的海水浴场、海滨公园等公共休闲场所应当免费开放，并建立健全

---

① 参见《威海市海岸带保护条例》第十二条。
② 参见《威海市海岸带保护条例》第十三至十五条。
③ 参见《威海市海岸带保护条例》第十八条。
④ 参见《威海市海岸带保护条例》第十九至二十条。
⑤ 参见《威海市海岸带保护条例》第二十一、三十一条。
⑥ 参见《威海市海岸带保护条例》第二十八条。
⑦ 参见《威海市海岸带保护条例》第二十三至二十四条。
⑧ 参见《威海市海岸带保护条例》第二十五、三十二条。
⑨ 参见《威海市海岸带保护条例》第二十二条。

相关管理制度①；二是，规定了保障市民游客合法合理的亲近海洋和通行的权利②。

《威海市海岸带保护条例》有一些亮点和特色，同时也有进一步完善的空间。一是，在立法目的中没有体现"海洋防灾减灾、应对气候变化"，此与前述的福建省、海南省、青岛市的海岸带管理立法相同。二是，在管理体制机制上，尽管在第六条规定了建立健全议事协调机制，但该机制比较虚化，难以执行落实、效果不佳，《条例》没有进一步完善海岸带综合管理的体制机制或举措。三是，没有规定建立海岸带基础数据库、海岸带管理基金等制度，也存在行政手段较多、市场机制手段少的问题，此与福建省、海南省、青岛市类似。

---

① 参见《威海市海岸带保护条例》第二十六至二十七条。
② 参见《威海市海岸带保护条例》第三十条。

第7章 我国《海岸带管理法》的制度设计

人类不应该只向海洋/海岸带获取资源,而忽视了海洋/海岸带的风险灾害和生态环境保护。经历 2004 年印度洋海啸后,联合国环境规划署和"保护海洋环境免受陆源污染全球行动计划"(UNEP/GPA)于 2005 年在埃及开罗召开的会议上通过了 12 项指导原则("开罗原则"),其主要内容和制度目标如表 7-1 所示。

表 7-1 "开罗原则"的主要内容和制度目标

"开罗原则"的主要内容	制度目标
建立区域预警系统,降低海岸带社区防御自然灾害的脆弱性;根据科学测绘的"参照线",实行建筑物控制区、绿化带和其他无建筑物区等制度	海洋防灾减灾
鼓励早期安置工作,提供安全住所、卫生条件和可持续生计	生计权利保障
通过湿地、红树林、产卵场、海草床和珊瑚礁的保护、管理与修复,以及通过寻找可持续的替代建筑材料,就地保护海滩、珊瑚礁、红树林、石头等,增强自然生态系统的"生物屏护"能力	海洋防灾减灾、生态环境保护
鼓励按照代价效益原则和最佳实践相一致的合理设计,基础设施建设远离灾难和资源的区域	海洋防灾减灾
尊重传统的公众进出和利用海岸线的权利,保护宗教和文化遗址	保障亲海权利、保护海洋文化
采用基于生态系统的管理,推行可持续渔业管理,鼓励发展影响小的水产养殖	生态环境保护
鼓励可持续旅游业,遵守控制线制度和旅游承载能力,鼓励当地社区参与决策管理并受益	生态环境保护、公众有效参与
保证各级政府和国家组织遵守这些原则并强化机制	能力机制建设
通过能力建设和有效利用各种通信手段,促进公众参与,保证产出满足各阶层需求	能力机制建设、公众有效参与

续表

"开罗原则"的主要内容	制度目标
充分使用战略环境评价、空间规划和环境影响评价等手段，为未来可持续发展提供妥协与选择的方案	环境影响评价、空间规划管理
通过反映社会经济变化和生态健康的指标，发展监测和定期交流重建成果的机制	指标监测机制、信息交流机制
广泛传播已经形成的经验与教训	知识宣传教育

注：蔡程瑛著，周秋麟等译：《海岸带综合管理的原动力——东亚海域海岸带可持续发展的实践应用》，海洋出版社，2010年，第68页。笔者整理制作。

结合海岸带管理立法的相关理论及域外经验做法、国内实践探索，我国海岸带管理法律制度的构建在理念上应以陆海统筹、海岸带可持续管理、海岸带综合管理、基于生态系统管理、横向与纵向协同相结合管理等为路径方向，在条文上以立法目的、基本原则、调整对象、适用范围、管理体制、海岸带规划、海岸带保护、海岸带整治修复、海岸带利用、监督管理、法律责任等为主要内容进行设计，进而完善海岸带管理的决策机制、协调机制、参与机制、财税机制、金融机制、评价机制、预警机制和信息机制等制度，推进海岸带经济社会与生态环境的可持续发展。

7.1 明确立法目的与海岸带范围

立法目的是制定法律的根本目标和宗旨，是法律规范的灵魂和实质。《海岸带管理法》的立法目的可以归为"五元一体"，即加强海岸带管理、保护海岸带生态环境、合理利用海岸带资源、应对气候变化以及防治海洋灾害，最终目标是促进海岸带地区可持续发展。此外，还需要科学合理划定海岸带范围。

7.1.1 明确立法目的

改革开放以来，我国海岸带承载了城镇化、港口和临海工业建设、渔业养殖等多种功能，存在资源开发过度和环境污染加剧等问题，严重阻碍区域经济的可持续发展。2018 年,《中共中央 国务院关于建立更加有效的区域协调发展新机制的意见》提出"编制实施海岸带保护与利用综合规划,严格围填海管控,促进海岸地区陆海一体化生态保护和整治修复"。因此,将"海岸带资源和环境保护"列入海岸带管理法律的基本目标,以健康的生态系统支持充满活力的沿海经济,是发达国家的经验,也符合我国当前国情的需要,应是未来海岸带管理工作的目标。

"海洋可持续发展"理论是科学管理海岸带应遵循的首要基本原则,具有重要的指导性意义。2017 年,政府间海洋学委员会(Intergovernmental Oceanographic Commission,IOC)牵头制定"海洋科学促进可持续发展十年计划(2021~2030 年)"(简称"海洋科学十年计划"),致力于实现"清洁的海洋、健康和有恢复能力的海洋、可预测的海洋、安全的海洋、具有可持续生产能力的海洋、透明的海洋"六大目标。

海岸带管理专家约翰 R. 克拉克(2000)认为,海岸带综合管理的核心目的是保障海岸带资源可持续性、保持生物多样性、改善社会经济状况、防御自然灾害等。具体目标可以分解为:保持一个高质量的沿海环境、保持物种多样性、养护关键生境、增强关键生态过程、控制污染、确认重要的陆地、确认开发的陆地、防御自然灾害、恢复遭受破坏的生态系统、鼓励参与性、提供规划指导、提供开发指导等。

海岸带综合管理、降低灾害风险与应对气候变化三者的总体目标是共通协调的。以红树林保护为例,其既是海岸带综合管理(生态环境保护)的内容,也有助于减少或降低海洋灾害风险,以及固碳、应对气候变化。

基于此,建议《中华人民共和国海岸带管理法(立法建议稿)》(下文简称《立法建议稿》)的立法目的确立为"五元一体":一是加强海岸带管理;二是保护海岸带生态环境;三是合理利用海岸带资源;四是应对气候变化;五是防治海洋灾害。最终目标是促进海岸带地区可持续发展。具体在《立法建议稿》中建议:"为了加强海岸带管理,保护海岸带生态环境,合理利用海岸带资源,应对气候变化,防治海洋灾害,促进海岸带地区可持续发展,制定本法。"

7.1.2 明确海岸带的定义及范围划定公布

海岸带范围的范围划定是立法的一个难点,具体划定标准在第二章第一节亦有阐述。《广东省海岸带保护与利用管理办法》(2016年送审稿)、《广东省海岸带综合保护与利用总体规划》和福建省、海南省、青岛市、威海市的相关立法,以及美国《海岸带管理法》等对海岸带范围海域范围的划定、陆域范围的划定以及划定批准公布的主体程序各有不同的规定(表7-2)。

表7-2 海岸带的定义以及范围划定公布的不同规定(部分)

	海岸带定义	海岸带范围	划定公布
《广东省海岸带保护与利用管理办法》(2016年送审稿)		1. 陆域:向陆一侧延伸10千米以内的滨海陆地; 2. 海域:从海岸线向海一侧延伸至水深10米等深线处以内的我省管辖海域	由省人民政府批准并公布的海岸带保护与利用总体规划确定
《广东省海岸带综合保护与利用总体规划》(2017年)		本规划所称海岸带区域范围,涵盖广东沿海县级行政区的陆域行政管辖范围及领海外部界线以内的省管辖海域范围,并将佛山部分地区和东沙群岛纳入。规划总面积11.81万平方千米,其中陆域面积5.34万平方千米,海域面积6.47万平方千米,海岛1963个,涉及地级及以上市15个,县(市、区)56个,镇(乡)727个,人口约7000万人	
《福建省海岸带保护与利用管理条例》(2017年)	本条例所称海岸带是指海洋与陆地交汇地带	1. 海岸线向陆域侧延伸至临海乡镇、街道行政区划范围内的滨海陆地; 2. 向海域侧延伸至领海基线的近岸海域	由省人民政府批准并公布
《海南经济特区海岸带保护与利用管理规定》(2019年修正)	本规定所称海岸带是指海洋与陆地交汇地带	包括海岸线向陆地侧延伸的滨海陆地与向海洋侧延伸的近岸海域	由省人民政府依据海岸带保护治理与利用的实际,结合地形地貌具体划定,并向社会公布

第 7 章 | 我国《海岸带管理法》的制度设计

续表

	海岸带定义	海岸带范围	划定公布
《青岛市海岸带保护与利用管理条例》（2019年）	本条例所称海岸带是指海洋与陆地的交汇地带，包括海岸线两侧一定范围内的海域、海岛和陆域	1. 陆域范围为自海岸线向陆地一侧至临海第一条公路或者主要城市道路，其中：①第一条公路或者主要城市道路邻近海岸线的，应当适当增加控制腹地；未建成区内原则上不小于一千米；②河口、滩涂、湿地、沿海防护林等区域超出上述范围的，应当按照保持独立生态环境单元完整性的原则整体划入。 2. 海域范围为自海岸线向海洋一侧至第一条主要航道（航线）内边界；有居民海岛超出上述范围的，应当划入	具体范围的划定与调整，由市人民政府研究通过并报市人民代表大会常务委员会审议后向社会公布
《威海市海岸带保护条例》（2018年）	本条例所称海岸带，是指海洋与陆地的交汇地带，包括海岸线向海洋一侧延伸的近岸海域和向陆地一侧延伸的滨海陆地	1. 向陆地一侧延伸的滨海陆地的范围根据保护区域的实际情况，按照生态优先、应保尽保、优化结构、强化管控的原则，由市人民政府划定并向社会公开，同时设立保护界标； 2. 向海洋一侧延伸的近岸海域的范围为自海岸线向海一侧延伸至一千米等距线	由市人民政府划定并向社会公开，同时设立保护界标
《美国海岸带管理法》（1972年制定，2005年修正）	海岸带一词是指邻接海岸线、彼此之间有强烈影响的近岸海域（包括水中的和水下的土地）和滨海陆地（包括陆上水域和地下水），包括岛屿、过渡带和潮间带、盐沼、湿地和海滩	1. 陆域：向内陆延伸的区域，只限于自海岸线起至控制海岸带所需的土地范围，而这些土地的使用对沿海水域有直接和重大的影响，以及控制可能受海平面上升影响或易受海平面上升影响的地理区域； 2. 水域海域：①在五大湖区水域延伸至美国和加拿大的国界线；②在其他区域向海延伸至美国领海的外部边界。 该边界根据：①《水下土地法》（《美国法典》第43章第1301条及以下）；②1917年3月2日法案（《美国法典》第48章第749条）；③依1976年3月24日法案（《美国法典》第48章第1801条及以下）批准的与美利坚合众国建立政治联盟的北马里亚纳群岛联邦盟约；④1963年11月20日法案（《美国法典》第48章第1705条）	

注：笔者根据相关资料整理。

(1) 关于海岸带的海域范围

《广东省海岸带保护与利用管理办法》（2016 年送审稿，未正式通过地方立法），其规定海岸带的海域范围为"从海岸线向海一侧延伸至水深 10 米等深线处以内的我省管辖海域"。《广东省海岸带综合保护与利用总体规划》（2017年）规定为"领海外部界线以内的省管辖海域范围，并将东沙群岛纳入"。

《福建省海岸带保护与利用管理条例》规定为"向海域侧延伸至领海基线的近岸海域"，《海南经济特区海岸带保护与利用管理规定》的规定极为相近，规定为"向海洋侧延伸的近岸海域"。《青岛市海岸带保护与利用管理条例》规定为"海域范围为自海岸线向海洋一侧至第一条主要航道（航线）内边界；有居民海岛超出上述范围的，应当划入"，该规定的范围相对小些。《威海市海岸带保护条例》的规定类似，其规定为"向海洋一侧延伸的近岸海域的范围为自海岸线向海一侧延伸至一千米等距线"。

(2) 关于海岸带的陆域范围

《广东省海岸带保护与利用管理办法》（2016 年送审稿，未正式通过地方立法），其规定海岸带的陆域范围为"向陆一侧延伸 10 公里以内的滨海陆地"，该规定较为模糊，所以另外规定了"由省人民政府批准并公布的海岸带保护与利用总体规划确定"。

广东省人民政府和国家海洋局于 2017 年联合印发实施的《广东省海岸带综合保护与利用总体规划》规定"本规划所称海岸带区域范围，涵盖广东沿海县级行政区的陆域行政管辖范围及领海外部界线以内的省管辖海域范围，并将佛山部分地区和东沙群岛纳入"，其以县级行政区划范围来确定陆域范围，易于理解，但可能与生物物理现象不一致。

《福建省海岸带保护与利用管理条例》规定"海岸线向陆域侧延伸至临海乡镇、街道行政区划范围内的滨海陆地"，具体"由省人民政府批准并公布"。其以临海乡镇、街道行政区划范围来确定陆域范围，易于理解，范围相对比较合理但也可能与生物物理现象不一致。综合我国的行政管理体制，临海县域范围尽管显得较宽，但比临海乡镇、街道行政区划范围更具实际执行性。

《海南经济特区海岸带保护与利用管理规定》的规定较为模糊，具体由省政府划定公布。《威海市海岸带保护条例》规定"向陆地一侧延伸的滨海陆地的范围根据保护区域的实际情况，按照生态优先、应保尽保、优化结构、强化管控的原则，由市人民政府划定并向社会公开，同时设立保护界标"，其也是相对模糊，但明确了划定原则和授权市政府划定向社会公开，同时要求设立保护界标。

《青岛市海岸带保护与利用管理条例》规定"陆域范围为自海岸线向陆地一侧至临海第一条公路或者主要城市道路，其中：（一）第一条公路或者主要城市道路邻近海岸线的，应当适当增加控制腹地；未建成区内原则上不小于一千米；（二）河口、滩涂、湿地、沿海防护林等区域超出上述范围的，应当按照保持独立生态环境单元完整性的原则整体划入。"其以自然地理的道路为界，易于理解，同时明确适当增加控制腹地的情形、保持独立生态环境单元完整性划入等规定，有一定的灵活性。

(3) 关于海岸带范围划定公布的主体程序问题

第一种做法是规定由政府批准并公布，如《广东省海岸带保护与利用管理办法》（2016年送审稿）、《福建省海岸带保护与利用管理条例》。

第二种做法是规定由政府划定并公布，如《海南经济特区海岸带保护与利用管理规定》《威海市海岸带保护条例》。

第三种做法是政府通过后报人大审议，再向社会公布。《青岛市海岸带保护与利用管理条例》要求由市政府研究通过并报市人民代表大会常务委员会审议后向社会公布。这种做法更为严格，审议后发布的海岸带范围如果需要调整变更，程序上也要经过市人民代表大会常务委员会审议，这样就可以减少政府随意调整变更海岸带范围的可能性。

总体来说，关于海岸带海域范围，《福建省海岸带保护与利用管理条例》的规定更为合理；关于海岸带陆域范围，《广东省海岸带综合保护与利用总体规划》规定的"广东沿海县级行政区的陆域行政管辖范围"较为合理、更具执行性；关于海岸带的具体范围及其划定公布，《青岛市海岸带保护与利用管理条例》的相关规定更具科学性、合理性和实操性。

基于此，《立法建议稿》可如是规定："本法所称海岸带，是指海洋与陆地的交汇地带，包括海岸线两侧一定范围内的海域、海岛和陆域。"

"海域范围为向海域侧延伸至领海基线①的管辖近岸海域。"

"陆域范围为自海岸线向陆地一侧的沿海县级行政区的陆域行政管辖范围,其中河口、滩涂、湿地、沿海防护林等区域超出上述范围的,应当按照保持独立生态环境单元完整性的原则整体划入。"

"海岸带具体范围的划定与调整,由国务院研究审议通过后向社会公布。"

7.2 确立基于生态系统的海岸带综合管理框架

综合性海岸管理(Integrated Coastal Zone Management,ICZM)在国际科学文献中被公认为最适合管理海岸地区、协调沿海开发利用活动、确保沿海和海洋区域永续发展的所有政策过程的集合管理工具。海岸带综合管理考虑到了可持续发展的三大支柱,即社会公平、环境保护和经济发展,已经成为全世界公认的可持续发展的框架。海岸带综合管理力求实现三个综合:一是系统综合,即海岸带资源环境系统的空间尺度和时间尺度的综合;二是功能综合,即海岸带管理项目计划和实施项目与海岸带的总体目标及具体目标综合;三是政策综合,即保证中央与地方在政策和规划上的一致性。海岸带综合管理不会与各自独立的部门机构争夺权力或资源,却会为这些部门机构的努力提高价值(蔡程瑛,2010)。

7.2.1 确立基于生态系统的海岸带综合管理

我国陆海环境保护两套法律体系相平行、分立,在制度设计、管制措施、标准要求等方面存在一定的矛盾和冲突,应重新定位和理顺陆海环境保护法

---

① 领海基线为沿海国家测算领海宽度的起算线。基线内向陆地一侧的水域称为内水,向海的一侧依次是领海、毗邻区、专属经济区、大陆架等管辖海域。按照《海洋法公约》的规定,一般有三种确定沿海国领海基线的方法:一是正常基线法,是指沿海国官方承认的大比例尺海图所标明的沿岸低潮线;二是直线基线法,是指在海岸线极为曲折,或者近岸海域中有一系列岛屿情况下,可在海岸或近岸岛屿上选择一些适当点,采用连接各适当点的办法,形成直线基线;三是混合基线法,是交替采用正常基线和直线基线来确定本国的领海基线。笔者注。

律制度之间的关系（李挚萍，2021）。陆海统筹是运用系统学方法统筹规划陆地和海洋的开发布局，促进海陆一体化协调发展的战略途径，需要准确把握陆域–流域–河口–海域生态环境治理的整体性、系统性、联动性和协同性特征。应以"从山顶到海洋""山水林田湖草海沙""基于生态系统的综合管理""基于自然的解决方案"等环境治理与生态系统保护理念为指导，以生态系统要素为基础，陆海统筹，从治理主体、责任清单、考核执法、监测监控、正向激励、反向约束、规划体系、标准技术、法律衔接等方面，科学构建适合我国国情、具有可操作性、行之有效的流域–河口–近岸–海域相衔接的生态环境保护机制。

基于生态系统的管理（ecosystem-based management，EBM）是一种全面考虑特定生态系统内部联系的综合方法，包括生态系统内不同部分之间的联系、陆地与海洋之间的联系、人与自然之间的联系、海洋资源的使用与生态系统满足此类用途的能力之间的联系。其核心要素有：①认识生态系统内部及各生态系统之间的联系；②从生态系统服务的角度看问题，如海岸带系统具有提供食品、保持水文、风暴潮缓冲、提供航运场所、提供休闲娱乐资源、储存碳等服务功能；③消除累积影响，如过度捕捞、农业污染与海岸带开发的叠加影响；④面向多目标的管理，如设立海洋保护区可以实现生物多样性保护与海洋旅游业发展的多重目标；⑤接受变化、总结经验和调整适应，即"适应性管理"（郭振仁，2013）。

海岸带是典型的"社会–经济–自然"复合生态系统，生态系统方法已成为海洋规划与管理的主流指导框架，尤其在流域、海湾、海岸带和渔业管理中获得实践。美国的海岸带管理包含以部门为基础的管理、空间管理和海岸带生态系统管理三种管理方式的评估和行动框架。

一是以部门为基础的管理。其主要针对某单一问题制定实施法律规定的单独行动。例如，渔业、能源开发、废弃物处理等，但容易导致使用者之间、部门之间的冲突。

二是空间管理。即通过陆地/海洋用途的"分区制"规划解决特定地理区域内的冲突，重点在于地理区域内特定活动的适宜性，按照特定目标来分配空间，典型的有海洋保护区、油气开采区、港口区、海洋倾废区、海滨公园等。空间管理关注到多个部门，并为协调政治地理单元之间的冲突提供了可能，但其未能关注到自然过程和生态的系统性，往往并不能提升生态系统的健康，如污染物的陆海统筹治理问题。

三是海岸带生态系统管理。其基于自然科学，通过多元管理手段规范人类的活动，跨越了行政区域和自然地理区域，从而符合自然生态系统承载限度，即把人类的经济社会活动纳入到整个生态系统的承载力之内，更有效地连接社会和自然生态系统，进而促进海岸带可持续发展。同时，海岸带生态系统管理对管理者也提出了更高的要求。

上述三种管理方式虽然有区分，但并不互相排斥，分别以不同的独特方式构建了海岸管理（理查德·巴勒斯，2017）。

7.2.2 设立综合管理体制机制

综合和协调的行动是海岸带综合管理的基石（蔡程瑛，2010）。关于设立综合管理体制机制的问题，目前国内主要有四种方式：第一种方式是设立海岸带综合管理工作协调机制，在山东省的青岛市、威海市、烟台市以及海南省的地方性法规中有相关的规定。第二种方式是建立联席会议制度，在福建省的地方性法规中有相关的规定。第三种方式是成立领导小组，广东省和福建省厦门市在实践中采用此做法，辽宁省葫芦岛市的地方性法规中有相关的规定。第四种方式是设立专门机构，《青岛市胶州湾保护条例》有此规定。海湾属于海岸带的一部分，青岛市设立胶州湾保护委员会的做法属于海岸带综合管理体制机制的一种方式。具体见表7-3。

表7-3 海岸带综合管理体制机制的不同方式（部分）

方式	具体规定或做法	相关规定/地方实践
1. 设立综合管理工作协调机制	省级政府建立健全海岸带综合管理工作协调机制。省发展改革、海洋渔业、国土资源、环境保护、住房城乡建设、交通运输、水利、林业、旅游等有关部门应当加强沟通、密切配合，按照各自职责分工，依法行使职权，加强对海岸带的协同管理	《广东省海岸带保护与利用管理办法》（2016年送审稿）
	市、沿海县（市、区）政府应当建立完善海岸带综合管理工作协调机制，解决海岸带保护与利用工作中的重大问题	《青岛市海岸带保护与利用管理条例》

第 7 章 | 我国《海岸带管理法》的制度设计

续表

方式	具体规定或做法	相关规定/地方实践
1. 设立综合管理工作协调机制	建立健全议事协调机制	《威海市海岸带保护条例》
	建立海岸带综合管理的协调机制	《烟台市海岸带保护条例》
	建立健全海岸带保护与利用管理工作机制	《海南经济特区海岸带保护与利用管理规定》
2. 建立联席会议制度	省级政府及沿海设区的市、县（市、区）政府应当加强对海岸带保护与利用管理工作的统一领导，将海岸带保护与利用纳入本行政区域国民经济和社会发展规划，建立海岸带综合管理联席会议制度，协调和解决海岸带保护与利用工作中的重大问题，联席会议的日常工作由同级政府海洋与渔业行政主管部门承担	《福建省海岸带保护与利用管理条例》
3. 成立领导小组	①成立省海洋工作领导小组，由省长兼任组长，省自然资源、生态环境等二十多个部门参与，负责统筹协调解决全省海洋工作重大事项、重大问题，强化综合决策。②在省海洋工作领导小组下设海岸带综合管理专责小组，组成人员包括沿海各地级市政府和省有关部门负责同志，负责协调解决海岸带保护和科学利用工作中的重大事项，形成工作合力。③省级层面：省级自然资源部门，加挂省级海洋部门牌子，统筹陆海资源开发利用和监督管理；省级生态环境部门，履行海洋环境保护职责，强化生态环境保护；省级海洋综合执法总队，负责集中行使广东省权限范围内的海洋生态环境、海洋资源等涉海执法职能	广东省
3. 成立领导小组	①成立市政府海洋管理协调领导小组。市长任组长，市政府若干分管副市长担任副组长，各涉海部门领导任成员，负责讨论决定海洋管理的重要事项，协调解决存在的重大问题。②设立海洋管理办公室。由市政府分管副秘书长任主任，市海洋与渔业局局长任常务副主任，各涉海部门领导任副主任，定期召开主任会议，不定期召开专题会议，协调各涉海部门的工作配合，研究解决海洋管理工作的热点、难点问题。③设立海洋专家组。专家组成员包括海洋科学家、工程师、城市规划人员、法律专家、经济学家等	厦门市

续表

方式	具体规定或做法	相关规定/地方实践
3. 成立领导小组	①由市政府成立海岸带管理领导小组，负责审议海岸带专项规划及协调海岸带开发、利用、保护等重大事项和工作，并为市政府决策提出意见和建议。 ②市海岸带管理领导小组下设办公室对海岸带实施综合管理和协调监督，其主要职责包括：监督和指导有关海岸带法律、法规和规章的实施；组织协调相关部门拟定海岸带专项规划和专业规划；监督和指导海岸带范围内开发利用和治理保护项目建设；组织监督检查开发活动，协同有关部门查处违法行为、解决边界和资源等各类纠纷等。 ③市政府各相关部门须在市海岸带管理领导小组的领导下，分工协同做好海岸带的管理工作。 ④沿海县（市、区）政府应当设立海岸管理部门，开展海岸带管理工作	《葫芦岛市海岸带保护与开发管理暂行办法》
4. 设立专门机构	①市政府设立胶州湾保护委员会，负责组织、协调胶州湾保护中的重要工作，研究、审议有关胶州湾的重要规划、制度和重大项目建设，组织胶州湾保护综合执法检查或者联合执法。 ②胶州湾保护委员会的组织形式、职能和工作制度，由市政府规定	《青岛市胶州湾保护条例》

第一种方式与第二种方式类似，实践中无论是协调会议还是联席会议的效果都不明显，第三种成立领导小组的方式效果相对好些，第四种成立专门机构的方式效果最好。但基于机构改革趋势和地方性立法不增加机构编制等因素，目前大部分地方性立法均采用前三种方式，尤其是前两种方式。基于不增加机构编制以及确保工作成效，课题组认为，参考厦门市和葫芦岛市的做法，采取成立领导小组的方式更为可取，也具有可行性。

基于此，《立法建议稿》建议在明确政府职责、部门职责的基础上，成立海岸带管理领导小组以及下设办公室对海岸带实施综合管理和协调监督。具体规定为：第一，国家和沿海地方各级政府应当成立海岸带管理领导小组，负责审议海岸带专项规划及协调海岸带保护、利用与管理等重大事项和工作，并为政府决策提出意见和建议。第二，海岸带管理领导小组下设办公室对海岸带实施综合管理和协调监督，其主要职责包括：监督和指导有关海岸带法律、法规和规章的实施；组织协调相关部门拟定海岸带专项规划和专业规划；监督和指导海岸带范围内开发利用和治理保护项目建设；组织监督检查海岸带相关活动，协同有关部门查处违法行为、解决边界和资源等各类纠纷等。政府各相关部门须在海岸带管理领导小组的领导下，分工协同做好海岸带的管理工作。办公室设在自然资源主管部门，承担领导小组日常工作。

2018年中共中央印发《深化党和国家机构改革方案》明确提出，自然资源部门要履行好"统一行使全民所有自然资源资产所有者职责，统一行使所有国土空间用途管制和生态保护修复职责"（简称"两统一"）。《立法建议稿》规定的"海岸带管理领导小组办公室设在自然资源主管部门""规划衔接与多规合一"及科学划定"两空间内部一红线"等内容，均为落实自然资源部门履行"两统一"职责和陆海统筹综合管理的具体举措。

7.2.3 建立健全"湾长制"

有学者研究认为，中国政府治理包括自治和共治两个维度，回应政府治理的法治需求，应推进政府职能定位及其权力配置的法定化（石佑启和杨治坤，2018）。在制度设计上，需要上移宏观规划协调权限，以及下移微观治理重心（贾先文，2021）。

《立法建议稿》应明确规定沿海地方各级政府应当建立健全"湾长制"，实现区域内重要海域全覆盖。各级湾长应当分级分区组织、协调、监督海洋空间资源管控、污染综合防治、生态保护修复、环境风险防范等工作，改善海洋生态环境质量，维护海洋生态安全。

7.2.4 明确检查执法机制

有学者研究指出，在海岸带可持续发展的实践中，执法是主要挑战。执法不力的原因包括缺少执法机构、地方政府能力不足、贪污腐败、政策和立法冲突、执法人员不熟悉法律法规等（蔡程瑛，2010）。强化海岸带的检查执法机制显得极其重要。

《立法建议稿》应如是规定：第一，国家和沿海地方各级政府有关部门应当按照法定权限和程序对海岸带的保护与利用进行监督检查。有关单位和个人对检查工作应当予以配合，如实反映情况、提供有关文件和资料等，不得拒绝或者阻碍检查工作。第二，海洋综合执法机构、海警机构与农业农村、自然资源、生态环境、林业等主管部门应当建立健全海岸带管理信息共享和工作配合机制，加强日常巡查与专项检查，按照职责分工及时查处违法行为。第三，对破坏海岸带资源和生态环境的行为，有关部门应严格依法处理，按照具体情形予以挂牌督办、限期整改、警示约谈以及追究法律责任。造成重大损失的，相关行政主管部门有权对责任者施以行政处罚，或由法律规定的机构和有关组织提起公益诉讼。

以广东省为例，广东省海洋综合执法总队是广东省农业农村厅管理的副厅级机构，集中行使广东省行政区划范围内的涉海综合执法职责。

7.2.5 确立协同治理以及利益相关者的有效参与

基于生态环境的整体性、污染物的移动性以及环境利益的一致性，在海岸带治理方面，应以资源环境承载力为基础，实现保护主体协同、保护对象协同、利益责任协同、政策工具协同，以拓展实现环境保护目标的途径，提升区域生态环境保护成效。以流域治理为例，流域水环境问题可以归因于"条块分割"和"碎片化权威"体制，内在交易成本高昂，无法契合流域整体性治理的要求（杨志云，2022）。在美国流域环境治理中，府际治理协调机制的确立、科层型协调机制的保障、市场型协调机制的引入可以为我国提供经验借鉴（王勇，2009）。基于此，应构建流域内各级政府及其有关职能部门在流域生态环境治理领域跨区域协同决策、协同执法、协同司法、执法与司法相衔接等协同治理体系（彭本利和李爱年，2019）。

由于海岸事务多元且复杂，在各类计划的拟订、审议、核定等过程中均须遵循信息公开原则，应邀请专家学者、相关部门、民间团体、社会公众等多方共同参与海岸规划与管理，以提升海岸管理透明度和海岸管理规划的科学性。

当代管理中有一种新的重要认知：政府很重要，但不是指导人类行为的唯一方法。社会在越来越多地利用政府直接干预之外的工具，如公共资讯（亦称"公共新闻"，public journalism）运动、自由市场、家庭和社区等（理查德·巴勒斯，2017）。有学者指出，公共部门是海岸带管治的主角，利益相关者的参与是海岸带管理的关键（蔡程瑛，2010）。此外，管理者和社会公众的思想意识非常重要。"如果保护要想有效，公众、管理者和开发者的保护意识一定要强，因为保护涉及交叉行业问题、环境问题、自然资源管理失误问题以及在国家规划和发展策略中海洋的重要性问题"（约翰 R. 克拉克，2000）。

海岸带是与当地居民生产生活密切联系的地带。公众参与决策是收集公民和利益相关者的经验或/和科学知识，并将其整合到决策过程中的必要条件，这样既可以发现项目的优缺点，又能进一步提高项目的长期可持续性。另外，公众参与过程还可以有效避免政府决策的随意性，有助于平衡各种利益关系，增加公众对规划的认同，是实现和接受相关决策的关键过程。

合作的和以社区为基础的管理是功能强大的工具，具有在地方层面帮助解决海岸带问题的潜力（罗伯特·凯和杰奎琳·奥德，2010）。南非的经验也表明，在组织海岸带管理方面，扩大公众参与（包括政策的制定、行动计划的拟定及具体的实施等阶段）具有头等重要性。遗憾的是，计划和管理者们往往是在遭遇反对或者实施中遇到困难时才允许公众介入或者参与（约翰 R. 克拉克，2000）。因此，在海岸带管理法律的制定和实施过程中，应当建立公众参与、科学决策的机制，推动海岸带的有效管理。

成功的海洋管理应以坚实的海洋科学知识为基础，包括海洋自然科学和海洋人文社会科学。海洋意识和认知水平是国家海洋软实力的重要基础。海洋意识包括海洋安全意识、海洋国土资源意识、海洋经济意识、海洋科技意识、海洋环境意识、海洋法律政策意识等。"关心海洋、认识海洋"是基础和前提，"经略海洋"是目标（古小东，2022）。《立法建议稿》建议加大宣传教育并对保护海岸带的突出行为予以鼓励奖励，并明确每年的六月为海岸带保护宣传月。

7.3 构建海岸带规划制度

从自然科学的观点看，沿海地区是一个极其复杂、高度多样化、复式交叉的系统。复杂性表明，沿海规划领域迫切需要科学家的持续参与。从规划者的观点看，因为风暴、侵蚀、鱼类洄游等因素不可预测，海岸带的基本数据库难以做到非常完善，基于陆地的规划原则在海岸带规划中不一定适用（约翰 R. 克拉克，2000）。制定陆海统筹的海岸带保护与利用综合规划是解决陆海冲突、涉海部门冲突、涉海行业冲突、沿海行政区域冲突的重要途径，是落实海岸带综合管理的重要举措。

7.3.1 明确海岸带专项规划的编制主体和程序

《立法建议稿》可如是规定：第一，海岸带保护与利用综合规划是国土空间规划的专项规划，是海岸带保护的基本依据，各种保护、利用与管理活动都应当符合规划的要求。第二，国家和沿海设区的市级及以上地方政府自然资源主管部门应当依据国土空间规划，会同有关部门编制海岸带保护与利用综合规划，报本级政府批准后公布实施。第三，经批准的海岸带保护与利用综合规划未经法定程序不得修改；确需修改的，应当按照原审批权限和程序执行。

7.3.2 明确海岸带专项规划的编制要求

海岸带规划的强制性内容包括海岸生态敏感区的确定、禁建用地的控制（即"控制区"）、海岸建设后退线的划定（即"海退线"）、滨海道路建设管理规定、滨海景观廊道建设等（郭振仁，2013）。海岸地区的规划管理原则应包括：优先保护自然海岸，并维持海岸的自然动态平衡；保护海岸自然与文化资产，保全海岸景观与视域，并规划功能调和的土地使用；保育珊瑚礁、藻礁、海草床、河口、潟湖、沙洲、沙丘、沙滩、泥滩、崖岸、岬头、红树林、海岸林等及其他敏感地区，维护其栖息地与环境完整性，并规范人为活动，以兼顾生态保育及维护海岸地形；因应气候变迁与海岸灾害风险，易致灾害之海岸地区应采退缩建筑或调适其土地使用；海岸地区应避免新建废弃物掩埋场，原有场址应纳入整体海岸管理计划检讨，必要时应编列预算逐年移除或实行其他改善措施，以维护公共安全与海岸环境质量；海岸地区应维护公共通行与公共使用的权益，避免独占性之使用，并应兼顾原合法权益的保障；海岸地区的建设应整体考虑毗邻地区的冲击与发展，以降低其对海岸地区的破坏；保存原住民族传统智慧，保护滨海陆地传统聚落纹理、文化遗址及庆典仪式等活动空间，以永续利用资源与保存人文资产；建立海岸规划决策的民众参与制度，以提升海岸保护管理绩效。

总而言之，海岸带专项规划的编制要求主要有以下几个方面。

一是，规划衔接与多规合一。明确海岸带保护与利用规划应当严格遵守生态保护红线，符合国土空间规划，并与其他专项规划相互衔接，促进多规合一。"多规合一"的目的是通过优化重构多部门规划及其上下位关系，建立统一、相互衔接、分级管理的空间规划体系，进而提升政府的空间治理能力，构建稳定、协调的国土空间秩序（刘大海和李彦平，2021）。

二是，生态效益、经济效益和社会效益相统一。明确海岸带保护与利用规划应当根据海岸带自然条件、资源状况、环境承载力和开发程度，确定海岸带保护与利用总体布局，保持滨海湿地、入海河口、海湾、沙滩、浅滩、沙坝、沙丘等滨海生态环境的完整性，并根据经济社会发展的需要，陆海统筹，合理布局，达到生态效益、经济效益和社会效益的统一。

三是，分区分类保护的要求。明确海岸带保护与利用规划应将海岸带分为严格保护区、限制开发区和优化利用区，实行分类保护，分别确定功能定位和管控要求。

四是，科学划定"两空间内部一红线"的要求。明确海岸带保护与利用规划应将海洋国土空间科学划定海洋生态空间和海洋开发利用空间，在海洋生态空间内科学划定海洋生态保护红线。

五是，规划编制的公开公示。明确海岸带保护与利用综合规划的编制应邀请相关部门、相关企业、社会团体、社会公众、专家学者等，采取听证会、论证会、座谈会等形式公开听取社会各方的意见建议，并在官方网站公示不少于30日征求意见，保证规划的科学性和可行性。

广东省在海岸带规划领域开展了以下工作，取得了较好的成效。

1）广东省政府于 2017 年 10 月印发《广东省沿海经济带综合发展规划（2017—2030 年）》（粤府〔2017〕119 号），共十四章内容。规划要求构建形成"一心两极双支点"发展总体格局，统筹"六湾区一半岛五岛群"滨海布局，构筑三大海洋经济合作圈，建设具有全球竞争力的沿海经济带。其中，"六湾区一半岛"是指环珠江口湾区、环大亚湾湾区、大广海湾区、大汕头湾区、大红海湾区、大海陵湾区和雷州半岛。"五岛群"是指珠江口岛群、大亚湾岛群、川岛岛群、粤东岛群和粤西岛群。"三大海洋经济合作圈"是指粤港澳海洋经济合作圈、粤闽海洋经济合作圈和粤桂琼海洋经济合作圈。

2）2017 年 10 月广东省人民政府和国家海洋局联合印发《广东省海岸带综合保护与利用总体规划》（粤府〔2017〕120 号），共八章内容，是全国首个省级海岸带综合保护与利用总体规划。该规划坚持陆海统筹、保护优先、节约优先、绿色发展，"多规合一"、用"一张图"管控海岸带，实施基于生态系统的海岸带综合管理，构建了"一线管控、两域对接，三生协调、生态优先，多规融合、湾区发展"的海岸带保护与利用总体格局。其中，"一线"是指海岸线；"两域"是指陆域和海域；"三生协调"是指以工业生产空间为"点"、以生活空间为"线"、以生态空间为"面"，实现"点"上开发、"线"上优化、"面"上保护；"湾区"是指《广东省海岸带综合保护与利用总体规划》明确的柘林湾区、汕头湾区、神泉湾区、红海湾区、粤港澳大湾区、海陵湾区、水东湾区、湛江湾区等 8 个湾区。

3）广东省自然资源厅于 2019 年 6 月印发《关于推进广东省海岸带保护与利用综合示范区建设的指导意见》（粤自然资发〔2019〕37 号）。为全面落实和推进《广东省海岸带综合保护与利用总体规划》，该指导意见规定了总体要求、深化海岸带管理体制改革、实施生态保护修复示范工程、推动湾区经济高质量发展、完善保障措施五个部分的内容；明确到 2020 年，在汕头湾区、粤港澳大湾区（东莞）、湛江湾区建成第一批 3 个海岸带保护与利用综合示范区，并启动建设第二批 5 个海岸带保护与利用综合示范区。到 2022 年，在柘林湾区、汕头湾区、神泉湾区、红海湾区、粤港澳大湾区、海陵湾区、水东湾区、湛江湾区等 8 大湾区形成一批各具特色的海岸带保护与利用综合示范区。在资金支持方面，从 2019 年起连续 3 年每年安排 2 亿元专项资金支持 11 个海岸带保护与利用综合示范区建设①。

4）广东省按照国家统一部署自 2019 年 7 月起组织开展了《广东省国土空间规划（2020—2035 年）》的编制工作，围绕构建"一核一带一区"区域发展格局，全面构建安全、繁荣、和谐、美丽的高品质国土。该规划设立了"筑造开放活力的海洋空间"专章，进一步加强海岸线的管控，做好陆海两域空间的对接，强化陆海开发保护的协调，推动形成陆海一体、协同有序、绿色活力的海洋空间。结合国土空间规划编制，广东省开展了资源环境承载力评价和国土空间开发适宜性评价，奠定科学确定海岸线开发模式和开发强度的基础。

5）广东省根据自然资源部的部署组织开展了海洋"两空间内部一红线"试划工作，初步试划广东省海洋生态空间和开发利用空间格局并纳入省级国土空间规划，作为广东省海洋空间开发和保护活动的重要依据②。

7.4 完善海岸带保护制度

1975 年国际性的《拉姆萨尔公约》（*Convention on Wetlands of Importance Especially as Waterfowl Habitat*）生效，该文件就特殊水鸟栖息地、重要湿地区保护划设及保护措施作了相关规定。1992 年地球高峰会议中通过的《21 世纪议程》就资源保护与整体性管理等规划了 1993~2000 年的可持续发展工作蓝图。2005 年《巴厘行动计划》（*Bali Action Plan*）就海洋资源与海岸社区永续发展（Sustainable Development）等建立了行动共识。

整体海岸管理计划融合了欧盟海岸带综合管理倡议（EU Integrated Coastal Zone Management initiative），包含了以下多项内容：管理一体化，应对气候变化、自然灾害、水土流失、海岸侵蚀，资源保护与恢复，自然资源利用，基础设施发展，农业、渔业、观光旅游、工业等产业发展，海岸地形维

---

① 参见广东省自然资源厅：《广东省自然资源厅关于省政协十二届四次会议第 20210384 号提案答复的函》。

② 同①。

护等（Xu and Chang，2017）。整体海岸管理计划的内容很多，海岸保护区与海岸防护区的划设是核心内容，海岸保护区与海岸防护区的级别和区位确定又是整体海岸管理计划的最大难点。整体海岸管理计划中涉及的气候变迁调适策略主要有三个类别：一是保护策略，例如强化海岸防灾设施和植被等；二是适应策略，例如设置缓冲带等；三是撤退策略，例如限制海岸地区开发以及居住重置计划等（许斌，2016）。

海岸带地区作为经济社会发展的黄金地带以及生态环境的脆弱地带和警戒地带，应陆海统筹完善构建海岸带保护制度。具体制度包括明确保护边界和正面负面清单，确立自然岸线保有率控制制度，明确海岸建筑退缩线制度及海岸带范围建筑物要求，严控围填海，建立沙滩管护制度并保障公众通行和亲海的权利，加强海岸带防灾减灾，防治海岸带污染，以及保护海岸带生物多样性。

7.4.1 明确保护边界和正面负面清单

《立法建议稿》可如是规定：第一，国家和沿海省级人民政府应当组织有关部门设立海岸带标识，明确海岸带及各类保护区域的边界，制定严格保护区域、限制开发区域内有关活动的正面和负面清单。第二，标识、边界、正面负面清单应当在《海岸带管理法》施行后一年内向社会公布。第三，进一步细化明确规定严格保护区的禁止性行为、限制开发区的要求和禁止性行为以及优化利用区的要求。

7.4.2 确立自然岸线保有率控制制度

广东省在加强岸线用途管控、严格保护自然岸线方面做了有益的探索。一是，强化精细化管理。将广东省4114.3千米岸线划分为严格保护岸线、限制开发岸线和优化利用岸线三种类型，共计484段。其中，严格保护岸段202段，严格禁止破坏严格保护岸段生态功能的开发行为。二是，强化规则管制。颁布实施《广东省海洋生态红线》《广东省严格保护岸段名录》，将主要大陆自然岸线划入生态红线和严格保护岸段范围，并且将严格保护岸段作为一项工作制度落实到各沿海地市,要求设立严格保护岸段标识,加强岸线保护与管理,严禁破坏地形地貌、海洋生态环境的开发活动。三是,开展常态化考核监管。组织对 2018 年度、2019 年度广东省沿海市大陆自然岸线保有率进行考核,并制定 2020 年度沿海市大陆自然岸线保有率考核方案,严格落实国家下达给广东省自然岸线保有目标任务。持续开展海岸线动态监测,统计分析年度自然岸线保有情况,夯实自然岸线保护和管理的数据基础。广东省通过一系列举措协同推进海洋生态安全与海洋经济绿色发展,提升海洋自然生态服务功能①。

《立法建议稿》可如是规定:国家建立并实施严格的自然岸线保有率控制制度。沿海设区的市级及以上地方人民政府负责本行政区域内海岸线保护与利用的监督管理,落实自然岸线保有率管控目标,建立自然岸线保有率管控目标责任制,合理确定考核指标,将自然岸线保护纳入沿海地方人民政府政绩考核。国家和沿海设区的市级及以上地方人民政府自然资源主管部门会同生态环境等相关部门划定自然岸线保护范围,任何单位和个人不得破坏自然岸线保护范围内的地形地貌和景观,不得改变自然岸线保护范围内的自然岸线属性。整治修复后具有自然海岸形态特征和生态功能的海岸线纳入自然岸线管控目标管理。

7.4.3 明确海岸建筑退缩线制度及海岸带范围建筑物要求

为应对海岸侵蚀、防范海洋灾害以及保证公众自由出入滨海区和亲近海洋,部分沿海国家规定海岸带的一定范围内作为控制区和无建筑区。所谓控制区,是指"地形不作任何改变的区域,控制区是岸线季节性变化和长期波动中的动力承受区,保证公众可以自由出入滨水带,其视野不被阻挡"。1981 年的斯里兰卡《海岸带保护法》规定,平均高潮线向陆 100 米范围内设置控制区、禁止建筑物(蔡程瑛,2010)。

控制区制度与海岸建筑退缩线(也称"后退线",或简称"海退线")制

---

① 参见广东省自然资源厅:《广东省自然资源厅关于省政协十二届四次会议第 20210384 号提案答复的函》。

度在沿海管理方面的作用非常明显，目的是禁止对靠近岸线和地区的某种利用，包括禁止任何建筑物或土地利用，既可以避免洪水的侵蚀破坏，也可以保护生态功能、保护景观和保护海岸的公共通道，尤其是保护某些生态关键区（ecologically critical areas，ECAs）（如红树林湿地生境）的一种良好办法。海岸带退缩线的距离要结合具体的地形地貌而定，有的设置为30米，也有的建议设置为100米（约翰R.克拉克，2000）。海岸建筑退缩线不仅适用于已经发生侵蚀的区域，也适用于目前尚稳定的海岸。确定海岸建筑退缩线的依据包括：一是海岸线的性质；二是风、浪和潮汐；三是历史上的风暴和飓风记录；四是风暴潮与波浪增水；五是海滩和滩外海底地形；六是波浪上冲（扑岸浪）情况；七是地面高程；八是海岸侵蚀趋势；九是海岸植被线和植被类型；十是沙丘线和岸上的开发等（联合国经济与社会理事会海洋经济技术处，1988）。

广东省政府和国家海洋局2017年10月联合印发的《广东省海岸带综合保护与利用总体规划》（粤府〔2017〕120号）规定，海岸建筑退缩线是基于经济社会发展需求与海岸自然过程相互作用、协调的控制线，海岸线向陆地延伸最少100米至200米范围内，不得新建、扩建、改建建筑物，确需建设的，应控制建筑物高度、密度，保持通山面海视廊通畅，高度不得高于待保护主体。同时，严格控制退缩线向海一侧及近海水域内的建筑施工、采砂等开发活动。

综上所述，《立法建议稿》应明确要求实施海岸建筑退缩线制度，并区分人工岸线和基岩质、砂质、淤泥质等自然岸线类型划定距离。沿海省级政府应当按照海岸带保护与利用规划要求，科学合理地划定海岸建筑退缩线距离并向社会公布。建筑退缩线范围内，除国防安全、国家重点建设项目、防灾减灾项目建设需要外，不得新建、改建、扩建建筑物。明确海岸带范围建筑物的要求、海岸带范围大型广告设施的禁止。

7.4.4 严控围填海

围填海活动尽管能够增加经济社会发展需求的用地，但会破坏野生动植物的生境、改变海洋水动力系统、降低海洋净污能力，对海洋生态环境影响巨大（王东宇等，2014）。《立法建议稿》可如是规定：第一，要严控围填海活动。明确除国家重大项目外，全面禁止围填海活动。围填海活动应当执行法律、法规和国家有关规定。第二，明确获批围填海等建设项目的实施要求，包括其配套的环境保护设施应当与主体工程同时设计、同时施工、同时投产使用。第三，明确围填海工程使用的填充材料要求。鼓励在围填海等建设项目中采用人工岛、多突堤、区块组团等布局方式，增加海岸线长度，减少对水动力条件和冲淤环境的影响。新形成的海岸线应当进行生态建设，营造植被景观，促进海岸线自然化和生态化。

7.4.5　建立沙滩管护制度并保障公众通行和亲海的权利

"海岸带公众接近"源于"空间公平"的概念。在美国加利福尼亚州的"海滩解放"运动中，加利福尼亚州政府以里约热内卢为例指出，海滩作为公共资源，应向全民开放，而不应有任何阶层、肤色、财富、种族等歧视。除了典型的向公众开放接近海滩外，还应规划海岸带小径系统、落实配套服务设施布局等（王东宇等，2014）。

《立法建议稿》可如是规定：第一，要建立沙滩管护制度。第二，保障公众通行和亲近海洋的权利。明确除港口管理区、军事管理区、海洋特别保护区的重点保护区等经依法批准封闭的区域外，任何单位和个人不得违法圈占沙滩、封闭岸线，限制他人正常通行、亲近海洋活动。通行和亲近海洋活动时，不得在经依法确权的近岸养殖区内从事游泳、捡拾海产品等影响他人合法养殖、经营的行为；造成损失的，应当依法予以赔偿。第三，滨海公用休闲场所免费开放。

7.4.6　加强海岸带防灾减灾

海岸带防灾措施包括生物护岸（柔性构筑物），如沿海防护林、红树林、湿地等；人工护岸（硬质构筑物），如人工防潮堤、防浪墙等；非构筑物防灾，如海岸建筑退缩（王东宇等，2014）。海岸地形是抵御波浪袭击、涨潮、飓风和风暴侵蚀的天然屏障，海洋灾害的防御要从保护这类海岸地形着手，禁止破坏红树林、珊瑚礁，以及夷平沙丘、开采海滩沙等行为（约翰 R. 克拉克，2000）。

《立法建议稿》可如是规定：第一，加强海岸带防灾减灾设施建设。国家和沿海地方各级人民政府应当加强以下防灾减灾设施建设，配齐设备，降低灾害损害：①建立台风、风暴潮、海啸等自然灾害预警预防体系，加强赤潮、绿潮等生态灾害防治工作，建立监测、巡查、调查、处置机制，落实属地责任和临海、用海单位的处置措施；②建设防波堤、护岸、沿海防护林等防护设施，减少海浪、风暴潮对海岸的侵蚀；③建设沿海验潮站、气象观测场等防灾减灾观测设施和渔港、避风港、避风锚地等海岸带防灾减灾设施以及避灾避险场所。任何单位和个人不得损毁或者破坏海岸带防灾减灾设施设备。第二，强化沿海防护林保护制度。沿海防护林营造、补植应当以防风固沙林和防护性景观林为主，选用适宜沿海造林的树种，保护原生植被，形成多树种多树龄混交、乔灌草立体配置、绿化美化彩化香化相结合、生态效益良好的防护林体系。国家和沿海地方各级人民政府应当明确沿海防护林养护管理主体，组织做好防火、病虫害防治、抚育、补植等日常养护工作。禁止在沿海防护林地内从事开荒、砍柴、放牧、筑坟、采石、采砂、采土、挖塘、打井及其他毁林行为，禁止在沿海防护林及其周边燃放烟花爆竹、施放孔明灯、野炊、吸烟、烧香、烧纸及其他用火行为。

7.4.7 防治海岸带污染

污染是海岸带管理面临的一项重大挑战（PEMSER 秘书处，2013）。海岸带污染主要来自工业、农业、交通业、旅游业、生活等多领域，既有来自陆域的，也有来自海域的，但主要来自陆域；既可以通过地表、地下，还可以通过大气沉降等途径。我国陆源污染防治是一种典型的以政策为主导、以命令控制手段为执行方式、被动的"救火式"防治（戈华清和蓝楠，2014）。传统的环境治理是过程控制型的项目治理，应转向以结果为导向的区域性环境治理理念（曹树青，2013）。区域化调整方法是破解海洋环境治理难题之钥，区域合作则是实现海洋环境问题区域化调整的重心及主要路径（钭晓东，2011）。

首先要陆海统筹防治海岸带污染。因海岸带污染的种类和来源多，且已有较多的相关法律法规进行规制，所以本条属于援引性和原则性的规定。以农业面源污染为例，如果不对农药化肥除草剂等采取有效控制，将会有大量的化学物质随着陆地的排水渗透至地下水，或者以径流等方式进入到沿海水域，或者被吸附在土壤随着沉积物迁移，进而使河流、流域以及海洋水域发生富营养化和毒化作用（约翰 R. 克拉克，2000）。建立海岸带环境标准非常重要。控制水质有两种基本方法：一是确定排放标准；二是确定受纳水域本身的水质标准（联合国经济与社会理事会海洋经济技术处，1988）。陆海统筹应在空间规划、环境标准等方面衔接（杨静，2019）。

《立法建议稿》可如是规定：第一，任何单位和个人在海岸带范围内从事生产经营活动，应当符合有关环境保护法律法规的规定，不得非法排放、弃置产生的污染物、废弃物。国家、沿海省（自治区、直辖市）、沿海设区的市、沿海县（市、区）人民政府应当建立海岸带环境保护协调机制，陆海统筹，加强入海污染物排放总量控制、海岸带垃圾污染防治、农林业污染防治、畜禽养殖污染防治、水产养殖污染防治、港口污染防治和船舶污染防治，严控点源污染和面源污染。第二，防范近岸海域环境风险。要加强对沿海工业开发区和沿海石化、化工、冶炼、石油开采及储运等行业企业的环境监管，开展海上溢油及危险化学品泄漏污染近岸海域风险评估，加强海上溢油及危险化学品泄漏对近岸海域影响的环境监测。同时需要建立健全沿海环境污染责任保险制度。第三，完善海洋污染应急制度。国家和沿海地方各级人民政府应当建立海上溢油、有害有毒物质及化学危险品泄漏污染事故等海洋污染应急处置机制，加强应急物资储备和应急处理能力建设。

7.4.8 保护海岸带生物多样性

我国是世界海洋大国之一，也是海洋生物多样性最丰富的国家之一。我国在海洋生物多样性上具有资源丰富、物种多样、生态类型齐全的特点，但同时面临着海洋生物资源过度开发利用（如过度捕捞）、海洋污染、生境破坏（如海洋工程）、外来物种入侵、全球气候变化（如海洋酸化）等的威胁。很多沿海居民不太了解红树林、珊瑚礁、沿海湿地等资源的重要生态价值，或者即使了解一些但为了生计或经济利益而忽视资源的保护。生物学家认为，红树林是地球上极具生产力和生物多样性的湿地生态系统之一，其在作为鱼贝类的繁殖场所、野生动物的栖息地以及海岸防护方面具有重要价值。沿海湿地是鱼贝类产卵、育苗和觅食的重要场所，全球捕捞的鱼类近三分之二是在潮间带孵化的。珊瑚礁至今已存在4.5亿年，是地球上极为古老的生态系统之一，具有极高的生产力，为鱼类和软体动物提供了极为重要的栖息环境；近三分之一的鱼类生活在珊瑚礁生态系统中，其余的鱼类则在生命周期的不同阶段需要依赖珊瑚礁和海草床生存；每平方千米范围内的珊瑚礁每年持续产出至少15吨的鱼类、甲壳类和软体动物类海产品（唐·亨瑞奇，2017）。因此，保护沿海红树林、珊瑚礁、湿地等资源具有重要的生态价值。

设立海洋与沿海自然保留地、国家公园和其他类型的保护区是海岸带综合管理计划综合内容。如果自然保留地或国家公园的管理独立于周围土地利用和人群之外，没有部门之间的合作，那么将会失败（约翰 R. 克拉克，2000）。尽管有批评认为海洋保护区（marine protected areas，MPAs）仅仅是"纸上公园"，海洋保护区作为实施基于生态系统的管理（EBM）的有效工具，可以用于管理特定地区人类对海洋和海岸带的利用方式，保护海洋生物多样性。海洋保护区根据规模可以分为小型区域、高度专业化区域、大型区域、综合型区域以及多功能型区域等（郭振仁，2013）。

海洋保护区具有保护生物多样性、提供生态系统服务、提供就业等多重作用，且正被提升为应对气候变化的工具。2021年6月2日，美国、英国、智利、哥斯达黎加和法国共同宣布建立新的全球伙伴关系，以推进海洋保护区（MPAs）作为基于自然的解决气候变化方案所发挥的作用。随着地球温度不断升高，气候变化和海洋酸化正在影响着全球的物种、生态系统和人类，危及粮食安全、海岸线保护、个人生计和可持续经济发展。加强温室气体减排目标对于保护海洋以及避免气候变化的不可逆影响至关重要，同时，海洋保护区作为维持和恢复生态系统韧性以及提供生物多样性积极成果的关键工具日益受到重视。海洋保护区可以保护捕获和/或提供大气碳长期"蓝碳"储存的生境，包括盐沼、海草、红树林和海底系统。海洋保护区还保护生物多样性，并提供许多海洋和沿海生态系统服务，包括风暴保护和侵蚀控制、粮食生产、就业机会以及休闲旅游业。综合性较高的海洋保护区网络（MPA networks）还允许物种四处游动，以减少其暴露在某些压力下（如海水温度上升），从而提高物种的生存能力[①]。

海洋与渔业类型保护区涉及人类活动比较广，如果只是"为了保护而保护"，将会流于形式而效果不佳甚至失败。世界资源研究所（WRI）2004年的研究报告指出，加勒比海域有35个国家设立了285个海洋保护区，但其中仅有6%被认为实现了有效管理，13%实现了部分有效管理，近半数被认为是无效管理，其余的管理状态为未知。2006年世界自然基金会（WWF）的报道也指出，全球仅不足10%的海洋保护区实现了管理目标和目的，主要原因有：不同使用者之间的目标冲突，预算和人员不足，缺乏长期的资金支持，缺乏当地的支持，无法实现有效的监督、控制以及巡查等基本职能（Cochrane，2010）。

海洋保护区网络是指由各种独立的海洋保护区组成不同的空间尺度和不同保护区水平的相互合作、协同运作的集合体，从而实现单个保护区无法达到的目标（丹·拉佛雷等，2009），并非任何海洋保护区的集合都构成海洋保护区网络。"弹性"这一术语综合了社会-生态系统应对与适应不确定性和突发情况，以及随之变化并学会与之相处的能力（Brand and Jax，2007）。弹性系统能够灵活地适应并随时应对变化和不确定性（Hughes et al.，2005）。与此相反，缺乏弹性的系统容易发生不可逆转的变化，并存在转变为另一种通常不希望出现的状态的危险（Marshall N A and Marshall P A，2007）。弹性是海洋保护区网络设计的关键之一，特别是在面临全球气候变化的今天。一个海洋保护区或网络如果具有弹性，就能抵御破坏或从突发的灾害中恢复，并为其他遭受破坏的种群提供补充种群（West and Salm，2003）。科学和经验不断并且更加充分地证实了生物关联性和弹性在气候变化、自然灾害和经济、政治以及社会动荡面前的重要性，海洋保护区网络也可以成为越来越有价值的管理手段。保护区网络只有在以生态系统为基础的管理、海洋综合管治和海岸带综合管理等组成的较大框架下实施，才能有效地遏制海洋健康的衰退以及降低威胁。没有大尺度的有效管理，在大面积退化的海洋中，海洋保护

---

① https://www.noaa.gov/news-release/new-global-partnership-to-elevate-marine-protected-areas-as-tool-in-climate-response.

区充其量只是一个孤立地受到保护的"水族箱"(丹·拉佛雷等,2009)。

远洋轮船排放的压舱水(也称"压载水")可能会带来外来物种,进而破坏当地的生物物种群落、降低生物多样性、改变港口及其邻近海域的生态系统。2004年,国际海事组织(International Maritime Organization,IMO)采纳了管理和控制压舱水与沉淀物的国际协议,要求所有的船舶都应执行压舱水与沉淀物管理计划,携带压舱水管理记录本以及按照标准处理压舱水,从而应对外来物种入侵(罗伯特·凯和杰奎琳·奥德,2010)。

基于此,《立法建议稿》关于海岸带生物多样性保护的立法重点内容主要有以下几个方面。

一是,加强典型海洋生态系统和重要渔业水域保护。国家和沿海地方各级政府应当加大红树林、珊瑚礁、海藻场、海草床、河口、滨海湿地、潟湖等典型海洋生态系统,以及产卵场、索饵场、越冬场、洄游通道等重要渔业水域的调查研究和保护力度,健全生态系统的监测评估网络体系,因地制宜地采取红树林栽种,珊瑚、海藻和海草人工移植,渔业增殖放流,建设人工鱼礁等保护与修复措施,切实保护近岸海域重要海洋生物繁育场,逐步恢复重要近岸海域的生态功能。

二是,加强海洋生物多样性调查和监测预警。国家和沿海地方各级政府应当组织开展海洋生物多样性本底调查与编目,加强海洋生物多样性监测预警能力建设,提高海洋生物多样性保护与管理水平。

三是,建设弹性的海洋保护区网络。国家和沿海地方各级政府应当通过设立国家公园、湿地自然保护区、湿地公园、水产种质资源保护区、海洋特别保护区等方式加强对国家和地方重要湿地的保护,在生态敏感和脆弱地区加快保护管理体系建设。加大海洋保护区的选划力度,建设弹性的海洋保护区网络。加强海洋特别保护区、海洋类水产种质资源保护区建设,强化海洋自然保护区监督执法,开展海洋类型自然保护区常态化智慧化监测,提升现有海洋保护区规范化能力建设和管理水平。

四是,海岸带物种保护与外来物种入侵控制。国家和沿海地方各级政府应当对海岸带内的珍稀物种、特有物种和重要经济物种等进行分类排查,建立严格保护与利用制度。对海岸带内的外来物种应当进行排查,采取措施控制外来物种入侵,防治有害生物,保护海岸带特有生物种质资源和重要经济生物物种。

保护生态环境必须依靠制度、依靠法治，用最严格制度最严密法治保护生态环境。目前我国依然存在陆海空间规划衔接不足，陆域地表水环境功能区划没有充分考虑与海域功能区划的约束与衔接，海域功能区划没有充分考虑河流淡水和海水相互混合区域等问题。陆域海域的环境质量标准衔接不足，陆海两个环境质量标准之间氮、磷物质的指标设置完全不同，地表水二类水与海水水质相比仍为劣Ⅳ类海水。如果按照岸海水水质标准评价，多数河口水质都存在严重超标。环境质量标准与污染物排放标准之间的衔接也不够，污染物总量控制与环境容量控制之间、环境质量目标管理与排污许可制度之间、排污许可制度与环境影响评价制度之间的衔接也不够。

基于此，在海岸带保护中，流域和海域环境协同治理极为重要。结合相关理论范式，借鉴地中海、濑户内海、切萨皮克湾、密西西比河、田纳西河、莱茵河等流域-海域环境治理的法律制度，应推进国土空间规划中陆域与海域空间管控的衔接，以及地表水环境质量标准的分区、河湖衔接、河海衔接；控制排污量总量，对海域—流域—区域—排污源的总量分配分级，多目标决策计算分配各地的排污量；基于自然的解决方案和整体性治理原则，修订和完善《环境保护法》《海洋环境保护法》《水污染防治法》等法律法规中的环境影响评价、排污许可证、生态红线、污染防治、生态保护、环境修复、环境公益诉讼等制度，构建流域-海域环境治理法律制度的衔接机制；确立保护流域-海域生态系统健康的管理目标，实施流域-海域协同保护的最佳管理措施（best management practices，BMPs）、最大日负荷总量（total maximum daily loads，TMDLs）制度，加强"非点源污染"和"点源污染"治理。

7.5 建立海岸带整治修复制度

近年来我国海洋经济取得了快速发展，但也出现了海岸带开发模式粗放及产业结构不合理的现象。同时，海平面上升与海岸侵蚀，一些重点海湾、河口受到了海岸带过度开发的破坏和污染，致使红树林、海草床和珊瑚礁等特色生态系统功能受损，自然岸线减少，生态功能退化。海洋生态环境整治修复是指对海洋生态空间不合理开发利用活动的整体治理，以及对退化、受损的海洋环境的修复与恢复，目的是恢复特定海洋单元的生态环境功能，提升资源环境价值。开展海岸线整治修复工作是保护海岸线和修复近岸海域生态系统的重要手段，是推动海洋生态文明建设的重要措施，是坚持海陆统筹的重要抓手。

2010年起，按照国家海洋局《关于开展海域海岛海岸带整治修复保护工作的若干意见》（国海办字〔2010〕649号）要求，全国各省（自治区、直辖市）启动了一系列海域、海岛和海岸线的整治修复工作，初步取得良好的社会效益、生态效益和经济效益。多年来，我国在海洋生态整治修复方面投入大量的资金，包括中央分成海域使用金项目、中央财政奖补资金支持"蓝色海湾"项目以及地方政府自筹资金整治修复项目，如广东省"美丽海湾"试点扶持建设项目和广东省省级海域使用金整治修复支持项目等。

我国目前在《海域使用管理法》《海岛保护法》《海洋环境保护法》等涉海法律中对海岸带整治修复问题做了一些原则性规定，具体的操作性规定主要在相关的规范性文件和政策性文件中（表7-4）。2010~2017年中央已累计投入财政专项资金137亿元。截至2018年底，累计修复岸线约1000千米、滨海湿地9600公顷、海岛20个（陈克亮，2021）。

表7-4 与海岸带整治修复相关的规范性文件和政策性文件（部分）

类型	名称
规范性文件	《水污染防治行动计划》（2015年） 《国务院关于加强滨海湿地保护 严格管控围填海的通知》（国发〔2018〕24号） 《国家海洋局海洋生态文明建设实施方案》（2015—2020年）（2015年） 《关于全面建立实施海洋生态红线制度的意见》（2016年） 《围填海管控办法》（2016年） 《贯彻落实〈围填海管控办法〉的指导意见》《贯彻落实〈围填海管控办法〉的实施方案》（2017年） 《海岸线保护与利用管理办法》（2017年） 《贯彻落实〈海岸线保护与利用管理办法〉的指导意见》《贯彻落实〈海岸线保护与利用管理办法〉的实施方案》（2017年） 《国家海洋局关于印发无居民海岛开发利用具体方案编写要求的通知》（国海规范〔2017〕4号） 《湿地保护管理规定》（2017年修订）

续表

类型	名称
规范性文件	《自然资源部 发展改革委关于贯彻落实〈国务院关于加强滨海湿地保护严格管控围填海的通知〉的实施意见》（自然资规〔2018〕5 号） 《自然资源部关于进一步明确围填海历史遗留问题处理有关要求的通知》（自然资规〔2018〕7 号） 《红树林保护修复专项行动计划（2020—2025 年）》（2020 年） 《农业农村部关于进一步明确涉渔工程水生生物资源保护和补偿有关事项的通知》（农办渔〔2018〕50 号） 《近岸海域污染防治方案》（2017 年） 《关于开展"湾长制"试点工作的指导意见》（2017 年） 《全国沿海防护林体系建设工程规划（2016—2025 年）》（2017 年） 《国家级海洋牧场示范区建设规划（2017—2025 年）》（2017 年）
技术政策	《围填海工程生态建设技术指南（试行）》（2017 年） 《围填海项目生态评估技术指南（试行）》（2018 年） 《围填海项目生态保护修复方案编制技术指南（试行）》（2018 年） 《海洋生态损害评估技术导则 第 1 部分：总则》（GB/T 34546.1—2017） 《红树林植被恢复技术指南》（HY/T 214—2017） 《海滩养护与修复技术指南》（HY/T 255—2018） 《海堤生态化建设技术指南（试行）》
经济政策	《关于中央财政支持实施蓝色海湾整治行动的通知》（财建〔2016〕262 号） 《海洋生态保护修复资金管理办法》（财资环〔2020〕24 号） 《国务院办公厅关于印发自然资源领域中央与地方财政事权和支出责任划分改革方案的通知》（国办发〔2020〕19 号）

资料来源：陈克亮，2021

结合广东省自然资源厅 2019 年 6 月印发的《关于推进广东省海岸带保护与利用综合示范区建设的指导意见的通知》（粤自然资发〔2019〕37 号）以及 2021 年 6 月 1 日《广东省自然资源厅关于省政协十二届四次会议第 20210384 号提案答复的函》，广东省在海岸带整治修复方面的举措主要有：一是颁布实施《广东省湿地保护条例》《珠江三角洲地区湿地生态保护规划》等，科学实施湿地生态系统修复，推进湿地保护体系建设。二是要求构建以生态空间支撑发展空间的体制机制。探索海岸线占补平衡制度，对于大陆自然岸线保有率低于或等于 35% 的示范区，使用海岸线要按占用自然岸线 1 米补 1.5 米、占用人工岸线 1 米补 0.8 米的比例开展整治修复，恢复海岸线的生态功能。推进大陆自然岸线指标交易，探索自然岸线异地有偿使用。充分利用"拆旧复垦""增减挂钩"等相关政策，将腾退出来的建设用地指标用于海岸带地区发展建设。三是实施生态保护修复示范工程，具体包括海岸线整治修复工程、魅力沙滩工程、海堤生态化工程、滨海湿地恢复工程和美丽海湾建设工程等"五大工程"。从 2019 年起，连续 3 年每年安排 5 亿元专项资金，用于海岸线生态修复和重点海湾整治，开展生态保护修复示范"五大工程"①。

然而，我国在海洋生态环境整治修复仍然存在一些亟待解决的问题。例如，缺乏全局性整体规划设计、与地方社会经济发展衔接程度不高；项目布局不合理，部分地方预期目标较难实现；基本建设项目前期程序繁杂影响工期；缺乏系统的过程控制、质量管理、结果评价标准，验收管理办法不统一；整治修复的主体较为单一，以政府为主，同时政府主体责任落实仍不到位；资金来源不足且单一；技术方面主要集中在对生态修复技术措施的研究，而对于生态修复的其他环节，如退化诊断、生态修复监测、生态修复效果评估及修复管理等方面的研究相对较少，以往的修复技术通常以人工修复为主，忽略了生态系统的自我修复能力，侧重于对生态系统结构的修复，忽视了对生态系统功能的修复。此外，海洋生态环境整治修复与流域整治修复、土壤整治修复密切相关，如何协同、获得最佳的整治修复效果和生态环境效应，是一个值得研究的问题。基于此，我国《海岸带管理法》关于海岸带整治修复制度的立法重点主要有以下五个方面。

7.5.1 制定海岸带整治修复计划和项目库

《立法建议稿》应如是规定：一是，国务院自然资源主管部门应当制定海岸带整治修复五年规划及年度计划，建立全国海岸带整治修复项目库，确

---

① 参见广东省自然资源厅《关于推进广东省海岸带保护与利用综合示范区建设的指导意见》（粤自然资发〔2019〕37 号）；广东省自然资源厅《广东省自然资源厅关于省政协十二届四次会议第 20210384 号提案答复的函》（2021 年 6 月 1 日）。

定整治修复目标和主要措施，组织对海水入侵、海岸侵蚀、海滩污染等生态损坏、功能退化区域进行综合治理和生态修复。二是，沿海省级人民政府自然资源主管部门负责编制本行政区域内的五年规划及年度计划，提出项目清单，纳入全国海岸带整治修复项目库。

7.5.2　海岸带整治修复原则

《立法建议稿》应如是规定：海岸带整治修复应当坚持维护生态、保持原貌、系统修复、综合整治的原则，尽可能多地保留原始风貌并与周围的自然环境相协调，优化海岸带生态安全屏障体系。

7.5.3　海岸带整治修复方式

《立法建议稿》应如是规定：鼓励开展退堤还海、退围还海、退养还滩、退耕还湿、清淤疏浚、生态廊道建设等方式恢复海岸带生态功能的整治修复活动，提升海岸带资源价值。

7.5.4　海岸带整治修复技术标准与重点工程

《立法建议稿》应如是规定：一是，国务院自然资源主管部门制定海岸带整治修复技术标准。二是，海岸带整治修复应当围绕滨海湿地、岸滩、海湾、海岛、河口、珊瑚礁等典型生态系统，重点安排"南红北柳"滨海湿地修复、岸滩整治沙滩修复养护、海湾综合治理、海岸生态廊道建设、生态海岛保护修复、近岸构筑物清理与清淤疏浚、海漂垃圾治理等工程，恢复海岸带湿地对污染物的截留、净化功能，修复鸟类栖息地、河口产卵场等重要自然生境。

7.5.5　海岸带整治修复资金投入机制

财政规则改革可以促进国家治理能力提升，中央通过改变财政规则可以促使地方政府自主承担环境治理的职责（张莉，2020）。《立法建议稿》应如是规定：一是，中央海岛和海域保护专项资金支持开展海岸线整治修复。二是，沿海地方各级人民政府应当建立海岸带综合治理与生态修复项目的多元化投资机制，鼓励和引导社会资本参与海岸带整治修复。

7.6 规范海岸带利用制度

全球海洋经济对经济产出和就业的贡献显著。根据经济合作与发展组织（OECD）的海洋经济数据库计算，到2030年，全球海洋经济总增加值预计将超过3万亿美元、维持其占世界经济增加值总份额的2.5%，预计海洋产业将雇佣4000多万人。预计50%的海洋产业增速将超过全球经济增速，几乎所有海洋产业就业增速将超过世界经济整体水平（经济合作与发展组织，2020）。欧洲是近年最关注蓝色经济发展的地区，认为蓝色增长是欧洲未来发展的新道路。欧盟于2012年8月形成了《蓝色增长：大洋、海洋和海岸带可持续发展的情景和驱动力》报告（欧盟渔业及海洋事务委员会，2014），并于2017年4月发布了《西地中海蓝色经济可持续发展倡议》（何广顺等，2019）。我国海洋经济发展总体向好，同时也面临海岸带地区人口压力、环境污染、全球环境变化、涉海科技和人才支撑不足、发展模式粗放等威胁与影响，需要运用法律等手段措施提升海洋资源利用水平、发展高质量海洋经济（古小东，2022）。

常见的海岸带开发模式有极核式、连绵带式、散点式三种，应基于海岸带开发适宜性评价结果选择合适的海岸带开发模式（王东宇等，2014）。对海岸开发计划来说，要想充分进行社会成本效益分析必须考虑两大方面的问题：一是，资源利用问题；二是，环境方面的连锁关系问题（联合国经济与社会理事会海洋经济技术处，1988）。海岸带综合管理主张平衡式多样化利用，保护与开发目标两者兼顾，不赞成特定的沿海资源部门为单一的经济目的搞排他性利用。海岸带综合管理的主要目的是协调各沿海经济部门的积极性，达到长期的最佳经济效果，包括解决利用冲突，进行权益平衡；鉴别沿海土地与沿海可再生资源利用矛盾，为了国家最佳长期利益，寻找按多样性化利用框架配置和管理资源利用的途径（约翰 R. 克拉克，2000）。

《关于推进广东省海岸带保护与利用综合示范区建设的指导意见》提出，要求"以海岸带保护与利用综合示范区建设为抓手，推动海岸带地区高质量发展，严守'生态空间'、拓展'发展空间'、优化'生活空间'，打造宜居、宜业、宜游的黄金海岸带和美丽家园"，以及"海岸带地区生产要素配置和产业结构日趋优化。单位岸线海洋生产总值5.1亿元/公里，海洋战略性新兴产业增加值年均增速15%，海洋科技成果转化率大于55%，海洋研究与试验发展经费投入强度大于3%"。

我国《海岸带管理法》关于海岸带利用的立法重点主要有以下七个方面。

7.6.1 海岸带土地和海域开发利用的基本要求

《立法建议稿》应如是规定：统筹海岸带内陆域和海域的开发利用，严格控制开发时序，有序供应和集约利用海岸带土地与海域资源，依法优化海岸带范围内的建设项目布局，制定并公布鼓励类、限制类和淘汰类产业目录，规范产业用地、用海的管理，禁止污染严重、破坏性强、超出生态环境承载力的项目建设。

7.6.2 海岸和海洋工程项目的环境影响评价制度与后评价制度

环境评价过程的核心是对拟定项目的影响作出合理的预测（约翰 R. 克拉克，2000）。我国将海岸工程建设项目与海洋工程建设项目相区分，分别实行环境影响评价制度和海洋环境影响评价制度。

《立法建议稿》应如是规定：一是，海岸工程建设项目实行环境影响评价制度，海洋工程建设项目实行海洋环境影响评价制度，严格控制建设项目占用海岸线长度。二是，建立和落实海岸工程、海洋工程建设项目环境影响后评价制度，对海岸带生态造成严重影响的建设项目，根据环境影响后评价结论，采取改进措施进行调整，直至退出海岸带利用。

7.6.3 海岸带产业园区建设要求

《立法建议稿》应如是规定：一是，确需在海岸带范围内建设产业园区的，沿海省（自治区、直辖市）、沿海设区的市、沿海县（市、区）人民政府应当进行规划。二是，新批建的临港工业项目应当全部进入园区。三是，海岸带产业园区应当集约节约用地，设定单位土地面积投资强度和效用指标，提高土地利用效率。

7.6.4 港区开发建设项目的要求

《立法建议稿》应如是规定：一是，港区开发应当坚持深水深用、节约高效、合理利用、有序开发、绿色生态的原则，加快港口结构调整，优化功能布局，集约利用岸线、陆域、水域等资源，避免粗放发展、重复建设和资源浪费，推进建设资源节约、环境优良、生态安全的新型港口。二是，应合理规划和利用岸线资源，鼓励采用多突堤式透水构筑物用海方式。航道区、锚地区应当维护海域自然属性，保障船舶航行安全、畅通和候潮、锚泊、避风、过驳安全。三是，应统筹港口新开发与现有设施改造升级，提升港口信息化、专业化、智能化水平，完善集疏运体系，促进港口与城市协调发展。四是，码头建设应当优先采用离岸方式。五是，应完善商港及船舶修造厂含油污水、化学品洗舱水科学处置机制，提高一级以上渔港的污水垃圾接收、转运及处理处置能力。

7.6.5 围填海项目的要求

《立法建议稿》应如是规定：围填海项目应当依法编制海域使用论证报告和海洋环境影响报告，施工时应当按照规定同步进行生态保护修复。严格控制沿岸平推、截弯取直、连岛工程等方式围填海，严格控制单体项目围填海面积和占用岸线长度。

7.6.6　水产养殖布局以及发展现代生态渔业的要求

关于水产养殖布局的要求，《立法建议稿》应如是规定：国家和沿海地方各级人民政府渔业主管部门应当编制养殖水域滩涂规划，合理确定养殖布局，明确允许养殖区、限制养殖区和禁止养殖区，并报本级人民政府批准后公布。

关于现代生态渔业的发展，《立法建议稿》应如是规定：一是，海岸带范围内水产养殖应当根据生态容量与环境承载力控制规模，规范养殖方式，发展现代生态渔业。二是，陆域水产养殖集中区所在地的县级以上人民政府应当制定专项规划和具体政策，引导产业转型升级，逐步有序淘汰低端粗放养殖，控制和减少对地下水的开采利用。加快禁养区内现有养殖有序退出，限养区内不符合用水、环保等要求的养殖业升级改造，发展生态、安全、高效海水养殖，建设现代渔业园区。三是，海域水产养殖区应当按照海域使用权批准的范围、方式进行养殖生产，限制养殖规模和密度，防止养殖自身污染。支持、鼓励传统海水养殖业转型升级、高质量发展。四是，鼓励发展离岸式水产养殖和海陆接力式水产养殖。

7.6.7　滨海旅游业开发和滨海公共活动空间建设的要求

滨海旅游业开发方面，《立法建议稿》应如是规定：一是，鼓励发展滨海度假旅游、海洋休闲旅游、海洋科普教育旅游。鼓励建设景观优美、具有休闲旅游与公众游憩功能、集生态保护与旅游开发于一体的开放式旅游海岸带。二是，滨海旅游项目开发应当按照国家和沿海地方人民政府的总体要求，保护海岸带自然生态环境和文化多样性，因地制宜，突出特色，进行差异化开发，避免重复建设，充分保护海岸带原有地形地貌、海岸海滩、沙丘及植被等景观资源和自然环境，旅游配套设施应当向海岸线陆地一侧布局。三是，加强人文历史遗迹的保护，整治损伤自然景观的海岸工程设施，修复受损自然、历史遗迹。

关于滨海公共活动空间建设，《立法建议稿》应如是规定：一是，沿海地方各级人民政府应当完善海岸带滨海公共活动空间，配套建设公共服务设施，拓展公众亲海空间，畅通观海视廊。二是，加强公益性水上运动基础设施建设，提高安全保障水平，满足公众亲海和水上运动需求。

关于海岛开发保护的要求，《立法建议稿》应如是规定：一是，沿海地方各级人民政府应当根据海岛保护规划和资源环境承载能力，采取措施控制海岛的人口规模或者游客数量。二是，有居民海岛的开发、建设，应当符合海岛主要污染物排放、建设用地和用水总量控制指标的要求。

7.7 强化保障和监督机制

海岸带管理需要有相应的可持续财政与融资机制。可持续的财政支持是指为保护环境资源提供的充足、稳定、长期和自我维持的财政资源，既包括各种筹资的渠道机制，也包括及时合理地分配资源（PEMSER 秘书处，2013）。例如，在菲律宾的八打雁湾地区（Batangas），八打雁海岸带资源管理基金会由八打雁省省长和该省五家最大的公司（菲律宾壳牌石油公司、菲律宾加利福尼亚-得克萨斯炼油公司等五家临海化工企业）倡议成立，其鼓励制定并实施综合、多学科、全面的海岸资源管理计划，积极参与海岸带保护活动，提升公众海洋意识，推进加强八打雁海岸带资源的可持续发展。此外，八打雁湾地区实验性采取了政府和社会资本合作（Public-Private Partnership，PPP）模式来解决八打雁湾地区和八打雁省的废弃物管理问题（蔡程瑛，2010）。

广东省《关于推进广东省海岸带保护与利用综合示范区建设的指导意见》规定："建立多元化的资金投入机制。积极争取国家重大专项资金扶持，加大对示范区内基础设施、生态修复和科技创新的资金投入。2019—2021 年，在海岸线生态修复和重点海湾整治专项资金中每年安排资金用于示范区建设。落实《中国人民银行 国家海洋局 发展改革委 工业和信息化部 财政部 银监会 证监会 保监会 关于改进和加强海洋经济发展金融服务的指导意见》（银发〔2018〕7 号），加大金融投入和服务创新。积极利用省产业发展基金、创新创业基金，鼓励和支持社会资本建立海洋产业发展基金，参与示范区建设。鼓励发展以海域使用权、无居民海岛使用权等抵押担保的海洋特色贷款产品。"

我国《海岸带管理法》关于强化保障和监督机制的立法重点主要有以下六个方面。

7.7.1 海岸带保护经济政策措施和绩效管理

应注重环境治理制度创新的协同融合，环境法律制度与环境经济制度的互动，环境治理主体的协同及制度体系实施之间的融合（张瑞萍，2020）。市场型和强制性环境规制对环境治理绩效的影响均为正，故应该综合采用环境法律法规、环保投资、排污权收费等多种手段来治理环境污染（安锦等，2022）。应进一步完善资源环境价格形成、环境补贴、生态补偿、排污权交易、绿色税收、绿色金融等环境经济政策，发展蓝色海洋金融，充分发挥环境保护市场机制的作用，建立海岸带保护的长效机制。

首先，完善海岸带保护经济政策措施。《立法建议稿》应如是规定：一是，国家采取有利于海岸带保护和整治修复的财政、税收、价格、金融、保险等经济政策和措施。二是，国家鼓励金融机构加大对海岸带保护和修复项目的信贷投放。三是，从事海岸带保护和修复的单位依照法律、行政法规的规定，享受税收优惠。四是，国家鼓励并提倡社会各界为海岸带保护捐赠财产，并依照法律、行政法规的规定，给予税收优惠。

其次，加大资金投入和绩效管理。《立法建议稿》应如是规定：国家和沿海地方各级人民政府要加大资金投入，统筹海岸带保护和整治修复的各项任务，确保实现海岸带可持续发展的目标。使用资金应当加强绩效管理和审计监督，确保资金使用效益。

最后，发挥市场机制建立多元化筹资机制。《立法建议稿》应如是规定：充分发挥市场机制作用，建立多元化筹资机制，推行环境污染第三方治理，推进市场化运营，逐步将海岸带污染防治领域向社会资本开放，推广运用政府和社会资本合作（PPP）模式。

7.7.2 海岸带管理基金的来源与用途

海岸带管理基金的设立及其来源。《立法建议稿》应如是规定：国家和沿海地方各级人民政府应成立海岸带管理基金，其来源如下：一是，政府机关依预算程序的财政拨款；二是，基金的孳息收入；三是，受捐赠的收入；四是，其他收入。

海岸带管理基金的用途。《立法建议稿》应如是规定：海岸管理基金的用途主要为：一是，海岸带的研究、调查、规划、监测相关费用；二是，海岸带的生态环境保护和整治修复；三是，海岸带保护的奖励；四是，海岸带保护的宣传教育；五是，海岸带保护的国际交流合作；六是，其他经政府自然资源主管部门核准的有关海岸带保护和管理的费用。

对海岸带保护的鼓励和表彰。《立法建议稿》应如是规定：鼓励公民、法人和其他组织以志愿服务、捐赠、投资等形式参与海岸带保护。对在海岸带的保护、管理、研究、教育等工作中成绩显著或者贡献突出的单位和个人，由国家和沿海地方各级人民政府按照相关规定给予表彰奖励。

7.7.3　生态补偿机制和权利人损失补偿赔偿机制

关于生态补偿机制。《立法建议稿》应如是规定：国家和沿海地方各级人民政府应当建立和完善生态保护补偿机制。

关于权利人损失补偿赔偿机制。《立法建议稿》应如是规定：因海岸带保护需要，对相关权利人的合法权益造成损失的，政府应当给予补偿，并对其生产、生活作出妥善安排。因海岸带开发利用项目对相关权利人造成损害的，项目单位应当给予赔偿。

此外，有学者指出，当前我国政策、法律尚未规定贯通流域和海域之间的生态补偿制度，建议制定流域-海域生态补偿制度（梅宏等，2019）。

7.7.4　海岸带状况调查制度与监视监测系统

为确保生态安全，我们的社会经济活动不能超出生态系统的承载容量范围，即应与承载能力相适应（潘家华，2013）。我国环境监测的陆海统筹机制面临的缺乏统一规划、管理职责不清、标准化滞后和信息发布混乱等问题，应对海岸带资源环境承载能力进行评价，完善以监测评估为核心的海岸带生态监管制度，构建陆海污染源多级监测和评价分析系统，推动建设陆海一体化生态环境信息智慧监测协同平台，建立基于陆海统筹的流域-海湾水环境测管协同模式（李杨帆等，2022）。

海岸带状况报告是记录海洋和海岸带资源环境现状的综合性、全面性的方法的报告，包括该地区针对某些资源环境问题正在采取的政策和管理举措（PEMSER秘书处，2013）。监测和评估是海岸带管治的一个重要过程。适应性管理就是"在游泳中学习游泳"（Walters and Holling, 1990），其基础在于"规划、实施、评估、重复"的环式概念，强调建立基线指标和剖面、实施备选性政策和管理活动（试验）、监控和评估结果、作出评价和反馈（蔡程瑛，2010），是一种积极反馈、主动反思、调适优化的机制。

《立法建议稿》应如是规定：一是，国家和沿海地方各级人民政府应当建立海岸带状况动态监测调查制度，及时掌握海岸带保护动态信息，并建立海岸带现状及变化的影像、文字档案。二是，建立全国统一的海岸带状况动态及海洋灾害监测监视系统，加强海岸带资源、生态环境、海水上溯、土壤盐渍化及海洋灾害监测预报。三是，行使海岸带管理职权的相关部门应当加强监视监测网络建设，运用卫星遥感、远程视频、大数据分析以及在线自动监测等手段，对海岸带范围内的规划建设、土地利用、海域使用、沙滩使用、资源环境、污染排放、湿地、船舶等进行动态监视监测。

7.7.5 海岸地区基本数据库及其信息共享、信息公开机制

规划和管理活动需要良好的数据支撑（Kidd et al., 2013）。收集自然资源数据是了解自然资源生态系统的第一步，科学家对这些原始数据进行分析研究后提供给管理决策者参考。基于"证据"的决策的意义在于决策透明、可追溯、可复现、可问责、降低诉讼风险、承担有限责任、避免误导"外行人"等。对自然资源进行调查、监测、统计、分析、评价等也是自然资源管理机构的重要职能。此外，亟须对多部门、多源头、多学科、多尺度空间的数据信息进行整合，打通信息孤岛，互联互通，尽可能共享公开（陈丽萍等，2019）。联合国经济与社会理事会海洋经济技术处（1988）也指出，要想评估海岸地区物理、化学特性的变化及其对生物群落的影响，必须说明海岸生

态系统的原始状况,即所谓"基线"。海岸地区基本数据库的建立、更新和发布,将有助于增强对海岸的研究、规划、教育、保护及管理。海岸地区基本资料数据具有三重属性,即资讯提供、技术服务和公共服务(许斌,2016)。

国家建立海岸地区基本数据库及其信息共享机制。《立法建议稿》应如是规定:国务院自然资源主管部门应当会同国务院生态环境、农业农村、住房和城乡建设、交通运输、水利、应急管理、城市管理、工业和信息化、海事等主管部门建立海岸地区基本数据库,定期更新数据与发布海岸带管理白皮书,构建全国海岸带信息平台,实行数据动态更新和信息共享。

完善海岸带信息公开机制。《立法建议稿》应如是规定:行使海岸带管理职权的部门应当依法公开海岸带资源、生态环境、保护、利用和管理等信息,并按照规定发布相关公报或者专项通报,按照规定将有关单位和个人的违法信息记入公共信用信息平台。

7.7.6 强化人大监督和公众监督机制

学界对人大监督和公众监督机制的重要性已有很多的论证,在此不再赘述。《立法建议稿》应如是规定:一是,强化人大监督。国家和沿海地方各级人民代表大会常务委员会应当通过听取专项工作报告或者执法检查等方式,对海岸带保护工作情况开展监督。二是,重视公众监督。国家和沿海地方各级人民政府应当建立公民、社会团体及新闻媒体共同参与的海岸带管理公众监督机制。涉及民生及生态敏感区的重大项目,应当实行听证制度。任何单位和个人都有遵守海岸带保护管理法律法规的义务,并有权对违反海岸带保护管理法律法规的行为劝阻制止和投诉举报。投诉举报的受理部门应当依法处理或者移交有权部门处理,自接到投诉举报之日起三日内进行核查并及时处理。核查处理情况应当及时反馈投诉举报人。不得泄露投诉举报人的身份信息。

参 考 文 献

阿戴尔伯特·瓦勒格.2007.海洋可持续管理——地理学视角.张耀光,孙才志译.北京:海洋出版社.

安锦,杨壁宁,刘晓佳,等.2022.环境规制、绿色科技与环境治理绩效.统计与决策,(13):184-188.

安太天,朱庆林,武文,等.2020.基于陆海统筹的海岸带国土空间规划研究、海洋经济,10(2):44-51.

毕京京.2013.论陆海统筹的战略视野.理论建设,(2):10-15.

蔡安宁,李婧,鲍捷,等.2012.基于空间视角的陆海统筹战略思考.世界地理研究,21(1):26-34.

蔡程瑛.2010.海岸带综合管理的原动力——东亚海域海岸带可持续发展的实践应用.周秋麟,温泉,杨圣云,等译.北京:海洋出版社.

蔡守秋.1996.环境资源法论.武汉:武汉大学出版社.

蔡延东.2011.从政府危机管理到危机协同治理的路径选择.当代社科视野,(5):27-30.

曹树青.2013.结果导向型区域环境治理法律机制探究.中国人口·资源与环境,(2):108-114.

陈克亮.2021.我国海洋生态修复政策现状、问题及建议.应用海洋学学报,40(1):170-178.

陈丽萍,陈静,刘丽,等.2019.自然资源综合管理框架与工具.北京:地质出版社.

陈甦,丁慧.2000.试论滩涂在法律上的性质.辽宁师范大学学报,(9):21-23.

代敏.2014.海南海岸带开发利用的法律问题研究.海口:海南大学硕士学位论文.

丹·拉佛雷,等.2009.建设弹性海洋保护区网络指南.王枫译.北京:海洋出版社.

丹·拉弗莱,加布里埃尔·格瑞斯蒂茨.2016.海岸带典型生态系统碳汇管理.卢伟志,刘长安,等译.北京:海洋出版社.

邓文晓.2015.《英国海洋法》研究.重庆:西南政法大学硕士论文.

狄乾斌,韩增林,孙才志.2008.海域承载力理论与海洋可持续发展研究.海洋开发与管理,(1):52-55.

丁晖,曹铭昌,刘立,等.2015.立足生态系统完整性,改革生态环境保护管理体制——十八届三中全会"建立陆海统筹的生态系统保护修复区域联动机制"精神解读．生态与农村环境学报，31（5）：647-651．

钭晓东．2011．区域海洋环境的法律治理问题研究．太平洋学报，(1)：43-53．

冯士筰，李凤岐，李少菁．1999．海洋科学导论．北京：高等教育出版社．

付俊文，赵红．2006．利益相关者理论综述．首都经济贸易大学学报，(2)：16-21．

戈华清，蓝楠．2014．我国海洋陆源污染的产生原因与防治模式．中国软科学，(2)：22-31．

葛瑞卿．1982．美日海岸带管理．海洋通报，(4)：106-110．

龚宏斌．2012．企业环境责任的利益相关者驱动、响应及绩效研究．杭州：浙江工商大学博士学位论文．

巩固．2015．欧美海洋综合管理立法经验及其启示．郑州大学学报（哲学社会科学版），48（3）：40-46．

古小东．2022．我国《海洋基本法》的性质定位与制度路径．学术研究，(7)：60-66．

古小东，夏斌．2019．区域生态环境保护协同机制的优化构建——以粤港澳大湾区为例．当代港澳研究，(1)：27-55．

古小东，陈敏康，洪素丽，等．2022．我国海洋垃圾治理制度的优化——基于美国的经验借鉴．环境保护，(22)：69-75．

关涛．2007．海岸带利用中的法律问题研究．北京：科学出版社．

管松，刘大海，邢文秀．2019．论我国海岸带立法的核心内容．中国环境治理，(6)：95-102．

郭日生．2012．《21世纪议程》：行动与展望．中国人口·资源与环境，(5)：5-8．

郭振仁．2013．海岸带空间规划与综合管理：面向潜在问题的创新方法．北京：科学出版社．

郭正强．1985．法国海岸带活动和管理．海洋开发，(1)：50-52．

国家海洋局海域管理司．2001．国外海洋管理法规选编．北京：海洋出版社．

韩克．2006．海岸带管理法的立法对策研究．大连：大连海事大学硕士学位论文．

韩通平．2013．我国海岸带管理立法研究．青岛：中国海洋大学硕士学位论文．

韩增林．2012．地理学、港口空间研究与港口地理学．地理教育，(9)：4-5．

何广顺，等．2019．国外海洋政策研究报告（2018）．北京：海洋出版社．

贺蓉．2008．欧盟海洋综合政策发展对我国海岸带管理的启示．中国海洋大学学报（社会科学版），(3)：91-93．

贺蓉．2009．我国海岸带立法若干问题研究．青岛：中国海洋大学硕士学位论文．

侯西勇，毋亭，侯婉，等．2016．20世纪40年代初以来中国大陆海岸线变化特征．中国科学：地球科学，46（08）：1065-1075．

黄民礼．2011．信息不对称、公众行为和环境规制的有效性——中国环境规制中的公众行为考察．山东科技大学学报（社会科学版），13（3）：76-80．

参考文献

黄明健．2004．环境法制度论．北京：中国环境科学出版社．

贾先文．2021．我国流域生态环境治理制度探索与机制改良——以河长制为例．江淮论坛，(1)：62-67．

江驰．2004．环境责任相关理论及其实现机制的完善．政法学刊，(2)：68-70．

金永明．2018．现代海洋法体系与中国的实践．国际法研究，(6)：32-45．

经济合作与发展组织（OECD）．2020．海洋经济2030，林香红，宋维玲，等译．北京：海洋出版社．

凯尔森．1996．法与国家的一般理论．沈宗灵译．北京：中国大百科全书出版社．

李百齐．2011．海岸带管理研究．北京：海洋出版社．

李加林，马仁锋，龚虹波．2019．海岸带综合管控与湾区经济发展研究——宁波案例．北京：海洋出版社．

李景光，阎季惠．2010．英国海洋事业的新篇章——谈2009年《英国海洋法》．海洋开发与管理，27(2)：87-91．

李孝娟，傅文辰，缪迪优，等．2019．陆海统筹指导下的深圳海岸带规划探索．规划师，(7)：18-24．

李杨．2008．海洋环境管理中信息不对称问题研究．青岛：中国海洋大学硕士学位论文．

李杨帆，张雪婷，吴辉煌，等．2022．基于陆海统筹的流域—海湾水环境测管协同模式研究．环境保护，(Z1)：75-79．

李再芳．2018．第二次联合国海洋法会议领海宽度之争．锦州：渤海大学硕士学位论文．

李增刚．2019．利益、权力与国际海洋制度的起源和变迁．学习与探索，(5)：85-96．

李挚萍．2021．陆海统筹视域下我国生态环境保护法律体系重构．中州学刊，(6)：46-53．

理查德·巴勒斯．2017．海岸治理．邓云成，李文君，陈淳，等译．北京：海洋出版社．

联合国经济与社会理事会海洋经济技术处．1988．海岸带管理与开发．国家海洋局政策研究室译．北京：海洋出版社．

林仁栋．1990．马克思主义法学的一般理论．南京：南京大学出版社．

刘大海，李彦平．2021．海洋空间规划与海岸带管理．北京：科学出版社．

刘大海，管松，邢文秀．2019．基于陆海统筹的海岸带综合管理：从规划到立法．中国土地，(2)：8-11．

刘伟忠．2012．我国协同治理理论研究的现状与趋向．城市问题，(5)：81-85．

刘西汉，田海兰，程林，等．2019．河北省海岸带主要生态环境问题和对策建议．海洋开发与管理，(2)：54-59．

刘新山．2008．英国的海洋渔业管理机构及其渔业法规．北京：中国渔业经济专家论坛论文集：69-74．

鹿守本. 2001. 海岸带管理模式研究. 海洋开发与管理,（1）：30-37.

罗伯特·凯,杰奎琳·奥德. 2010. 海岸带规划与管理（第二版）. 高健,张效莉译. 上海：上海财经大学出版社.

罗昆,王雪木. 2018. 英国海洋与海岸带管理政策研究. 海洋开发与管理,35（2）：59-62.

骆永明. 2016. 中国海岸带可持续发展中的生态环境问题与海岸科学发展. 中国科学院院刊,31（10）：1133-1142.

马国勇,陈红. 2014. 基于利益相关者理论的生态补偿机制研究. 生态经济,30（4）：33-36+49.

马慧丽. 2009. 利益相关者视角下我国环境政策执行研究. 青岛：中国海洋大学硕士学位论文.

马克·撒迦利亚. 2019. 海洋政策：海洋治理与国际海洋法导论. 邓云成,司慧译. 北京：海洋出版社.

梅宏,陈佩彤,陈克亮. 2019. 流域—海域生态补偿制度研究. 环境保护,（2）：49-53.

慕金辉. 2014. 矫正环境信息不对称的法律制度研究. 重庆：西南政法大学硕士学位论文.

倪国江,鲍洪彤. 2009. 美、中海岸带开发与综合管理比较研究. 中国海洋大学学报（社会科学版）,（2）：13-17.

宁凌. 2016. 基于海洋生态系统的中国海洋综合管理研究. 北京：中国经济出版社.

牛司香. 2017. 海平面上升对海水入侵影响及其防治措施研究. 天津：天津大学硕士学位论文.

欧盟渔业及海洋事务委员会. 2014. 蓝色增长：大洋、海洋和海岸带可持续发展的情景和驱动力. 杜琼伟,何广顺,王丰,等译. 北京：海洋出版社.

潘家华. 2013. 与承载能力相适应 确保生态安全. 中国社会科学,（5）：12-17.

彭本利,李爱年. 2019. 流域生态环境协同治理的困境与对策. 中州学刊,（9）：93-97.

丘君,赵景柱,等. 2008. 基于生态系统的海洋管理：原则、实践和建议. 海洋环境科学,（1）：74-78.

全国海岸带和海涂资源综合调查简明规程编写组. 1986. 全国海岸带和海涂资源综合调查简明规程. 北京：海洋出版社.

任美锷. 1986. 中国海岸带管理问题. 海洋开发,（3）：56-60.

邵正强. 1992. 某些海洋区域性专用名词的法律性定义问题. 海洋开发与管理,（1）：73-79.

石佑启,杨治坤. 2018. 中国政府治理的法治路径. 中国社会科学,（1）：45-63.

史晓琪. 2017. 英国《海洋与海岸带准入法》评析——兼论对中国海洋法制借鉴. 世界海运,40（3）：48-53.

宋军继. 2011. 山东半岛蓝色经济区构建现代海洋产业体系的对策研究. 山东社会科学,（9）：8-11.

宋茜茜. 2019. 海南岛海岸带土地开发利用强度及生态承载力研究. 赣州：江西理工大学硕士

学位论文.

孙军.2017.我国沿海经济崛起视阈下的海洋环境污染问题及其治理.江苏大学学报（社会科学版），19（1）：46-50.

唐·亨瑞奇.2017.我们的海洋：海岸危机.蔡锋,张绍丽,邓云成译.北京：海洋出版社.

唐欣瑜,陈昕.2017."多规合一"体系下海岸带综合管理立法完善——以海南省海岸带立法为例.浙江海洋学院学报（人文科学版），（2）：7-12.

田培杰.2013.协同治理：理论研究框架与分析模型.上海：上海交通大学博士学位论文.

涂振顺,黄玥,黄金良,等.2018.海岸建筑后退线设置方法与实践研究.海洋环境科学.（3）：432-437.

汪思龙,赵士洞.2004.生态系统途径——生态系统管理的一种新理念.应用生态学报，（12）：2364-2368.

王成,张国建,刘文典,等.2019.海洋药物研究开发进展.中国海洋药物，38（6）：35-69.

王东宇,马琦伟,崖宝义,等.2014.海岸带规划.北京：中国建筑工业出版社.

王芳.2012.对实施陆海统筹的认识和思考.中国发展，12（3）：36-39.

王慧,姜彩云.2020.海岸带管理法制研究——以《加州海岸法》为视角.环境与可持续发展，（4）：92-98.

王锦.2011.环境法律责任与制裁手段选择.北京：中共中央党校博士学位论文.

王晶,张志卫,金银焕,等.2019.韩国海洋空间规划与管理法概况及对我国的启示.海洋开发与管理，36（3）：10-16.

王丽.2013.陆海统筹发展的成效、问题及展望.宏观经济管理，（9）：22-24.

王小军.2017.制定我国海岸带管理法的思考.中国海洋大学学报（社会科学版），（1）：49-54.

王小军.2019.海岸带综合管理法律制度研究.北京：海洋出版社.

王勇.2009.美国流域水环境治理的政府间横向协调机制浅析.江苏省社会主义学院学报，（3）：67-70.

韦有周,杜晓凤,邹青萍.2020.英国海洋经济及相关产业最新发展状况研究.海洋经济，10（2）：52-63.

卫乐乐.2014.环境公法责任实现方式衔接的理论基础探讨——兼论海洋法律责任制度.生态文明法制建设.2014年全国环境资源法学研讨会（年会）论文集.广州，342-348.

毋亭.2016.近70年中国大陆岸线变化的时空特征分析.烟台：中国科学院烟台海岸带研究所博士学位论文.

吴志峰,胡伟平.1999.海岸带与地球系统科学研究.地理科学进展，（4）：346-351.

徐冲.2011.论美国海岸带管理法律制度对我国的借鉴.青岛：中国海洋大学硕士学位论文.

薛雄志，曾悦，Julia McCleave. 2003. 从加拿大 ACAP 项目看非集中式海岸带综合管理的有效性．海洋科学，(8)：38-42.

杨桂山，李恒鹏. 2002. 全球环境变化海岸易损性研究综述．地球科学进展，(1)：104-109.

杨静. 2019. 陆海统筹，监测评价怎么衔接？中国生态文明，(4)：29-31.

杨荫凯. 2013. 陆海统筹发展的理论、实践与对策．区域经济评论，(5)：31-34.

杨志云. 2022. 流域水环境治理体系整合机制创新及其限度——从"碎片化权威"到"整体性治理"．北京行政学院学报，(2)：63-72.

姚燕燕. 2018. 第一次联合国海洋法会议上美苏公海核试验合法性之争．锦州：渤海大学硕士学位论文．

约翰 R. 克拉克. 2000. 海岸带管理手册．吴克勤，杨德全，盖明举译．北京：海洋出版社．

张长春，刘博. 2017. 哥伦比亚河跨界水利益共享实践研究．边界与海洋研究，(6)：105-115.

张海峰，张晨瑶，刘汉斌. 2018. 从全面经略国土出发推进中国陆海统筹战略取向——评《中国陆海统筹战略取向》．区域经济评论，(2)：151-156.

张恒山. 2009. 法理要论．第三版．北京：北京大学出版社．

张莉. 2020. 财政规则与国家治理能力建设——以环境治理为例．中国社会科学，(8)：47-63.

张灵杰. 2001. 美国海岸带综合管理及其对我国的借鉴意义．世界地理研究，(2)：42-48.

张灵杰. 2002. 美国海岸海洋管理的法律体系与实践．海洋地质动态，(3)：28-33.

张瑞萍. 2020. 环境治理的协同融合和制度设计．学术界，(9)：93-101.

张文显. 1993. 法学基本范畴研究．北京：中国政法大学出版社．

张晓浩，黄华梅，王平等. 2016. 1973—2015 年珠江口海域岸线和围填海变化分析．海洋湖沼通报，(5)：9-15.

赵琨. 2017. 海域海岸带空间管制规划探索——以青岛市海域海岸带规划为例．城市地理，(10)：24-25.

赵鹏. 2019. 发展蓝碳：减缓与适应气候变化的海洋方案．可持续发展经济导刊，(12)：41-42.

赵锐，赵鹏. 2014. 海岸带概念与范围的国际比较及界定研究．海洋经济，4(1)：58-64.

赵向华. 2020. 日本海洋环境污染法律责任制度及其借鉴意义．江苏海洋大学学报（人文社会科学版），18(4)：18-27.

周伟. 2017. 海南国际旅游岛建设的"陆海统筹"与"蓝绿互动"．海南大学学报（人文社会科学版），35(5)：142-148.

周杨明，于秀波，于贵瑞. 2007. 自然资源和生态系统管理的生态系统方法：概念、原则与应用．地球科学进展，(2)：171-178.

朱大霖, 岳鑫. 2015. 提升我国海岸带生态环境保护管理水平对策. 海洋开发与管理, 2: 73-76.

朱高儒, 许学工. 2011. 填海造陆的环境效应研究进展. 生态环境学报, 20（4）: 761-766.

朱晓燕. 2013. 国内外海岸带管理对海洋生物多样性保护立法研究. 北京: 中国法制出版社.

Cochrane K L. 2010. 作为管理手段的海洋保护区: 工具或是玩具. 傅崐成, 等译. 弗吉尼亚大学海洋法论文三十年精选集（1977—2007）. 厦门: 厦门大学出版社.

Kidd S, Plater A, Frid C. 2013. 海洋规划与管理的生态系统方法. 徐胜, 等译. 北京: 海洋出版社.

PEMSER秘书处. 2013. 海岸带综合管理读本. 张朝晖, 傅明珠, 王守强, 等译. 北京: 海洋出版社.

Tundi A. 2012. 区划海洋——提高海洋管理成效. 李双建, 等译. 北京: 海洋出版社.

Alencar N, Tissier M, Paterson S, et al. 2020. Circles of Coastal Sustainability: A Framework for Coastal Management. Sustainability, 12: 4886.

Alvarez-Romero J G, Pressey R L, Ban N C, et al. 2015. Advancing land-sea conservation planning: Integrating modelling of catchments, land-use change, and river plumes to prioritise catchment management and protection. PLoS One, 10（12）: e0145574.

Anker H T, Nellemann V, Sverdrup-Jensen S. 2004. Coastal zone management in Denmark: ways and means for further integration. Ocean & Coastal Management, 47: 495-513.

Anthony E J, Brunier G, Besset M, et al. 2015. Linking rapid erosion of the Mekong River delta to human activities. Scientific Reports, 5: 14745.

Beck M W, Losada I J, Menéndez P, et al. 2018. The global flood protection savings provided by coral reefs. Nature Communications, 9（1）: 2186.

Bournazel J, Kumara M P, Jayatissa L P, et al. 2015. The impacts of shrimp farming on land-use and carbon storage around Puttalam lagoon, Sri Lanka. Ocean & Coastal Management, 113（8）: 18-28.

Brand F, Jax K. 2007. Focusing the meaning(s) of resilience: resilience as descriptive concept and a boundary object. Ecology and Society, 12（1）: 23.

Carroll A R, Copp B R, Davis R A, et al. 2019. Marine Natural Products. Natural Product Reports, 36（12/13）: 122-173.

Cazenave A, Cozannet G L. 2014. Sea level rise and its coastal impacts. Earths Future, 2（2）: 15-34.

Chandra A, Gaganis P. 2016. Deconstructing vulnerability and adaptation in a coastal river basin ecosystem: a participatory analysis of flood risk in Nadi, Fiji Islands. Climate & Development, 8

(3): 256-269.

Chen C T A, Borges A V. 2009. Reconciling opposing views on carbon cycling in the coastal ocean: continental shelves as sinks and near-shore ecosystems as sources of atmospheric CO_2. Deep-Sea Research Part Ⅱ, 56 (8): 578-590.

Chmura G L, Anisfeld S C, Cahoon D R, et al. 2003. Global carbon sequestration in tidal, saline wetland soils. Global Biogeochemical Cycles, 17 (4): 1111-1123.

Costanza R, d'Arge R, De Groot R, et al. 1997. The value of the world's ecosystem services and natural capital. Nature, 387 (15): 253-260.

Crossland C J, Kremer H H, Lindeboom H J, et al. 2005. Coastal fluxes in the Anthropocene: the Land-Ocean Interactions in the Coastal Zone Project of the International Geosphere-Biosphere Programme. Berlin, Heidelberg: Springer.

Ducrotoy J P, Pullen S. 1999. Integrated coastal zone management: commitments and developments from an International, European, and United Kingdom perspective. Ocean & Coastal Management, 42 (1): 1-18.

Dwyer L. 2018. Emerging ocean industries: implications for sustainable tourism development. Tourism in Marine Environments, 13 (1): 25-40.

Freeman R E. 1984. Strategic Management: A Stakeholder Approach. Boston: Pitman.

Gattuso J P, Magnan A, Billé R, et al. 2015. Contrasting futures for ocean and society from different anthropogenic CO_2 emissions scenarios. Science, 349 (6243): aac4722.

Giosan L, Syvitski J, Constantinescu S, et al. 2014. Climate change: protect the world's deltas. Nature, 516 (7529): 31-33.

Hall C M. 2001. Trends in ocean and coastal tourism: the end of the last frontier. Ocean and Coastal Management, 44 (9-10): 601-618.

Hay C C, Lau H C P, Gomez N, et al. 2017. Sea level fingerprints in a region of complex earth structure: the case of WAIS. Journal of Climate, 30 (6): 1881-1892.

Holligan P M, Boois H D. 1993. Land-ocean interactions in the coastal zone: Science Plan. IGBP Report No. 25. International Geosphere-Biosphere Programme, Stockholm.

Horstman E M, Dohmen-Janssen C M, Narra P M F, et al. 2014. Wave attenuation in mangroves: a quantitative approach to field observations. Coastal Engineering, 94: 47-62.

Hughes T P, Bellwood D R, Folke C, et al. 2005. New paradigms for supporting resilience of Marine ecosystems. Trends in Ecology & Evolution, 20 (7): 380-386.

Hughes T P, Hui H, Matthew A L Y. 2013. The wicked problem of China's disappearing coral reefs. Conservation, 27 (2): 261-269.

Interagency Marine Debris Coordinating Committee. 2016. 2014-2015 Progress Report on the Implementation of the Marine Debris Act, December.

Jambeck J R, Geyer R, Wilcox C, et al. 2015. Plastic waste inputs from land into the ocean. Science, 347 (6223): 768-771.

Ke Z. 2016. Regime shifts and resilience in China's coastal ecosystems. Ambio, 45 (1): 89-98.

Khanom T. 2016. Effect of salinity on food security in the context of interior coast of Bangladesh. Ocean & Coastal Management, 130: 205-212.

Khat H V, Dang N H, Yabe M. 2018. Impact of salinity intrusion on rice productivity in the Vietnamese Mekong Delta. Journal of the Faculty of Agriculture, 63 (1): 143-148.

Kidd S, McGowan L. 2013. Constructing a ladder of transnational partnership working in support of marine spatial planning: thoughts from the Irish Sea. Journal of Environmental Management, 126 (15): 63-71.

Kitsos T, Magnuson G, Lewis J. 2013. CZARA of 1990: a critical time for coastal management. Coastal Management, 41 (3): 198-218.

Klein R J T, Smit M J, Goosen H, et al. 1998. Resilience and vulnerability: coastal dynamics or Dutch Dikes. The Geographical Journal, 164 (3): 259-268.

Kumar L, Taylor S. 2015. Exposure of coastal built assets in the South Pacific to climate risks. Nature Climate Change, 11 (5): 992-996.

Kummu M, De Moel H, Salvucci G, et al. 2016. Over the hills and further away from coast: global geospatial patterns of human and environment over the 20th-21st centuries. Environmental Research Letters, 11 (3): 034010.

Laffoley D, Grimsditch G. 2009. The management of natural coastal carbon sinks. Swiss Grande: IUCN: 53.

Laffoley D d'A, Maltby E, Vincent M A, et al. 2004. The Ecosystem approach: coherent actions for marine and coastal environments. Peterborough: English Nature Research Reports, 65.

Lee D, Min S K, Fischer E M, et al. 2018. Impacts of half a degree additional warming on the Asian summer monsoon rainfall characteristics. Environmental Research Letters, 13 (4): 044033.

Leslie H M, McLeod K L. 2007. Confronting the challenges of implementing marine ecosystem-based management. Frontiers in Ecology and the Environment, 5 (10): 540-548.

Li X, Bellerby R, Craft C, et al. 2018. Coastal wetland loss, consequences, and challenges for restoration. Anthropocene Coasts, 1 (3): 1-15.

Liu D, Xing W. 2019. Analysis of China's coastal zone management reform based on land-sea integration. Marine Economics and Management, 2 (1): 39-49.

Luijendijk A, Hagenaars G, Ranasinghe R, et al. 2018. The State of the World's Beaches. Scientific Reports, 8: 11381.

Marshall N A, Marshall P A. 2007. Conceptualizing and operationalizing social resilience within commercial fisheries in northern Australia. Ecology and Society 12 (1): 14.

McCauley D J, Pinsky M L, Palumbi S R, et al. 2015. Marine defaunation: animal loss in the global ocean. Science, 347: 1255641.

Mentaschi L, Vousdoukas M I, Pekel J, et al. 2018. Global long-term observations of coastal erosion and accretion. Scientific Reports, 8 (1): 12876.

Murphy S, Pincetl S. 2013. Zero waste in Los Angeles: Is the emperor wearing any clothes? Resources, Conservation and Recycling, 81: 40-51.

Murray P, Bruce G. 2008. Ecological Economics of the Oceans and Coasts. Edward Elgar, Cheltenham, UK.

Narayan S, Beck M W, Reguero B G, et al. 2016. The effectiveness, costs and coastal protection benefits of natural and nature-based defences. PLOS ONE, 11 (5): 1-17.

Neumann B, Vafeidis A T, Zimmermann J, et al. 2015. Future coastal population growth and exposure to sea-level rise and coastal flooding-a global assessment. PLOS ONE, 10 (3): 1-34.

OECD. 2022. Global Plastics Outlook: Economic Drivers, Environmental Impacts and Policy Options. OECD Publishing, Paris, 22 Feb.

Olsen S B. 2003. Frameworks and indicators for assessing progress in integrated coastal management initiatives. Ocean & Coastal Management, 46 (3): 347-361.

Pittman J, Armitage D. 2016. Governance across the land-sea interface: a systematic review. Environmental Science & Policy, 64: 9-17.

Potter G. 2010. Environmental education for the 21st century: Where do we go now? The Journal of Environmental Education, 41 (1): 22-33.

Reguero B G, Losada I J, Díaz-Simal P, et al. 2015. Effects of climate change on exposure to coastal flooding in Latin America and the Caribbean. PLOS ONE, 10 (7): 1-19.

Reuter K E, Juhn D, Grantham H S. 2016. Integrated land-sea management: recommendations for planning, implementation and management. Environmental Conservation, 43 (2): 181-198.

Robert B, Kristen F. 2013. Forty years of the CZMA: impacts and innovations. Coastal Management, 41 (3): 193-197.

Roberts C M, Branch G, Bustamante R H, et al. 2003. Application of ecological criteria in selecting marine reserves and developing reserve network. Ecological Applications, 13 (sp1): 215-226.

Robins P E, Skov M W, Lewis M J, et al. 2016. Impact of climate change on UK estuaries: a review of past trends and potential projections. Estuarine, Coastal and Shelf Science, 169 (2): 119-135.

Ross A C, Najjar R G, Li M, et al. 2015. Sea-level rise and other influences on decadal-scale salinity variability in a coastal plain estuary. Estuarine Coastal & Shelf Science, 157 (5): 79-92.

Schewe J, Heinke J, Gerten D, et al. 2014. Multimodel assessment of water scarcity under climate change. Proceedings of the National Academy of Sciences, 111 (9): 3245-3250.

Schlüter A, Van Assche K, Hornidge A K, et al. 2020. Land-sea interactions and coastal development: an evolutionary governance perspective. Marine Policy, 112: 103801.

Syvitski J P M, Vorosmarty C J, Kettner A J, et al. 2005. Impact of humans on the flux of terrestrial sediment to the global coastal ocean. Science, 308 (5720): 376-380.

Syvitski J P M, Kettner A J, Overeem I, et al. 2008. Sinking deltas due to human activities. Nature Geoence, 2 (10): 681-686.

Turner R K, Adger W N, Brouwer R. 1998. Ecosystem services value, research needs and policy relevance: a commentary. Ecological Economics, 25 (1): 61-65.

Ulrich Beck. 1988. Gegengifte: Die organisierte Unverantwortlichkeit. Frankfurt: Suhrkamp Verlag.

Valiela I, Kinney E, Culbertson J, et al. 2009. Global Losses of Mangroves and Salt Marshes//Duartle C M. Global Losses of Coastal Habitats: Rates, Causes and Consequences, 109-142.

Visseren-Hamakers I J. 2015. Integrative environmental governance: enhancing governance in the era of synergies. Current Opinion in Environmental Sustainability, 14: 136-143.

Walters C J, Holling C S. 1990. Large-scale management experiments and learning by doing. Ecology, 71: 2060-2068.

West J M, Salm R V. 2003. Resistance and resilience to coral bleaching: implications for coral reef conservation and management. Conservation Biology, 17 (1): 956-967.

Wilkinson C. 2008. Status of Coral Reefs of the World: 2008. Townsville: Global Coral Reef Monitoring Network and Reef and Rainforest Research Centre.

Zhou X, Yang T, Shi P, et al. 2017. Prospective scenarios of the saltwater intrusion in an estuary under climate change context using Bayesian neural networks. Stochastic Environmental Research and Risk Assessment, 31 (4): 981-991.

附　　录

《中华人民共和国海岸带管理法》立法建议稿

中华人民共和国海岸带管理法

（立法建议稿）

目　录

第一章　总则

第二章　规划

第三章　保护

第四章　整治修复

第五章　利用

第六章　保障和监督

第七章　法律责任

第八章　附则

第一章　总　　则

第一条【立法目的】

为了加强海岸带管理，保护海岸带生态环境，合理利用海岸带资源，应对气候变化，防治海洋灾害，促进海岸带地区可持续发展，制定本法。

第二条【适用范围】

本法适用于在中华人民共和国管辖范围内的海岸带保护、利用与管理活动。

海岸带范围内涉及土地管理、海域使用、海岛保护、环境保护、渔业资源、自然保护区、风景名胜区、饮用水水源保护区、湿地、港口、海上交通、城市风貌等管理的，应当同时执行相关法律的规定。

第三条【海岸带定义及范围划定公布】

本法所称海岸带，是指海洋与陆地的交汇地带，包括海岸线两侧一定范围内的海域、海岛和陆域。

海域范围为向海域侧延伸至领海基线的管辖近岸海域。

陆域范围为自海岸线向陆地一侧的沿海县级行政区的陆域行政管辖范围，其中河口、滩涂、湿地、沿海防护林等区域超出上述范围的，应当按照保持独立生态环境单元完整性的原则整体划入。

海岸带具体范围的划定与调整，由国务院研究审议通过后向社会公布。

第四条【保护利用管理原则】

海岸带的保护、利用与管理应遵循科学规划、保护优先、合理利用、陆海统筹、综合管理、永续发展的原则。

第五条【政府职责】

国家和沿海地方各级人民政府应当加强对海岸带保护、利用与管理工作的统一领导，将海岸带保护、利用与管理工作纳入本行政区域国民经济和社会发展规划以及国土空间规划，所需经费纳入同级财政预算。

国家实行海岸带管理目标责任制和考核评价制度。

第六条【部门职责】

国务院和沿海地方人民政府发展改革、自然资源、生态环境、住房和城乡建设、交通运输、水利、农业农村、文化广电旅游、应急管理、城市管理、工业和信息化、教育、科学技术、公安、财政、海事、林业等主管部门应当加强沟通、密切配合，按照各自职责分工，依法行使职权，协同做好海岸带保护、利用与管理工作。

海岸带保护、利用与管理工作涉及职责不清的，同级人民政府应当及时予以明确。

第七条【海岸带管理领导小组及其办公室】

国家和沿海地方各级人民政府应当成立海岸带管理领导小组，负责审议海岸带专项规划以及协调海岸带保护、利用与管理等重大事项和工作，并为政府决策提出意见和建议。

海岸带管理领导小组下设办公室对海岸带实施综合管理和协调监督，其主要职责包括：监督和指导有关海岸带法律、法规和规章的实施；组织协调相关部门拟定海岸带专项规划和专业规划；监督和指导海岸带范围内开发利用和治理保护项目建设；组织监督检查海岸带相关活动，协同有关部门查处违法行为、解决边界和资源等各类纠纷等。政府各相关部门须在海岸带管理领导小组的领导下，分工协同做好海岸带的管理工作。办公室设在自然资源主管部门，承担领导小组日常工作。

第八条【湾长制】

沿海地方各级人民政府应当建立健全"湾长制"，实现区域内重要海域全覆盖。

各级湾长应当分级分区组织、协调、监督海洋空间资源管控、污染综合防治、生态保护修复、环境风险防范等工作，改善海洋生态环境质量，维护海洋生态安全。

第九条【检查执法司法】

国家和沿海地方各级人民政府有关部门应当按照法定权限和程序对海岸带的保护与利用进行监督检查。有关单位和个人对检查工作应当予以配合，如实反映情况，提供有关文件和资料等，不得拒绝或者阻碍检查工作。

海洋综合执法机构、海警机构与自然资源、生态环境、农业农村、林业等主管部门应当建立健全海岸带管理信息共享和工作配合机制，加强日常巡查与专项检查，按照职责分工及时查处违法行为。

对破坏海岸带资源和生态环境的，有关部门应严格依法处理，按照具体情形予以挂牌督办、限期整改、警示约谈以及追究法律责任。给国家造成重大损失的，相关行政主管部门有权对责任者提出损害赔偿要求，或由法律规定的机关和有关组织提起公益诉讼。

第十条【海岸地区基本数据库及其信息共享机制】

国家建立海岸地区基本数据库及其信息共享机制。

国务院自然资源主管部门应当会同国务院生态环境、农业农村、住房和城乡建设、交通运输、水利、应急管理、城市管理、工业和信息化、海事等主管部门建立海岸地区基本数据库，定期更新数据与发布海岸带管理白皮书，构建全国海岸带信息平台，实行数据动态更新和信息共享。

第十一条【推广科研技术提升保护管理水平】

国家和沿海地方各级人民政府以及相关单位应当加强海岸带保护的科学研究和先进技术的推广应用，充分利用现代科学技术成果，提升海岸带保护管理的能力和水平。

国家支持海岸带管理国际交流与合作。

第十二条【宣传教育】

每年的六月为海岸带保护宣传月。

国家和沿海地方各级人民政府等相关单位，以及广播、电视、报刊、网络等媒体应当加强海岸带保护的宣传教育工作，提高全社会的保护意识和法治观念。

第二章 规　　划

第十三条【专项规划的编制主体和程序】

海岸带保护与利用综合规划是国土空间规划的专项规划，是海岸带保护的基本依据，海岸带保护、利用与管理活动应当符合规划的要求。

国家和沿海设区的市级以上地方人民政府自然资源主管部门应当依据国土空间规划，会同有关部门编制海岸带保护与利用综合规划，报本级人民政府批准后公布实施。

经批准的海岸带保护与利用综合规划未经法定程序不得修改；确需修改的，应当按照原审批权限和程序执行。

第十四条【规划编制的公开公示】

海岸带保护与利用综合规划的编制应邀请相关部门、相关企业、社会团体、社会公众、专家学者等，采取听证会、论证会、座谈会等形式公开听取社会各方的意见建议，并在官方网站公示不少于30日征求意见，保证规划的科学性和可行性。

第十五条【规划衔接与多规合一】

海岸带保护与利用综合规划应当严格遵守生态保护红线，符合国土空间规划，并与其他专项规划相互衔接，促进多规合一。

第十六条【生态效益、经济效益和社会效益的统一】

海岸带保护与利用综合规划应当根据海岸带自然条件、资源状况、环境承载力和开发程度，确定海岸带保护与利用总体布局，保持滨海湿地、入海河口、海湾、沙滩、浅滩、沙坝、沙丘等滨海生态环境的完整性，并根据经济社会发展的需要，陆海统筹，合理布局，达到生态效益、经济效益和社会效益的统一。

第十七条【科学划定"两空间内部一红线"】

海岸带保护与利用综合规划应将海洋国土空间科学划定海洋生态空间和海洋开发利用空间，在海洋生态空间内科学划定海洋生态保护红线。

第十八条【分区分类保护】

海岸带保护与利用综合规划应当确定海岸带具体界线范围，并根据海岸带自然环境保护和经济社会发展需要，将海岸带划分为严格保护区域、限制开发区域和优化利用区域，实行分类保护与利用。

第十九条【严格保护区的划定】

海岸带范围内，自然形态保持完好、生态功能与资源价值显著的区域应当划为严格保护区，具体包括以下区域：

（一）自然保护区和海洋特别保护区；

（二）饮用水源地一级保护区；

（三）重点海洋生态功能区，生态环境敏感区、脆弱区，沿海防护林带，候鸟栖息地；

（四）海洋生物物种高度丰富的区域、水产种质资源重点保护区；

（五）具有特殊保护价值的海域、海岸、滩涂、入海河口和海湾，重要滨海湿地、典型地质地貌景观；

（六）具有重大科学文化价值的自然遗迹和文物保护单位保护范围；

（七）其他自然形态保持完好、生态功能与资源价值显著的区域。

第二十条【限制开发区的划定】

海岸带范围内，自然形态保持基本完整、生态功能与资源价值较好、开发利用程度较低的区域应当划为限制开发区，具体包括以下区域：

（一）传统渔场，重要海水养殖区，产卵场、索饵场、越冬场、洄游通道等重要渔业水域；

（二）除沙（泥）岸基干林带以外的重点生态公益林；

（三）未列入严格保护区域的自然岸线所在的海岸带区域、文物遗址；

（四）滨海城市生态廊道；

（五）深水岸线；

（六）重要基岩岸线、一般砂质岸线和砂源保护岸带；

（七）海岸侵蚀岸段和生态脆弱自然岸段；

（八）其他自然形态保持基本完好、生态功能较好和资源价值较高的区域。

第二十一条【优化利用区的划定】

海岸带范围内，未被列入严格保护区和限制开发区的其他区域划为优化利用区。

第二十二条【规划的实施】

国家和沿海县（市、区）级以上地方人民政府及有关部门负责海岸带保护与利用综合规划的组织实施，保障规划落实。

第三章 保 护

第二十三条【标识边界和正面负面清单】

国家和沿海省级人民政府应当组织有关部门设立海岸带标识，明确海岸带及各类保护区域的边界，制定严格保护区域、限制开发区域内有关活动的正面和负面清单。

标识、边界、正面负面清单应当在本法施行后一年内向社会公布。

第二十四条【严格保护区的禁止性行为】

在严格保护区内，除落实国家重大战略需求外，禁止构建永久性建筑物、开采海砂、设置排污口等损害海岸地形地貌和生态环境的活动，禁止从事与保护无关的各类建设活动。

第二十五条【限制开发区的要求和禁止性行为】

在限制开发区内，严格控制改变海岸带自然形态和影响生态功能的开发利用活动，预留未来发展空间，严格海域使用审批。

限制开发区域的利用应当坚持保护为主，兼顾社会经济建设和军事需要，严禁从事下列行为：

（一）设立开发区、工业园区；

（二）排放污水，倾倒废弃物和垃圾，投放有毒有害物质；

（三）挖砂、取土、采石、开采矿产、炸礁；

（四）与海岸带保护无关的围堤建设以及其他围海填海行为；

（五）法律、法规规定的其他禁止行为。

第二十六条【优化利用区的要求】

优化利用区域的开发利用，应当采取有效的保护措施，集约节约利用海岸带资源，保持海岸线的自然形态、长度和邻近海域底质类型的稳定，集中布局确需占用海岸线的建设项目，严格控制占用岸线长度，合理控制建设项目规模。

第二十七条【自然岸线保有率控制制度】

国家建立并实施严格的自然岸线保有率控制制度。沿海设区的市级以上地方人民政府负责本行政区域内海岸线保护与利用的监督管理，落实自然岸线保有率管控目标，建立自然岸线保有率管控目标责任制，合理确定考核指标，将自然岸线保护纳入沿海地方人民政府政绩考核。

国家和沿海设区的市级以上地方人民政府自然资源主管部门会同生态环境等相关部门划定自然岸线保护范围，任何单位和个人不得破坏自然岸线保护范围内的地形地貌和景观，不得改变自然岸线保护范围内的自然岸线属性。

整治修复后具有自然海岸形态特征和生态功能的海岸线纳入自然岸线管控目标管理。

第二十八条【海岸建筑退缩线制度】

实施海岸建筑退缩线制度，区分人工岸线和基岩质、砂质、淤泥质等自然岸线类型。沿海省级人民政府应当按照国家和省级海岸带保护与利用综合规划要求，科学合理划定海岸建筑退缩线距离并向社会公布。

建筑退缩线范围内，除国防安全、国家重点建设项目、防灾减灾项目建设需要外，不得新建、改建、扩建建筑物。

第二十九条【海岸带范围建筑物的要求】

海岸带范围及其背景区域内的建筑物，应当与自然环境、整体风貌相协调。

严格控制海岸带及毗连区域建筑高度、密度、体量和容积率，严格控制海岸带范围内新建建筑物，保护海滨天际轮廓和景观视廊。

第三十条【严控围填海】

除国家重大项目外，全面禁止围填海。围填海活动应当执行法律、法规和国家有关规定。

第三十一条【获批围填海等建设项目的实施要求】

依照法律法规及有关规定，已经经过海域使用论证和建设项目环境影响评价并获得批准实施的围填海等建设项目，其配套的环境保护设施应当与主体工程同时设计、同时施工、同时投产使用。

围填海工程使用的填充材料应当符合有关环境保护标准。禁止使用生活垃圾、医疗废物、化工废料及未经无害化处理的采矿废料或者其他损害海洋环境质量的填充材料建设围填海工程。

鼓励在填海等建设项目中采用人工岛、多突堤、区块组团等布局方式，增加海岸线长度，减少对水动力条件和冲淤环境的影响。新形成的海岸线应当进行生态建设，营造植被景观，促进海岸线自然化和生态化。

第三十二条【建立沙滩管护制度】

沿海地方各级人民政府应当建立沙滩管护制度，明确沙滩管护责任主体，保护沙滩资源。

禁止在沙滩从事下列行为：

（一）擅自打井、立桩、布网、敷设管线；

（二）填埋垃圾，倾倒废弃物；

（三）擅自设置经营摊点；

（四）从事露天烧烤等污染沙滩环境的行为；

（五）其他破坏沙滩资源的行为。

第三十三条【通行和亲近海洋权利】

除港口管理区、军事管理区、海洋特别保护区等经依法批准封闭的区域外，任何单位和个人不得非法圈占沙滩、海域和礁石，不得限制他人通行和亲近海洋活动。

通行和亲近海洋活动不得损害他人的合法养殖、经营活动；造成损害的，应当依法予以赔偿。

本法所指亲近海洋活动，不包括在经依法确权的近岸养殖区内从事游泳、捡拾海产品的行为。

第三十四条【滨海公用休闲场所的免费开放】

海岸带范围内的市政公用休闲场所应当免费开放，未经批准不得改变公益性质和用途。

第三十五条【海岸带防灾减灾】

国家和沿海地方各级人民政府应当加强以下防灾减灾设施建设，配齐设备，降低灾害损害：

（一）建立台风、风暴潮、海啸等自然灾害预警预防体系，加强赤潮、绿潮等生态灾害防治工作，建立监测、巡查、调查、处置机制，落实属地责任和临海、用海单位的处置措施；

（二）建设防波堤、护岸、沿海防护林等防护设施，减少海浪、风暴潮对海岸的侵蚀；

（三）建设沿海验潮站、气象观测场等防灾减灾观测设施和渔港、避风港、避风锚地等海岸带防灾减灾设施以及避灾避险场所。

任何单位和个人不得损毁或者破坏海岸带防灾减灾设施设备。

第三十六条【沿海防护林保护】

沿海防护林营造、补植应当以防风固沙林和防护性景观林为主，选用适宜沿海造林的树种，保护原生植被，形成多树种多树龄混交、乔灌草立体配置、绿化美化彩化香化相结合、生态效益良好的防护林体系。

国家和沿海地方各级人民政府应当明确沿海防护林养护管理主体，组织做好防火、病虫害防治、抚育、补植等日常养护工作。

禁止在沿海防护林地内从事开荒、砍柴、放牧、筑坟、采石、采砂、采土、挖塘、打井及其他毁林行为，禁止在沿海防护林及其周边燃放烟花爆竹、施放孔明灯、野炊、吸烟、烧香、烧纸及其他用火行为。

第三十七条【陆海统筹防治海岸带污染】

任何单位和个人在海岸带范围内从事生产经营活动，应当符合有关环境保护法律法规的规定，不得非法排放、弃置产生的污染物、废弃物。

国家和沿海地方各级人民政府应当建立海岸带环境保护协调机制，陆海统筹，加强入海污染物排放总量控制、海岸带垃圾污染防治、农林业污染防治、畜禽养殖污染防治、水产养殖污染防治、港口污染防治和船舶污染防治，严控点源污染和面源污染。

第三十八条【防范近岸海域环境风险】

加强对沿海工业开发区和沿海石化、化工、冶炼、石油开采及储运等行业企业的环境监管，开展海上溢油及危险化学品泄漏污染近岸海域风险评估，加强海上溢油及危险化学品泄漏对近岸海域影响的环境监测。建立健全沿海环境污染责任保险制度。

第三十九条【海洋污染应急制度】

国家和沿海地方各级人民政府应当建立海上溢油、有害有毒物质及化学危险品泄漏污染事故等海洋污染应急处置机制，加强应急物资储备和应急处理能力建设。

第四十条【加强典型海洋生态系统和重要渔业水域保护】

国家和沿海地方各级人民政府应当加大红树林、珊瑚礁、海藻场、海草床、河口、滨海湿地、潟湖等典型海洋生态系统，以及产卵场、索饵场、越冬场、洄游通道等重要渔业水域的调查研究和保护力度，健全生态系统的监测评估网络体系，因地制宜地采取红树林栽种，珊瑚、海藻和海草人工移植，渔业增殖放流，建设人工鱼礁等保护与修复措施，切实保护近岸海域重要海洋生物繁育场，逐步恢复重要近岸海域的生态功能。

第四十一条【海洋生物多样性调查和监测预警】

国家和沿海地方各级人民政府应当组织开展海洋生物多样性本底调查与编目，加强海洋生物多样性监测预警能力建设，提高海洋生物多样性保护与管理水平。

第四十二条【建设弹性的海洋保护区网络】

国家和沿海地方各级人民政府应当通过设立国家公园、湿地自然保护区、湿地公园、水产种质资源保护区、海洋特别保护区等方式加强对国家和地方重要湿地的保护，在生态敏感和脆弱地区加快保护管理体系建设。加大海洋保护区的选划力度，建设弹性的海洋保护区网络。加强海洋特别保护区、海洋类水产种质资源保护区建设，强化海洋自然保护区监督执法，开展海洋类型自然保护区常态化智慧化监测，提升现有海洋保护区规范化能力建设和管理水平。

第四十三条【海岸带物种保护与外来物种入侵控制】

国家和沿海地方各级人民政府应当对海岸带内的珍稀物种、特有物种和重要经济物种等进行分类排查，建立严格保护与利用制度。

对海岸带内的外来物种应当进行排查，采取措施控制外来物种入侵，防治有害生物，保护海岸带特有生物种质资源和重要经济生物物种。

第四章 整治修复

第四十四条【海岸带整治修复计划和项目库】

国务院自然资源主管部门应当制定海岸带整治修复五年规划及年度计划，建立全国海岸带整治修复项目库，确定整治修复目标和主要措施，组织对海水入侵、海岸侵蚀、海滩污染等生态损坏、功能退化区域进行综合治理和生态修复。

沿海省级人民政府自然资源主管部门负责编制本行政区域内的五年规划及年度计划，提出项目清单，纳入全国海岸带整治修复项目库。

第四十五条【海岸带整治修复原则】

海岸带整治修复应当坚持维护生态、保持原貌、系统修复、综合整治的原则，尽可能多地保留原始风貌并与周围的自然环境相协调，优化海岸带生态安全屏障体系。

第四十六条【海岸带整治修复方式】

鼓励开展退堤还海、退围还海、退养还滩、退耕还湿、清淤疏浚、生态廊道建设等方式恢复海岸带生态功能的整治修复活动，提升海岸带资源价值。

第四十七条【海岸带整治修复技术标准与重点工程】

国务院自然资源主管部门制定海岸带整治修复技术标准。

海岸带整治修复应当围绕滨海湿地、岸滩、海湾、海岛、河口、珊瑚礁等典型生态系统，重点安排"南红北柳"滨海湿地修复、岸滩整治沙滩修复养护、海湾综合治理、海岸生态廊道建设、生态海岛保护修复、近岸构筑物清理与清淤疏浚、海漂垃圾治理等工程，恢复海岸带湿地对污染物的截留、净化功能，修复鸟类栖息地、河口产卵场等重要自然生境。

第四十八条【海岸带整治修复资金投入机制】

中央海岛和海域保护专项资金支持开展海岸线整治修复。

沿海地方各级人民政府应当建立海岸带综合治理与生态修复项目的多元化投资机制，鼓励和引导社会资本参与海岸带整治修复。

第五章 利　　用

第四十九条【海岸带土地和海域开发利用】

国家和沿海地方各级人民政府应当统筹海岸带内陆域和海域的开发利用，严格控制开发时序，有序供应和集约利用海岸带土地与海域资源，依法优化海岸带范围内的建设项目布局，制定并公布鼓励类、限制类和淘汰类产业目录，规范产业用地、用海的管理，禁止污染严重、破坏性强、超出生态环境承载力的项目建设。

经批准使用的海岸带土地和海域未依法开发利用的，由有权机关依法处置。

第五十条【工程项目环境影响评价制度】

海岸工程建设项目实行环境影响评价制度，海洋工程建设项目实行海洋环境影响评价制度，严格控制建设项目占用海岸线长度。

开发利用海岸带资源可能对海岸带生态环境产生影响的项目，应当将海岸带生态修复方案纳入项目环境影响报告书或者海洋环境影响报告书内容，并落实预算，按照要求进行生态修复。

第五十一条【工程项目环境影响后评价制度】

建立和落实海岸工程、海洋工程建设项目环境影响后评价制度，对海岸带生态造成严重影响的建设项目，根据环境影响后评价结论，采取改进措施进行调整，直至退出海岸带利用。

第五十二条【海岸带产业园区建设要求】

确需在海岸带范围内建设产业园区的，沿海地方各级人民政府应当进行规划。新批建的临港工业项目应当全部进入园区。海岸带产业园区应当集约节约用地，设定单位土地面积投资强度和效用指标，提高土地利用效率。

海岸带内的产业园区开发建设，应当与生态环境相协调，突出海洋特色产业集约、集群式发展模式。

第五十三条【港区开发建设项目要求】

港区开发应当坚持深水深用、节约高效、合理利用、有序开发、绿色生态的原则，加快港口结构调整，优化功能布局，集约利用岸线、陆域、水域等资源，避免粗放发展、重复建设和资源浪费，推进建设资源节约、环境优良、生态安全的新型港口。

应合理规划和利用岸线资源，鼓励采用多突堤式透水构筑物用海方式。航道区、锚地区应当维护海域自然属性，保障船舶航行安全、畅通和候潮、锚泊、避风、过驳安全。

统筹港口新开发与现有设施改造升级，提升港口信息化、专业化、智能化水平，完善集疏运体系，促进港口与城市协调发展。

码头建设应当优先采用离岸方式。

完善商港及船舶修造厂含油污水、化学品洗舱水科学处置机制，提高一级以上渔港的污水垃圾接收、转运及处理处置能力。

第五十四条【围填海项目要求】

围填海项目应当依法编制海域使用论证报告和海洋环境影响报告，施工时应当按照规定同步进行生态保护修复。

严格控制沿岸平推、截弯取直、连岛工程等方式围填海，严格控制单体项目围填海面积和占用岸线长度。

第五十五条【水产养殖布局要求】

国家和沿海地方各级人民政府渔业主管部门应当编制养殖水域滩涂规划，合理确定养殖布局，明确允许养殖区、限制养殖区和禁止养殖区，并报本级人民政府批准后公布。

第五十六条【发展现代生态渔业】

海岸带范围内水产养殖应当根据生态容量与环境承载力控制规模，规范养殖方式，发展现代生态渔业。

陆域水产养殖集中区所在地的县级以上人民政府应当制定专项规划和具体政策，引导产业转型升级，逐步有序淘汰低端粗放养殖，控制和减少对地下水的开采利用。加快禁养区内现有养殖有序退出，限养区内不符合用水、环保等要求的养殖业升级改造，发展生态、安全、高效海水养殖，建设现代渔业园区。

海域水产养殖区应当按照海域使用权批准的范围、方式进行养殖生产，限制养殖规模和密度，防止养殖自身污染。支持、鼓励传统海水养殖业转型升级、高质量发展。

鼓励发展离岸式水产养殖和海陆接力式水产养殖。

第五十七条【滨海旅游业开发要求】

鼓励发展滨海度假旅游、海洋休闲旅游、海洋科普教育旅游。鼓励建设景观优美、具有休闲旅游与公众游憩功能、集生态保护与旅游开发为一体的开放式旅游海岸带。

滨海旅游项目开发应当按照国家和沿海地方人民政府的总体要求，

保护海岸带自然生态环境和文化多样性，因地制宜，突出特色，进行差异化开发，避免重复建设，充分保护海岸带原有地形地貌、海岸海滩、沙丘及植被等景观资源和自然环境，旅游配套设施应当向海岸线陆地一侧布局。

加强人文历史遗迹的保护，整治损伤自然景观的海岸工程设施，修复受损自然、历史遗迹。

第五十八条【滨海公共活动空间建设】

沿海地方各级人民政府应当完善海岸带滨海公共活动空间，配套建设公共服务设施，拓展公众亲海空间，畅通观海视廊。

加强公益性水上运动基础设施建设，提高安全保障水平，满足公众亲海和水上运动需求。

第五十九条【海岛开发保护要求】

沿海地方各级人民政府应当根据海岛保护规划和资源环境承载能力，采取措施控制海岛的人口规模或者游客数量。

有居民海岛的开发、建设，应当符合海岛主要污染物排放、建设用地和用水总量控制指标的要求。

第六章 保障和监督

第六十条【海岸带保护经济政策和措施】

国家采取有利于海岸带保护和整治修复的财政、税收、价格、金融、保险等经济政策和措施。

国家鼓励金融机构加大对海岸带保护和修复项目的信贷投放。

从事海岸带保护和修复的单位依照法律、行政法规的规定，享受税收优惠。

国家鼓励并提倡社会各界为海岸带保护捐赠财产，并依照法律、行政法规的规定，给予税收优惠。

第六十一条【加大资金投入和绩效管理】

国家和沿海地方各级人民政府要加大资金投入,统筹海岸带保护和整治修复的各项任务,确保实现海岸带可持续发展的目标。

使用资金应当加强绩效管理和审计监督,确保资金使用效益。

第六十二条【发挥市场机制建立多元化筹资机制】

充分发挥市场机制作用,建立多元化筹资机制,推行环境污染第三方治理,推进市场化运营,逐步将海岸带污染防治领域向社会资本开放,推广运用政府和社会资本合作(PPP)模式。

第六十三条【海岸带管理基金的设立及其来源】

国家和沿海地方各级人民政府应成立海岸带管理基金,其来源如下:

(一)政府机关依预算程序的财政拨款;

(二)基金的孳息收入;

(三)受捐赠的收入;

(四)其他收入。

第六十四条【海岸带管理基金的用途】

海岸管理基金的用途主要为:

(一)海岸带的研究、调查、规划、监测相关费用;

(二)海岸带的生态环境保护和整治修复;

(三)海岸带保护的奖励;

(四)海岸带保护的宣传教育;

(五)海岸带保护的国际交流合作;

(六)其他经政府自然资源主管部门核准的有关海岸带保护和管理的费用。

第六十五条【对海岸带保护的鼓励和表彰】

鼓励公民、法人和其他组织以志愿服务、捐赠、投资等形式参与海岸带保护。对在海岸带的保护、管理、研究、教育等工作中成绩显著或者贡献突出的单位和个人,由国家和沿海地方各级人民政府按照相关规定给予表彰奖励。

第六十六条【生态补偿机制】

国家和沿海地方各级人民政府应当建立和完善生态保护补偿机制。

第六十七条【权利人损失补偿赔偿机制】

因海岸带保护需要，对相关权利人的合法权益造成损失的，政府应当给予补偿，并对其生产、生活作出妥善安排。因海岸带开发利用项目对相关权利人造成损害的，项目单位应当给予赔偿。

第六十八条【海岸带状况调查制度与监视监测系统】

国家和沿海地方各级人民政府应当建立海岸带状况动态监测调查制度，及时掌握海岸带保护动态信息，并建立海岸带现状及变化的影像、文字档案。

建立全国统一的海岸带状况动态及海洋灾害监测监视系统，加强海岸带资源、生态环境、海水上溯、土壤盐渍化及海洋灾害监测预报。

行使海岸带管理职权的相关部门应当加强监视监测网络建设，运用卫星遥感、远程视频、大数据分析以及在线自动监测等手段，对海岸带范围内的规划建设、土地利用、海域使用、沙滩使用、资源环境、污染排放、湿地、船舶等进行动态监视监测。

第六十九条【海岸带信息公开机制】

行使海岸带管理职权的部门应当依法公开海岸带资源、生态环境、保护、利用和管理等信息，并按照规定发布相关公报或者专项通报，按照规定将有关单位和个人的违法信息记入公共信用信息平台。

第七十条【人大监督机制】

国家和沿海地方各级人民代表大会常务委员会应当通过听取专项工作报告或者执法检查等方式，对海岸带保护工作情况开展监督。

第七十一条【公众监督机制】

国家和沿海地方各级人民政府应当建立公民、社会团体及新闻媒体共同参与的海岸带管理公众监督机制。涉及民生及生态敏感区的重大项目，应当实行听证制度。

任何单位和个人都有遵守海岸带保护管理法律法规的义务，并有权对违反海岸带保护管理法律法规的行为劝阻制止和投诉举报。投诉举报的受理部门应当依法处理或者移交有权部门处理，自接到投诉举报之日起三日内进行核查并及时处理。核查处理情况应当及时反馈投诉举报人。不得泄露投诉举报人的身份信息。

第七章 法律责任

第七十二条【法律责任的援引适用】

对违反本法规定的行为，法律法规已规定法律责任的，适用其规定。

第七十三条【行政主体法律责任】

有关行政管理部门及其工作人员有下列行为之一的，由本级人民政府、上级部门或者监察机关依据职权责令改正，对直接负责的主管人员和其他直接责任人员依法给予处分；构成犯罪的，依法追究刑事责任：

（一）擅自修改海岸带规划的；

（二）未按照法定程序和权限审批建设项目的；

（三）未依法履行海岸带保护、修复职责的；

（四）接到投诉举报不及时核查、处理的；

（五）其他滥用职权、玩忽职守、徇私舞弊的行为。

第七十四条【违法围填海的法律责任】

违反本法第三十条规定围填海的，由自然资源行政主管部门责令限期改正，恢复原状，处非法占用海域期间内该海域面积应缴纳的海域使用金十五倍以上二十倍以下罚款。

第七十五条【违法限制他人正常通行和亲近海洋权利的法律责任】

违反本法第三十三条规定，限制他人正常通行、亲近海洋活动的，由自然资源主管部门责令改正；拒不改正的，对单位处二千元以上二万元以下的罚款，对个人处二百元以上二千元以下的罚款。

第七十六条【违法损毁或者破坏海岸带防护设施的法律责任】

违反本法第三十五条第二款规定，损毁或者破坏海岸带防护设施的，由自然资源、林业等主管部门按照各自职责责令停止违法行为，采取补救措施，并处一万元以上五万元以下罚款。

第七十七条【违法损毁沿海防护林的法律责任】

违反本法第三十六条规定，损毁沿海防护林的，由林业主管部门责令停止违法行为，补种损毁株数三倍的树木，可以处损毁林木价值五倍的罚款。

第八章　附　　则

第七十八条【海岸线和自然岸线的定义】

本法所称海岸线，是指平均大潮高潮时水陆分界的痕迹线。

本法所称自然岸线是指由海陆相互作用形成的海岸线，包括砂质岸线、淤泥质岸线、基岩岸线、生物岸线等原生岸线。

第七十九条【实施日期】

本法自　　年　　月　　日起施行。

后　　记

　　资源环境法律政策重要且复杂，其一大特点就是科学性，必须以资源科学、环境科学、生态学等为基础，同时需要在经济发展与资源环境保护之间进行权衡，故争议也大。气候变化、生物多样性、海洋等领域法律政策的制定即为典型。尽管资源环境法律政策制定者在决策时几乎不可能拥有完美确定的科学信息，资源环境问题的广泛性、起因和未来影响引发的不确定性困扰着资源环境法律政策的制定，资源环境认知的局限和偏差也会影响人们对资源环境问题以及资源环境法律政策的理解，但我们依然要去正确面对、科学解决。解决的基本方法一是获得更多更好的信息，包括相关科学知识，以及信息的充分和公开，这些将为更好地决策提供基础；二是倡导预防性原则，即对重大但不确定的环境威胁要谨慎行事；三是确立基于生态系统或基于自然的管理框架和方案；四是构建有利于法律政策有效执行落实的体制机制。海岸带资源环境管理法律政策的制定即为如此。

　　本研究历时多年完成。本书的合作者范敏宜先后就读于中山大学海洋科学学院和暨南大学经济与社会研究院，有扎实的海洋科学专业知识和经济学、公共政策等社会科学知识。我本人先后在南京大学和中国科学院研究生院获得经济法学专业硕士学位、环境科学专业博士学位，也曾工作于中山大学海洋科学学院，所以本书也是多学科、交叉性、综合性研究的一个探索。

　　学术之路不易，感谢所有在我学术成长道路上给予指导、教育和帮助的老师。曲折艰难的求学经历磨炼人的意志，也拓展了我的多学科知识、拓宽了我的跨学科视野。生活之路不易，感恩我的父母、哥哥、姐姐、妻子和儿子，感恩所有一路上给予我关心、支持和帮助的亲人和朋友。

2023 年 5 月于广州越秀山下